KB252199

9명의 전문가에게 듣는
내일을 열어주는 생각

FUN &

9명의 전문가에게 듣는

내일을 열어주는 생각

고규영 공경철 김영진
남세동 박길성 박인규
조용민 채은미 하경자

LEARN

김영사

지금 여러분은 어떤 관심을 가지고 있나요

여러분, '배움에는 끝이 없다.'는 말 들어보셨지요. 어릴 때는 학교에서 배우고, 커서는 사회에서 배우고, 나이가 들면 여러 곳에서 끊임없이 배우게 된다는 말이에요. 이처럼 우리는 평생 배우고 성장하는 시대에 살고 있어요. 언제 어디서든 원하는 만큼 배우고, 새로운 도전을 할 수 있는 환경이지요. 배우는 사람은 꾸준히 성장한답니다.

이번 책을 준비하면서, '배움'에 대해서 생각해 보았습니다. 그리고 한창 배움의 길에 서 있는 청소년 여러분을 떠올렸습니다. 여러분에게 어떤 분의 이야기를 들려주어야 즐겁게 배우는 시간을 가질 수 있을까 고민하면서, 올해는 좀 더 다양한 분야의 이야기를 들려주고자 계획했습니다.

지금 여러분은 무엇에 관심을 가지고 있나요? 작은 관심이어도 괜찮아요. 그렇게 시작해도 좋아요. 관심을 가진다는 것은 '배움'의 시작이고, 여러분의 진로와 미래에 대한 꿈을 펼치는 시간이랍니다.

이번 책에는 뇌과학자, 공학자, 데이터 과학자, 사회학자, 물리학자, 환경학자까지 정말 다양한 분야의 전문가들께서 참여해 주셨습니다. 공학이 우리의 삶을 어떻게 이롭게 하는지, 방대한 정보를 분석하고 얻은 데이터는 여러 분야에 어떻게 응용되는지, 넓은 세상으로 나아가면 어떤 경험을 할 수 있는지, 지금의 기후변화가 나의 미래에 어떤 영향을 끼치는지 등 다양한 이야기를 들을 수 있습니다.

우리는 이 책과 강연을 통해서 여러분에게 지식의 전달은 물론, 배움의 즐거움이 전달되기를 바랍니다. 다양한 분야의 국가대표와 같은 분들의 이야기를 들으며, 나는 어떤 길로 나아가야 할지, 내가 가고 싶은 길을 위해 무엇을 하면 좋을지 여러분의 미래를 스스로 설계하는 법을 배워 보기를 바랍니다.

오랜 시간 배움의 길 위에서 열심히 나아가고 있는 아홉 분 선배님들의 이야기와 격려, 노하우를 잘 익혀, 여러분의 길을 찾는 데 도움이 되기를 바랍니다. 선배님들이 먼저 닦아 놓은 길 위에서 여러분이 훗날 세상을 더 밝히고, 여러분의 미래도 환히 밝히기를 바랍니다.

《9명의 전문가에게 듣는 내일을 열어주는 생각》 출간에 참여하신 아홉 분의 강연자분들께 깊이 감사드리며, 앞으로도 호암재단은 대한민국 모든 청소년의 밝은 미래를 위해 항상 응원하겠습니다.

감사합니다.

2025년 6월

호암재단 이사장 김황식

● 차례

| 발간사 | 지금 여러분은 어떤 관심을 가지고 있나요   4

LECTURE **01**

뇌 보호와 청소의 탐험   8

고규영 한국과학기술원KAIST 의과학대학원 특훈교수

LECTURE **02**

웨어러블 로봇   36

공경철 한국과학기술원KAIST 기계공학과 교수

LECTURE **03**

세상을 보는 돋보기, 데이터 과학   64

김영진 한국과학기술정보연구원KISTI 선임연구원

LECTURE **04**

인공지능으로 어디까지 가능할까   94

남세동 보이저엑스 대표

LECTURE 05

꿈을 가득 싣고 태평양을 함께 항해하자 124

박길성 고려대학교 사회학과 명예교수

LECTURE 06

사라진 중성미자를 찾아서 152

박인규 서울시립대학교 물리학과 석좌교수

LECTURE 07

인생 게임에서 성공하는 치트키 186

조용민 언바운드랩 투자 총괄 담당자

LECTURE 08

컴퓨터가 양자를 만나면 214

채은미 고려대학교 물리학과 교수

LECTURE 09

이상기후의 비밀과 미래 극한기후 240

하경자 부산대학교 대기환경과학과 교수

FUN&
LEARN

뇌 보호와
청소의 탐험

고규영

전북대학교 의대에서 박사 학위를 취득하고, 미국 코넬대학교와 인디애나주립대학교에서 박사후연구원으로 일했다. 전북대학교 의대 교수, 포항공과대학교 생명과학과 교수로 역임했으며 현재는 기초과학연구원IBS 혈관연구단 단장이자 한국과학기술원KAIST 의과학대학원 특훈교수로 재직 중이다. 혈관 및 림프관 연구 분야 세계적 권위자로 꼽힌다. 2007년 분쉬의학상, 2011년 경암상, 2012년 아산의학상, 2018년 삼성호암상, 2020년 올해의 과학자상, 2023년 대한민국 최고과학기술인상 등을 수상하며 세계적인 연구 업적을 인정받았다. 쓴 책으로는 《생물학 명강2》(공저), 《코로나 사이언스》(공저)가 있다.

과학자는 근본적인 문제에 답을 하고자

끊임없이 탐험하고 도전하는 사람이다.

생명과학 분야는 아직 밝혀지지 않은 부분이 많다.

흥미와 도전 의식을 갖고

이 멋진 연구를 함께하기를 희망한다.

✦ 뇌막의 구조와 특징

안녕하세요. 반갑습니다. 저는 기초과학연구원과 카이스트에서 혈관과 림프관을 연구하는 생명과학자 고규영입니다. 오늘 여러분과 함께 뇌의 보호와 청소는 어떻게 이루어질까에 대해서 탐험해 보겠습니다. 이게 좀 어렵게 들리겠지만 조금만 이해한다면 아주 재미있고 흥미로운 분야입니다. 내용이 어렵다고 미리 포기하지 말고, 저와 함께 아주 새로운 세계를 탐험한다고 생각해 주세요. 여러분, 이 탐험선에 한번 같이 타 볼래요?

우리 뇌는 행동을 조절하고 기억하고 인지하고, 또 우리 몸의 여러 기관을 조절하는 중추적인 기관입니다. 따라서 이 기관이 잘 보호되어야겠죠. 그럼 우리 뇌가 어떻게 보호되는지, 아래 그림을 보

뇌를 보호하는 조직과 구조물

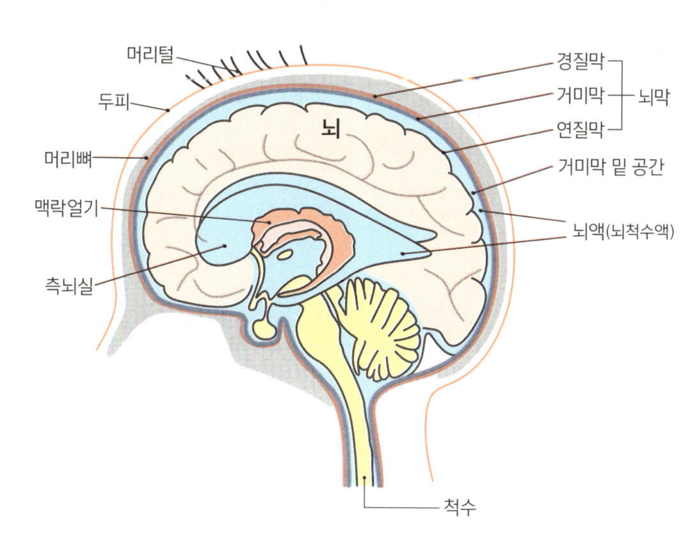

며 머리 바깥에서부터 살펴볼까요? 가장 바깥에 머리털이 있고요. 그다음 머리털을 잡고 있는 두피가 있죠. 이 두피 바로 밑에 뼈(두개골)가 있습니다. 이 세 가지 층이 머리를 둘러싸고 안전하게 보호해 줍니다.

두개골 안쪽으로 좀 더 들어가 보면 삼중으로 이루어진 뇌막이 있습니다. 이 삼중 막은 각각 '경질막' '거미막' '연질막'이라고 부릅니다. 삼중 막 중에서 경질막은 두개골 바로 아래에 위치합니다. 이 경질막에는 다른 막과 다르게 혈관, 림프관, 신경, 면역세포들이

경질막에 분포되어 있는 면역세포

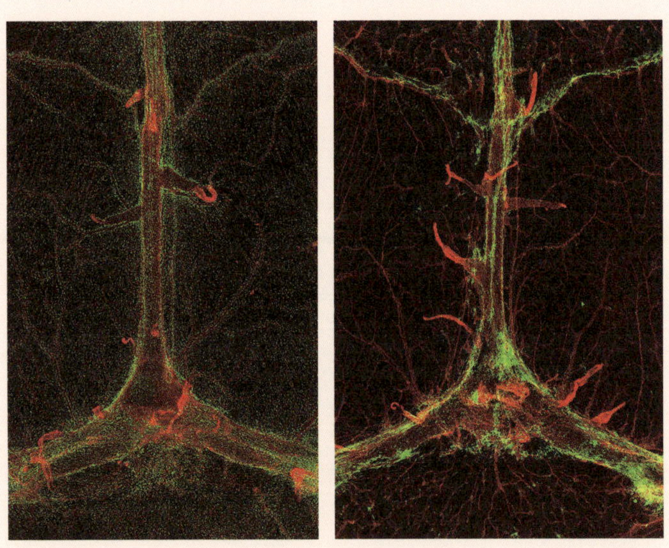

연두색은 면역세포를, 빨간색은 혈관을 나타낸다. 왼쪽은 혈관 주변에 분포되어 있는 CD206 positive 대식세포이고, 오른쪽은 큰 정맥 주변에 분포되어 있는 MHCII positive 대식세포이다. 혈관 주변에 면역세포들이 밀집해 있는 것을 확인할 수 있다.

아주 풍부하게 분포돼 있습니다. 경질막의 면역세포가 어떻게 분포돼 있는지 살펴볼까요? 왼쪽 사진에서 연두색은 면역세포이고, 빨간색은 혈관입니다. 혈관 주변으로 연두색 면역세포들이 촘촘하게 박혀 있죠.

이 면역세포는 과연 무슨 일을 할까요? 뇌로 침투하려는 병원균, 즉 박테리아나 바이러스를 방어하고 공격합니다. 말하자면 뇌를 보호하는 아주 삼엄하고 든든한 장벽 역할을 합니다. 그래서 이 면역세포를 '면역 장벽'이라고 이야기합니다. 영유아나 노인들은 이런 면역 장벽이 좀 약하게 형성되어 있어서 바이러스들이 곧잘 뇌로 침투합니다.

여기에서 중요한 점 하나, 뇌 안에는 이 면역세포가 없습니다. 왜냐하면 면역세포가 뇌를 적으로 잘못 생각하고 공격하면 뇌 손상을 일으킬 수 있기 때문이에요. 최근에 경질막의 면역세포가 어떻게 조절되는지, 어떤 역할을 하는지, 또 우리가 어떻게 유지해야 하는지에 대해 굉장히 활발한 연구가 진행되고 있습니다.

✦ 중세의 성과 우리 뇌

뇌에는 면역세포가 분포하지 않는다고 했는데, 만약 뇌 안으로 병원균이나 약물이 들어가면 뇌는 아무런 저항도 하지 못할까요? 물론 그렇지 않습니다. 뇌 안에도 또 다른 방어 장치가 있습니다. 뇌 안을 자세히 들여다보면 모세혈관이 풍부하게 분포되어 있습니다. 모세혈관은 내피세포로 촘촘하게 이루어져 있는데, 이 내피세포는 물질을 선택적으로 이동시킵니다. 뇌에 필요한 영양분과 산소만 공급하고, 나머지 물질은 여기에 들어가지 못합니다. 특히 병원균, 바이러스 같은 것은 절대 못 들어갑니다. 이런 특징을 '뇌혈관 장벽'이라고 해요. 뇌에 어떤 문제가 생겨서 약으로 치료하려고 해도 뇌혈

뇌와 간 모세혈관 비교

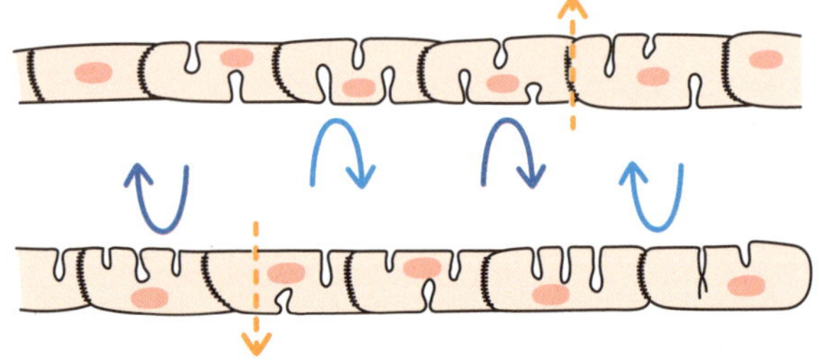

내피세포들이 촘촘하게 연결되어 있어, 내피세포 사이로 필요한 물질만 선택적으로 이동한다.

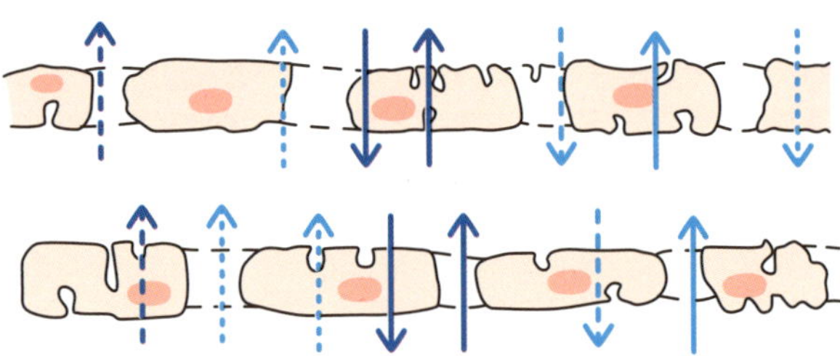

내피세포들이 느슨하게 연결되어 있어, 내피세포 사이로 모든 물질이 자유롭게 이동한다.

관 장벽에 막혀 어려움을 겪기도 합니다. 반면에 간의 모세혈관은 물질 이동이 자유로워서 대사 활동이나 해독 작용이 활발하게 일어납니다. 이처럼 우리 몸의 장기는 역할에 따라 내피세포가 저마다 다르게 배열되어 있습니다.

뇌는 이렇게 안팎으로 이중 삼중 철저하게 보호됩니다. 비유하자면 뇌는 중세의 성과 같습니다. 성에는 임금도 있고 왕비도 있으며, 그 나라의 중요한 정책을 결정하고 집행하는 곳입니다. 당연히 높고 든든한 성벽으로 보호됩니다. 머리뼈는 외부의 물리적인 충격으로부터 뇌를 보호해 주고, 뇌막은 눈에 보이지 않는 병원균의 침투를 막아 줍니다.

중세 성에는 성곽 주변에 수로를 만들어서 외부 공격을 더 효과적으로 막았는데요, 뇌에서는 바로 뇌액(뇌척수액)이 수로 역할을 합니다. 그리고 수로의 더러운 물이 빠져나오는 하수구 같은 역할은 림프관이 담당합니다. 그다음, 사람과 물자들이 왔다 갔다 하는 성문과 통로 역할은 혈관이 맡습니다. 이 성문 앞에는 병사들이 늘 지키고 있잖아요. 병사들은 낯선 사람이랄지 적군이 들어오지 못하게 감시하고, 또 필요한 물자는 들여보내고 위험한 물건은 가로막습니다. 뇌를 둘러싼 경질막의 면역세포가 하는 일이죠.

✦ 뇌를 청소하는 뇌액

그런데 최근 많은 연구를 통해서 우리가 알게 된 사실이 하나 있습니다. 바로 뇌 청소가 뇌 건강에 매우 중요하다는 점이에요. 우리 뇌는 끊임없이 활발하게 활동합니다. 그만큼 에너지 소모가 많고, 노폐물도 많이 배출합니다. 뇌 활동 과정에서 배출된 노폐물은 뇌 신경조직 찌꺼기, 단백질 응어리 따위입니다.

보통 건강한 사람 뇌에서 노폐물은 제때제때 청소됩니다. 노폐물 청소부는 누구일까요? 바로 뇌액입니다. 거미막 밑부분에는 자그마한 공간이 있는데, 150밀리리터 정도의 뇌액이 차 있습니다. 뇌액은 두 가지 기능을 담당합니다. 첫째, 뇌에서 발생하는 노폐물을 씻어 주는 역할이에요. 둘째, 뇌의 무게를 가볍게 느끼도록 부양 효과를 일으키는 역할입니다. 뇌는 무게가 1.5킬로그램쯤인데, 뇌액 위에 떠 있어서 우리는 실제 무게의 4퍼센트, 약 60그램 정도로만 느낍니다.

이렇게 중요한 역할을 하는 뇌액은 어디서 만들어질까요? 뇌 안쪽의 맥락얼기에서 만들어져 측뇌실이라는 곳에 보관됩니다. 측뇌실은 뇌액을 저장했다가 조금씩 내보냅니다. 이 뇌액은 거미막 아래 공간으로 이동하면서 뇌를 씻어 주는 역할을 합니다.

만약 노폐물이 청소가 안 되고 쌓이면 어떤 일이 생겨날까요? 이 노폐물이 제대로 청소되지 않으면 뇌에 쌓여서, 특히 뇌의 해마 부분에 있는 신경에 손상을 입힙니다. 해마는 우리의 기억과 인지 능력에 관련된 중요한 기관입니다. 기억과 인지 능력에 문제가 생기면 치매가 진행됩니다. 뇌 신경에 손상을 입히기 때문에 그렇습니다. 여러분도 알다시피, 치매는 노인에게 많이 생기는 질병입니다. 최근 치매는 우리 사회의 매우 중요한 문제로 떠올랐어요. 우리 수명이 크게 늘었기 때문이에요. 불과 100년 전만 해도 평균 수명이 마흔 살이 안 됐습니다. 그런데 과학과 의학이 발달하고, 식생활 환경이 개선되면서, 현재는 평균 수명이 여든 살로 늘어났습니다. 인간 수명이 마흔 살이 안 됐을 때는 당연히 뇌에 쌓이는 노폐물 양이 적었습니다. 그러니까 치매 환자들이 거의 없었을 겁니다. 그런데 인간 수명이 두 배로 늘어나면서 뇌에 여러 노폐물이 쌓이고 뇌의 청소율이 떨어졌습니다. 그래서 치매 환자가 많아지고 있습니다. 현대 의학에서는 나이가 들면서 감소하는 뇌 청소율을 다시금 증진하는 방법을 열심히 연구하고 있답니다.

✦ 뇌액은 어떻게 노폐물을 청소할까

뇌액이 노폐물을 청소하는 원리를 좀 더 자세히 살펴볼까요? 뇌액은 뇌의 내부를 흐르다가 외부로 배출됩니다. 앞에서 이야기했듯이 거미막 밑부분 공간에는 뇌액이 150밀리리터 정도 들어 있어요. 그런데 맥락얼기에서는 뇌액을 하루에 500밀리리터 정도 생산합니다. 그 말은 곧 뇌액의 하루 배출량이 500밀리리터라는 뜻입니다. 새로 만들어진 신선한 뇌액은 뇌의 내부를 순환하면서 뇌 신경조직 찌꺼기와 단백질 응어리를 씻어 냅니다. 그 후 노폐물이 섞인 뇌액은 밖으로 배출되죠.

최근 과학자들은 뇌액이 뇌를 청소하는 원리에 대해 깊이 연구하고 있어요. 이 분야의 연구자들 사이에서는 크게 두 갈래로 의견이 나뉩니다. 그중 좀 우세한 쪽에서는 뇌액이 굉장히 빠른 속도로 흐르면서 뇌를 씻어 주는 원리라고 주장합니다. 특히 동맥의 압력이 정맥의 압력보다 높기 때문에 이 압력 차이가 뇌액을 빠르게 움직

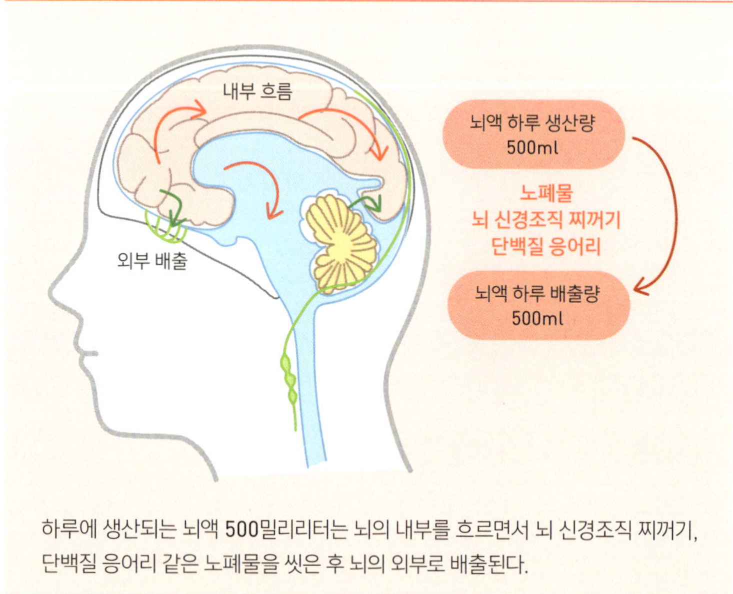

하루에 생산되는 뇌액 500밀리리터는 뇌의 내부를 흐르면서 뇌 신경조직 찌꺼기, 단백질 응어리 같은 노폐물을 씻은 후 뇌의 외부로 배출된다.

여서 뇌를 씻어 준다는 것이죠.

그런데 뇌를 자세히 보면, 뇌는 연하지만 매우 촘촘하게 얽혀 있습니다. 엄청난 수의 신경세포, 신경아교세포, 성상세포들이 똘똘 뭉쳐 있어요. 구조적으로 뇌액이 빨리 흐를 수 있을 만한 여건이 아닙니다. 따라서 뇌액이 느리게 흐르면서 뇌를 씻어 줄 가능성도 높습니다.

그래서 결론은 뭐냐? '잘 모른다.'입니다. 뇌액이 빠르게 흐르느냐, 느리게 흐르느냐는 매우 중요한 문제입니다. 이 문제를 밝혀내면 치매 진단과 치료에 매우 도움이 될 텐데, 여전히 밝혀내지 못했습니다. 왜냐하면 뇌액의 흐름을 실시간으로 촬영할 수 있는 영상 기술이 없기 때문입니다. 요즘 병원에는 MRI, PET 같은 첨단 영상

장비들이 있지만, 뇌의 내부 세계까지 촬영하지는 못합니다. 여러분이 과학자나 공학자가 돼서 뇌액의 흐름을 측정할 수 있는 특수 장비를 만든다면 인류 의학 역사에 커다란 발자취를 남길 것입니다.

✦ 림프관의 역할

앞에서 이야기했듯이 뇌 내부를 돌아다니며 청소한 뇌액은 밖으로 배출됩니다. 노폐물이 섞인 뇌액은 어떻게 배출될까요? 지금까지 알려진 바로는 70퍼센트 정도가 뇌막 림프관을 통해 배출됩니다. 림프관이 뭐죠? 우리 온몸에 퍼져 있는 제3의 혈관입니다. 림프관은 우리 몸의 체액과 그 체액 속에 쌓인 노폐물을 하루에 5리터 정도씩 배출하는 하수도 같은 역할을 하는 기관입니다. 배출 기능을 담당하기 위해서 림프관은 관 끝부분이 열리게끔 조절할 수 있습니다. 혈관은 다른 혈관과 아주 빈틈없이 연결되고 끝이 폐쇄되어 있어요. 혈액 외의 다른 무엇도 들어가거나 나오지 못하는 구조입니다. 여기에 견주어 림프관은 열리는 끝부분을 통해서 뇌액, 면역세포, 흡수된 지방, 암세포까지 다 이동시킵니다. 림프관이 모여서 연결된 곳을 집합 림프관이라고 합니다. 집합 림프관 끝부분 안쪽에는 림프액의 역류를 방지하는 판막이 있어요. 또 끝부분 바깥쪽을 둘러싼 둥근 근육이 수축·이완하면서 림프액을 한쪽 방향으로 이동시킵니다.

림프관은 여러분 집에 설치된 하수도관하고 작동 원리가 똑같아요. 예를 들어, 싱크대 배수구는 림프관 끝입니다. 싱크대의 물은 배

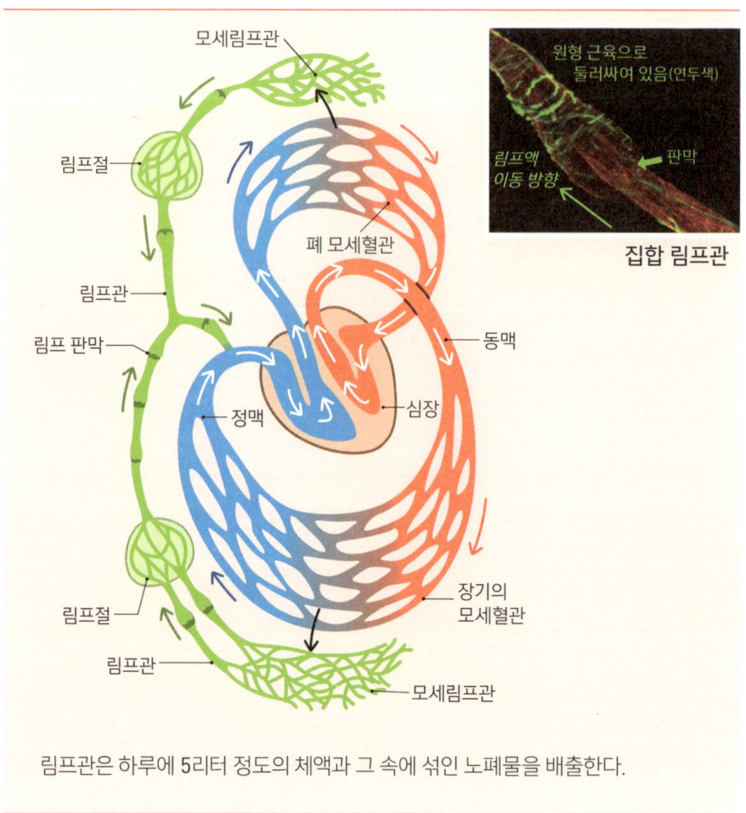

림프관은 하루에 5리터 정도의 체액과 그 속에 섞인 노폐물을 배출한다.

수구를 통해 한쪽 방향으로 내려갑니다. 배수된 물이 모이는 싱크대 연결관은 집합 림프관입니다. 그리고 이음새의 밸브는 판막과 같은 역할을 하고요. 모터는 수축·이완하는 근육과 같습니다. 림프관은 하수도관과 같은 원리로 아주 효율적이고 능률적으로 움직입니다. 또 하나 소소하지만 중요한 사실을 이야기하자면, 림프관은 끝부분이 단추 이음새인 반면 집합 림프관은 끝부분이 지퍼 이음새입니다. 단추 이음새는 틈이 넓어서 체액과 면역세포가 이동하기 쉬워요. 하지만 지퍼 이음새는 틈이 좁아서 여러 물질들이 잘 빠져나오지 못합니다. 여러분은 림프관 구조가 하수도관과 비슷하고, 또한 뇌액 배출 기능을 맡고 있다는 정도만 알고 넘어가면 좋겠습니다.

✦ 뇌막 림프관을 찾아서

림프관의 존재에 대해서는 250년 전에 이탈리아 해부학자인 파올로 마스카니가 처음 발견했어요. 그로부터 100여 년 뒤에 스웨덴의 두 과학자 악셀 키와 구스타프 레츠우스가 뇌액이 림프관을 통해 배출되는 경로를 밝혀냈습니다. 이처럼 림프관의 기능을 알았지만, 한동안 림프관은 그다지 관심을 받지 못했어요. 그저 우리 몸의 많은 기관 가운데 작은 역할을 담당한다는 정도로만 알려졌거든요. 그러다가 최근에 뇌막 림프관이 뇌의 노폐물을 청소하는 기관이라는 사실이 밝혀지면서 본격적으로 연구가 진행되었습니다.

뇌막 림프관과 뇌 청소율에 대한 연구는 세계에서 크게 세 팀이 선도하고 있습니다. 하나는 미국 워싱턴대학교의 조나단 킵니스 교수가 이끄는 연구팀이고, 또 하나는 핀란드 헬싱키대학교의 카리 알리탈로 교수가 이끄는 연구팀이고, 마지막 하나가 우리 연구팀입니다. 앞의 두 연구팀은 주로 뇌 상부에서 림프관을 연구했는데, 이곳에서는 뇌액을 배출하는 기능이 원활하지 않았어요. 그에 비해 우리 연구팀은 5년 전부터 뇌의 측면 하부 쪽을 탐구했고, 그곳에서 잘 발달된 림프관을 발견했습니다. 뒤쪽 사진에서 연두색으로 표시

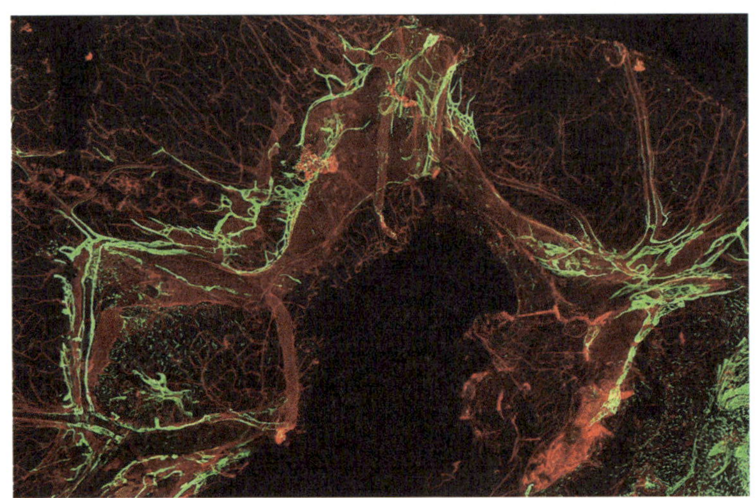

생쥐의 뇌 측면 하부 뇌막에서 발견한 림프관(연두색 표식자)

된 부분이 림프관입니다.

우리 연구팀은 본격적으로 이 림프관을 연구하기 시작했습니다. 먼저, 젊은 생쥐와 늙은 생쥐의 림프관을 비교해 봤어요. 그랬더니 젊은 생쥐의 뇌막 림프관은 활발하게 움직이는데, 늙은 생쥐의 뇌막 림프관은 변형되면서 뇌액을 잘 배출하지 못했습니다. 뇌막 림프관의 뇌 청소율이 감소하면 뇌는 빠르게 노화가 진행되었어요. 그러니까 우리 연구팀은 뇌 청소율 감소가 치매 원인과 크게 관련을 맺고 있다는 사실을 규명한 것입니다.

그런데 생각해 보면 뇌막 림프관은 뇌 전체에 걸쳐 형성되어 있어요. 우리 연구팀이 발견한 뇌막 림프관은 주로 뇌의 측면 하부, 그중에서도 뇌의 뒤쪽 부분에 한정되었어요. 뇌의 앞과 중간 하부 등에 분포하는 뇌막 림프관은 어떻게 작동하는 걸까요?

우리 연구팀은 뇌의 다른 부분에서 림프관의 작동 원리를 찾아내

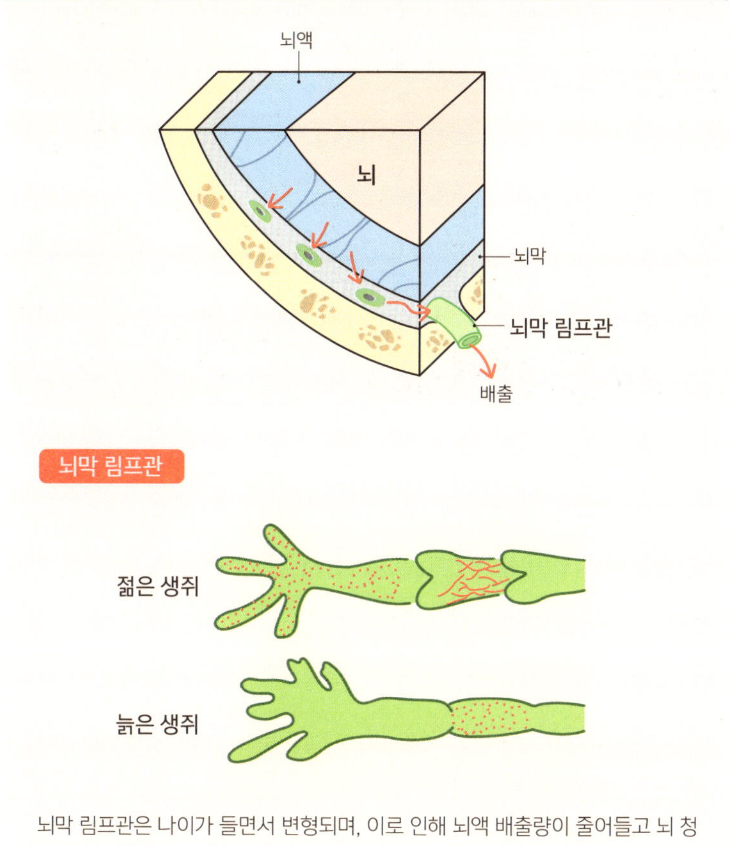

뇌막 림프관은 나이가 들면서 변형되며, 이로 인해 뇌액 배출량이 줄어들고 뇌 청소율이 감소한다.

기 위해 연구에 몰두했습니다. 이 연구 과정은 매우 정밀하고 복잡한데요, 여기에서는 큰 흐름만 간단히 소개할게요. 먼저, 림프관 연두색 표식자 실험용 생쥐를 마취시킨 다음에 뇌 안에 형광 표식자 액체를 1마이크로리터(0.001밀리리터) 집어넣어야 합니다. 이렇게 하면 림프관이 연두색으로 빛나기 때문에 림프관이 어디에 있는지,

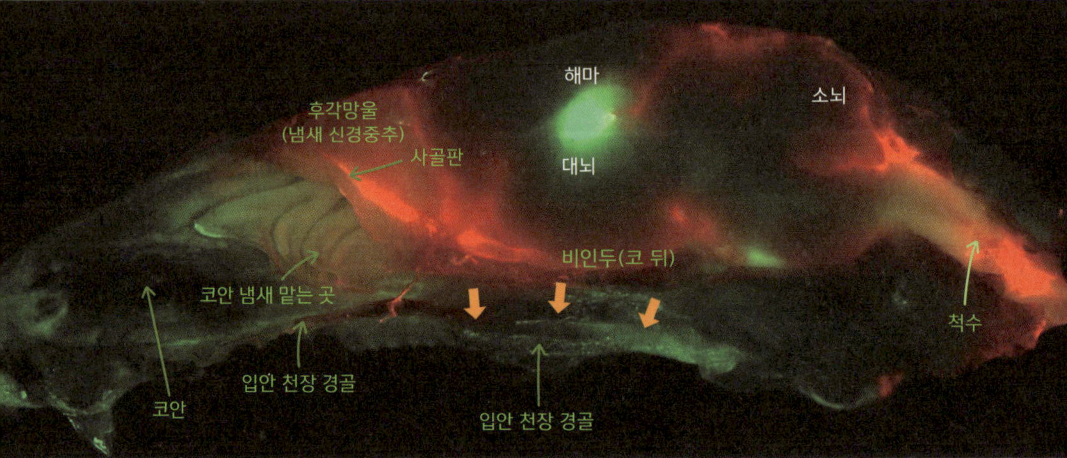

비인두 아래쪽에 연두색 형광 표식자가 많이 나타난다. 이는 비인두 아래쪽에 림프관이 많이 분포한다는 뜻이다.

형광 표식자가 어디에 분포하는지 쉽게 관찰할 수 있으니까요. 그런 다음 30~60분 뒤에 이 생쥐를 희생시켜서 뇌를 반으로 자릅니다. 그다음 뇌 기관의 조직을 섭씨 마이너스 30~40도 정도로 빠르게 냉동시켜서 냉동 조직 절편기로 아주 얇게 자릅니다. 이걸 각각 슬라이드로 제작해서 특수현미경(공초점현미경)으로 형광 표식자를 입체적으로 촬영합니다. 자, 위 사진이 그 결과물입니다.

✦ 비인두 림프관망과 목 부위 집합 림프관 발견

사진을 보면, 빨간색 형광 표식자는 뇌액이고 연두색 형광 표식자는 림프관입니다. 빨간색 형광 표식자는 뇌의 앞면과 하부, 그리고 뒷면에 고루 분포돼 있습니다. 뇌 앞면은, 해부학적으로 보자면 코

위쪽 뇌와 경계에 있는 사골판 부위입니다. 뇌 하부는 코 깊은 안쪽 귀와 목이 연결되는 비인두 부위를 말합니다. 이 비인두 부위에서 매우 흥미로운 현상을 볼 수 있어요. 비인두 아래쪽에서 연두색 형광 표식자도 많이 나타난다는 점이에요. 연두색 형광 표식자가 많다는 건 림프관이 많이 분포한다는 뜻이잖아요.

우리 연구팀은 비인두 부분을 집중해서 연구했어요. 비인두 부분은 수술이나 해부하기가 굉장히 까다로운 부위입니다. 그러나 실력이 뛰어난 우리 연구원들이 오랜 실험을 거쳐 자세하게 분석해 냈습니다. 그 결과 비인두 아래쪽에 림프관이 많이 모여서 림프관망을 이뤘으며, 이 림프관망으로 빨간색 형광 표식자(뇌액)가 흘러나온다는 사실을 밝혀냈습니다. 이 림프관망을 좀 더 입체적으로 분석해 보았더니 마치 뒤집어 놓은 말안장 같기도 하고, 아주 정밀하

비인두 림프관망

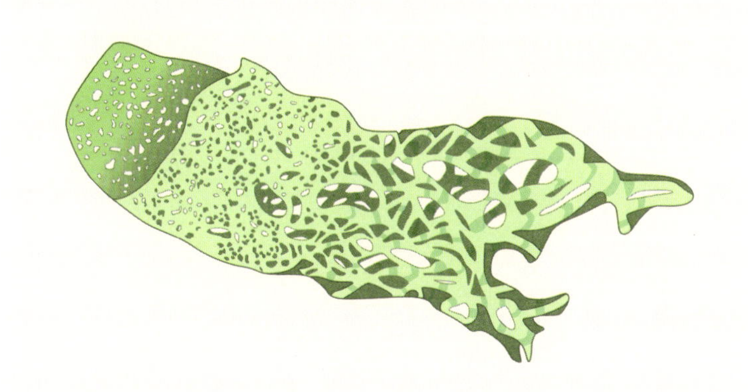

위, 아래, 옆에서 찍은 사진을 바탕으로 입체적으로 재현한 비인두 림프관망의 모습이다. 뒤집어 놓은 말안장 같이 생겼다.

게 연결된 미래 사회의 허브 공항 같기도 했습니다.

이 연구 결과를 바탕으로 우리는 젊은 생쥐와 나이 든 생쥐의 비인두 부분 림프관망을 비교해 보았어요. 역시나 젊은 생쥐의 림프관망은 아주 규칙적이고 균등하게 배열되어 있는데, 나이 든 생쥐의 림프관망은 곳곳이 낡고 망가져 있었습니다. 나이가 들면서 림프관이 제 기능을 발휘하지 못한다는 뜻이죠.

한 걸음 더 나아가 우리 연구팀은 놀라운 발견을 해냈습니다. 비인두 림프관망에 연결된 집합 림프관을 찾아낸 것입니다. 이전에 누구도 발견하지 못했던, 어떤 과학책이나 논문에도 기록되지 않았던 집합 림프관입니다. 이 집합 림프관 발견이 왜 놀라운 거냐면, 바로 목 부위에 존재하기 때문입니다. 이전까지 발견된 집합 림프관은 머리 안쪽에 자리했어요. 머리 안쪽, 뇌 가까이 있는 집합 림프관은 접근하기가 매우 어려웠습니다. 그에 비해 목 부분에 존재하는 집합 림프관은 인위적으로 조절할 여지가 훨씬 많아요.

목 부위 집합 림프관을 3차원적으로 보면 중간중간에 판막이 있습니다. 판막은 뇌액이나 이물질의 역류를 방지하는 기능을 하죠. 또한 이 집합 림프관 바깥쪽의 둥근 근육은 수축·이완하면서 뇌액을 한쪽 방향으로 배출합니다. 대체로 우리는 젊었을 때 비인두 림프관망이 건강하지만, 나이를 먹어서 늙으면 림프관망이 50퍼센트 정도 감소합니다. 그런데 만약 늙어서도 목 부위 집합 림프관의 둥근 근육이 좀 더 활발하게 움직이도록 조절할 수 있다면 뇌액을 젊을 때처럼 배출할 수 있겠죠? 그러니까 어쩌면 뇌의 노화와 치매를 개선하고 치료하는 첫 실마리를 발견했다는 뜻이잖아요.

우리 연구팀은 목 부분의 집합 림프관을 좀 더 깊이 있게 연구했

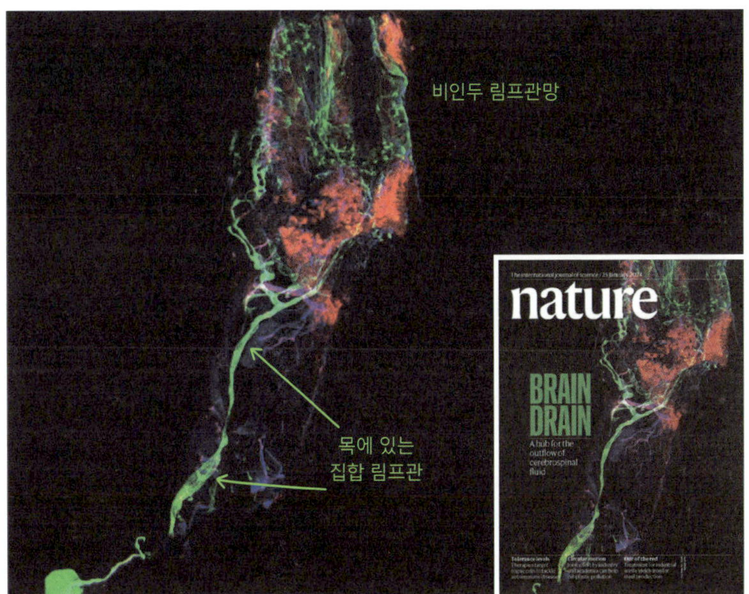

우리 연구팀은 비인두 림프관망과 연결된 집합 림프관을 발견했다. 이 연구 논문은 2024년 1월 25일 《네이처》 표지 논문으로 발표되었다.

습니다. 우리는 집합 림프관에 몇 가지 약물을 차례로 투여해 보았습니다. 첫 번째로, 생리적 식염수를 투여했어요. 생리적 식염수는 인체의 체액과 농도가 같은 염화나트륨이라서 인체에서 거부반응을 일으키지 않아요. 역시나 집합 림프관은 생리적 식염수를 투여해도 전혀 변화가 없었습니다. 두 번째로, 교감신경 자극 약물을 투여했습니다. 그랬더니 주변 근육이 수축하면서 집합 림프관의 통로가 좁아졌습니다. 그리고 교감신경 자극 약물을 씻어 내면 집합 림프관은 다시 이전 상태로 돌아갑니다. 세 번째로, 산화질소가 많이 나오게 하는 약물을 투여했더니 근육이 이완되었습니다. 우리 연구팀은 약물을 투여해서 집합 림프관의 수축·이완을 조절하는 데 성공했습니다. 우리 연구팀 멋있죠?

우리 연구 논문은 지난 2024년 1월 과학 전문 학술지 《네이처 Nature》에 표지 논문으로 실렸습니다. 우리는 생쥐를 대상으로 실험 했지만, 포유류는 기본적으로 생체 기관의 구조와 기능이 비슷해 요. 그러니까 목 부분의 집합 림프관은 원숭이한테도 사람한테도 있습니다. 생쥐 실험의 성과를 우리 인간에게도 곧 적용할 수 있을 거예요.

✦ 사골판 림프관의 구조와 작동 원리

비인두 쪽 림프관에 관한 실험을 어느 정도 마무리했으니, 이제 다음 단계로 넘어가야죠. 뇌 앞면 사골판 쪽 림프관은 과연 어떻게 구성되어 있을까요? 이 사골판을 통해서 어떻게 뇌액이 빠져나오는 걸까요? 사골판은 코안과 뇌가 연결된 부분에 위치합니다. 생쥐의 머리를 정면에서 보면 사골판에 구멍들이 숭숭숭 뚫려 있는 것을 확인할 수 있습니다. 이 구멍들로는 냄새 맡는 신경이 지나갑니다. 그리고 이 신경 주변으로 뇌와 연결되어 뇌액을 배출하는 림프관이 분포합니다.

이제 쥐의 머리를 옆면에서 한번 보겠습니다. 오른쪽 사진을 보 시죠. 후각 상피 점막은 코안의 냄새를 맡는 기관입니다. 여러분이 감기나 코로나19에 걸리면 냄새를 못 맡잖아요? 이 기관이 손상되 어 후각 기능을 잃기 때문이에요. 그런데 이 후각 상피 점막 부분에 도 림프관이 방사형으로 수없이 깔려 있었습니다. 이것도 깜짝 놀 랄 만한 발견입니다. 우리가 일상적으로 호흡하는 코의 사골판 부

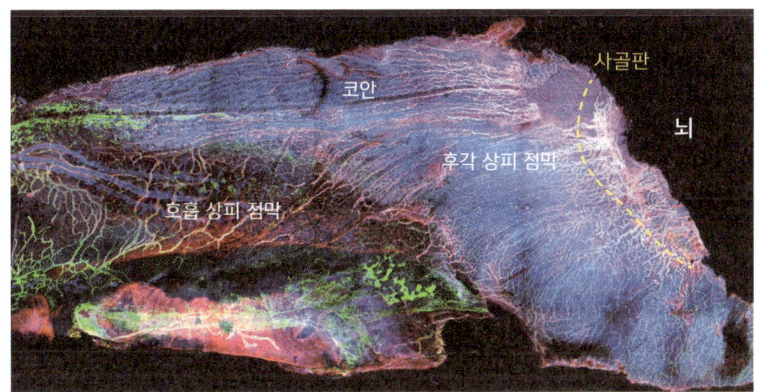

코안과 뇌 왼쪽에 있는 림프관을 옆에서 본 모습

코안의 림프관들이 방사형으로 분포되어 있다. 이 림프관들은 후각신경 주변으로 뇌와 연결되어 뇌액을 배출한다.

분 림프관을 통해서 뇌액이 흘러나온다는 사실을 우리 연구팀이 처음 밝혀낸 겁니다.

아직 좀 낯설고 어렵죠? 여러분이 좀 더 쉽게 이해하도록 그림으로 나타내 봤어요. 뒤쪽 그림을 보면 후각신경이 뇌의 후각망울에서 사골판 부분으로 빠져나와 있습니다. 그리고 이 후각신경 주변으로 림프관이 분포되어 있어요. 신경을 따라 빠져나온 뇌액이 이 림프관으로 배출됩니다.

사실 사골판에서 뇌액이 배출되는 경로와 원리에 대한 연구는 이제 막 시작되었습니다. 여러분에게 이 연구 과정을 소개하는 이유는 여러분과 이 멋진 연구를 함께하고 싶어서입니다.

여러분, 제 이야기가 좀 이해되었나요? 림프관 이야기를 들으면서 생명의 신비에 흥미가 생겼나요? 공부를 열심히 해서 나중에 생명과학자가 되고 싶다는 생각이 들었나요? 제 이야기를 다 이해하지 못했더라도, 뭔가 흥미가 생기고 동기부여가 되었다면 충분합니다. 생

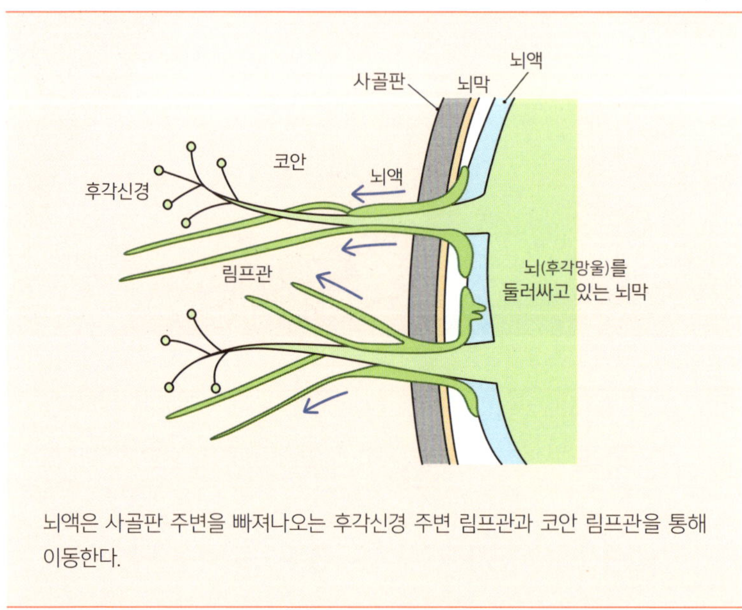

뇌액은 사골판 주변을 빠져나오는 후각신경 주변 림프관과 코안 림프관을 통해 이동한다.

명과학 분야는 아직 밝혀지지 않은 부분이 아주 많아요. 이걸 여러분이 탐험해 줬으면 좋겠어요. 예를 들어, 뇌액의 흐름을 제대로 측정할 수 있는 촬영 장비를 발명한다면 뇌 연구의 획기적인 발전을 가져올 것입니다. 또 뇌 청소율을 높이는 신약과 의료 기구를 만든다면 역사적인 인물로 기억될 것입니다.

마지막으로, 저는 이게 가장 흥미를 끄는 내용인데요. 왜 뇌액은 이런 복잡한 경로를 통해서 배출될까요? 왜 뇌액은 우리가 숨 쉬는 곳, 음식 넘기는 곳 같은 부위를 통해서 배출될까요? 이 질문에 대해 근본적인 해답을 밝혀낸다면 아마도 노벨상을 수상할 겁니다. 저는 지금까지 아무런 단서도 발견하지 못했어요. 다만 아마도 우리가 이야기하고, 숨 쉬고, 웃고, 음식을 먹고, 이야기하는 생리적인 활동이 뇌액을 배출하는 데 어떤 도움을 주지 않을까 하고 짐작할 뿐입니다. 이걸 앞으로 여러분이 연구해서 밝혀 주리라 믿습니다.

제가 이 자리에서 여러분과 림프관에 관해 이야기를 나눌 수 있었던 건 우리 연구원들과 국제 공동 연구자들의 노력과 협력 덕분입니다. 그분들에게 다시 한번 깊이 감사드립니다. 여러분이 오늘 제 이야기에 흥미와 도전 의식을 느꼈다면 10년 뒤에는 다양한 분야에서 재미있게 연구하는 과학자가 되어 있을 겁니다. 과학자는 과연 어떤 사람일까요? 제가 40년 동안 제 인생을 바쳐 일하면서 얻은 결론은 이렇습니다. 과학자는 근본적인 문제에 답을 하고자 끊임없이 탐험하고 도전하는 사람입니다. 요즘 들어 과학자 수가 줄고 있는데, 이 자리에 모인 여러분이 훌륭한 과학자나 공학자가 되기를 정말 희망합니다.

Q. 01

나이가 들면 림프관이 감소하는 근본적인 이유가 무엇일까요?

전문 학회에서 질문받는 기분인데요. 결론부터 이야기하자면 지금도 정확히 모릅니다. 물론 과학자들이 여러 가지 원인을 밝히기도 했습니다. 예를 들어, 활성산소가 증가했다거나 이상한 지방 성분이 증가해서 림프관을 감소시켰다고 합니다. 하지만 그게 결정적인 원인이라고 정확하게 규명되지는 않았습니다.

Q. 02

하수구 역할을 하는 림프관을 통해서 뇌액이 배출된다고 했는데, 그럼 최종적으로는 오줌이나 땀으로 배출되는 건가요, 아니면 몸 안에서 순환해서 재사용되는 건가요?

제가 그 부분에 대해서 미처 이야기를 못했는데, 아주 훌륭한 질문입니다. 뇌액이 배출되면 림프절에 모입니다. 림프절은 우리 몸 전체에 걸쳐 분포하며, 특히 목 주변에 200~300개 정도 모여 있습니다. 림프절은 일종의 필터 역할을 해요. 그러니까 뇌액에 섞인 노폐물을 여과 장치로 걸러 냅니다. 림프절에서 걸러 낸 노폐물은 정맥으로 흘러들어 가서 마지막에 간에서 분해됩니다. 노폐물이 걸러진 뇌액은 다시 림프관에 흡수되어 순환합니다. 일부는 오줌이나 땀으로 배출되고 대부분은 재순환됩니다.

Q. 03

공부하느라 잠을 조금밖에 못 자고 있습니다. 수면이 뇌 청소에 어떤 역할을 하는지 궁금합니다.

이게 바로 핵심 질문이에요. 잠은 뇌 청소율을 결정짓는 매우 중요한 요소입니다. 잠을 충분히 자야 합니다. 잠을 잘 때는 뇌의 에너지 소모가 줄어들고, 더불어 노폐물도 줄어듭니다. 잠이 뇌 노폐물을 배출하는 데 실제로 도움을 주느냐 아니냐를 두고 학계에서 계속 논쟁 중이에요. 현재는 잠을 잘 때 뇌 청소율이 증가한다는 주장이 설득력을 띠고 있습니다. 물론 반대 의견도 여전히 팽팽하게 맞서고 있습니다. 앞서 이야기했듯이, 현대 과학 수준으로는 아쉽게도 뇌액의 흐름을 정확하게 측정할 장비가 없습니다. 그러다 보니까 간접적인 데이터를 가지고 서로 대립하는 상황이에요.

어쨌거나 여러분은 잠을 충분히 자는 게 좋습니다. 뇌 청소율뿐만 아니라 성장 호르몬이나 생체 리듬 같은 걸 생각해 봐도 최소 여섯 시간 이상, 여덟 시간 정도는 자야 합니다.

Q. 04

뇌 모세혈관에는 병원균이 이동하지 못하지만 약물도 이동하지 못한다고 했는데, 그러면 약물을 이동시킬 수 있는 다른 솔루션이 있습니까?

아쉽게도 지금까지 특별히 개발된 솔루션이 없습니다. 트랜스페린이라는 수용체를 통해서 약물을 이동시키는 방법을 연구 중이지만, 뭔가 획기적인 결과는 보고되지 않았습니다. 뇌에 질환이 생겼을 때 여러 가지 치료 신약들이 나오는데, 정작 뇌 안으로 직접 약물을 투여하지는 못하는 형편이에요. 그러니 효과가 굉장히 많이 떨어집니다. 많은 연구자들이 이 문제를 해결하기 위해 노력하고 있지만, 뇌혈관 장벽의 특성을 깨기란 근본적으로 매우 어렵습니다. 뇌는 아주 민감하고 복잡한 기관이라서 만에 하나 뇌에 문제가 생길 수도 있으니까요.

하지만 앞서 이야기했듯이, 과학의 존재 가치는 해결되지 않은 문제에 대해 끊임없이 도전하고 답을 찾는 데 있습니다. 뇌과학 분야는 특히 아직 개척되지 않은 미지의 신세계나 마찬가지입니다. 여러분이 과학자가 되어서 이 문제를 해결해 주세요.

Q. 05

나이가 들면서 뇌 청소율이 감소한다고 했는데, 비교적 젊은 나이에 발병하는 청소년 치매나 알코올성 치매 또한 뇌 청소율 감소와 연관이 있을까요?

그렇습니다. 청소년 치매는 아마 유전적인 요인이 클 겁니다. 최근에 이 유전인자가 무엇인지 차츰 밝혀지고 있습니다. 그리고 술이나 담배, 마약류의 유해 성분은 모두 혈관 장벽과 림프관을 공격해서 손상시킵니다. 이에 따라서 뇌 청소율이 떨어지면서 치매가 발생한다고 추정하고 있습니다.

뿐만 아니라 최근에는 플라스틱 제품도 치매의 원인 물질로 의심받고 있습니다. 플라스틱을 사용하면서 나오는 미세 물질은 우리가 숨 쉬고 음식을 먹을 때 몸 안으로 들어옵니다. 미세 플라스틱이 몸 안에 쌓이면 신진대사에 심각한 문제를 일으킵니다. 게다가 뇌혈관에 침투해서 혈액의 흐름을 방해하면 인지 능력을 심각하게 무너뜨립니다. 플라스틱 사용은 이렇게 우리 몸과 직접적으로 연결되어 해악을 끼칩니다. 환경 보호를 실천하는 생활은 아주 중요합니다. 나아가 여러분이 과학자가 되어 플라스틱을 분해하는 기술을 발견한다거나, 환경문제를 해결하는 획기적인 방법을 찾아내 주기 바랍니다.

FUN&
LEARN

웨어러블 로봇

공경철

서강대학교 물리학과와 기계공학과를 복수 전공하고, 동 대학원 기계공학 석사를 거쳐 2009년 캘리포니아주립 버클리대학교 대학원에서 기계공학 박사 학위를 받았다. 졸업 후 박사후연구원으로 근무하다 2011년 서강대학교 기계공학과 교수로 부임하였으며, 2019년부터 한국과학기술원KAIST 기계공학과 교수로 재직 중이다. 2017년에 ㈜엔젤로보틱스를 창업하고 2024년까지 대표이사를 역임하였으며, 현재는 이사회 의장 및 미래기술원장을 맡고 있다. 대한민국 발명대전 대통령상, 국무총리 표창, 산업통상자원부, 보건복지부, 과학기술정보통신부 장관 표창을 받았으며, 2017년에 한국공학한림원 2025년 대한민국을 이끌 100대 기술과 주역으로 선정되었다. 2025년에 올해의 카이스트인상을 수상했다.

내게 너무 많은 숙제가 주어졌다고 느낄수록

스스로 가설을 세우고 본질적인 질문을 잃지 말자.

내가 왜 이 문제를 풀고 있는지,

어떤 사람이 되고 싶은지 계속 되묻자.

저마다의 문제 정의와 가설을 세우고 증명해 가다 보면

나의 미래가 조금씩 보일 것이다.

✦ 과학적 탐구 방법으로 세상을 보자

웨어러블 로봇에 대해서 청소년에게 이야기해 달라는 제안을 받았을 때 굉장히 반가웠어요. 제 아들이 이제 중학교에 올라갑니다. 중학교 1학년이 되는데 요즘 저보다 더 바빠요. 뭔가 달라진 입시 제도에 따라가기가 너무 어렵대요. 제가 중학생 때를 떠올리며 "이거 저거 몇 과목만 잘 공부하면 돼." 이렇게 이야기했는데, 그게 아니더라고요. 교육 환경이 바뀌고 교과과정이 복잡해졌는데 제가 무책임하게 이야기한 것 같아서 반성했어요.

여러분과 만나서 어떤 이야기를 할까 준비하다가, 문득 중학교 교과서에서 이런 내용을 보게 됐습니다. 여러분, 이게 어떤 교과서에 나온 내용인지 아나요? 중학교 과학책 첫 단원에 나오는 그림입니다.

과학의 탐구 방법

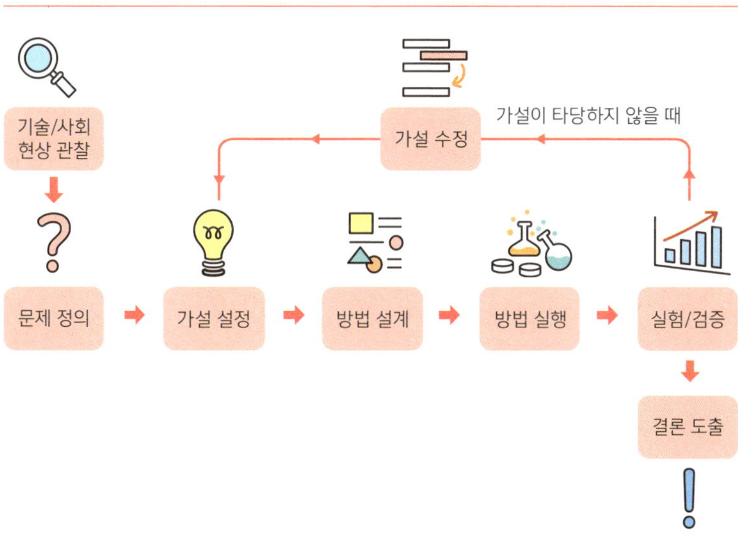

　과학의 귀납적 추론, 탐구 방법, 뭐 이런 걸 소개하는 내용입니다. 저는 이걸 보고 큰 충격에 빠졌습니다. 왜냐하면 제가 카이스트에서 강의하면서 가장 많이 이야기하는 내용이거든요. 카이스트에서 그렇게도 강조했던 내용이 이미 중학교 1학년 1학기 과학책에 다 나와 있었어요. 과학에서 그만큼 중요하고 기본이 된다는 뜻이겠죠? 자, 과학적 탐구 방법에 대해 같이 한번 살펴볼까요?

　먼저, 어떤 기술이나 사회 현상을 관찰한 다음에 문제를 정의하고, 가설을 설정합니다. 그러고는 가설에 따라 방법을 설계하고, 방법을 실행하고, 실험하고, 검증을 거칩니다. 이때 만약 가설이 잘못됐으면 다시 수정합니다. 이 과정을 여러 번 반복하다 보면 마지막에 결론이 도출됩니다. 세상 모든 과학기술 연구는 사실상 이 흐름대로 진행됩니다. 과학기술뿐만 아니라 인문·사회·경제 등 어떤 학문이라도 연구 방법 과정은 똑같아요.

　그런데 청소년 여러분을 둘러싼 교육 환경을 보면 좀 안타까워요. 어떤 대상을 관찰하고 가설을 세우고 실험하고 검증하는 중간 과정이 없고 그냥 결론이 무엇인지만 배우죠. 문제집을 푸는 데만 너무 많은 시간을 소비합니다. 대부분 청소년이 학교에서, 학원에서, 집에서 공부하느라 바쁘게 지내는데, 새로운 무언가를 배울 때면 정말 재미있어야 하는데, 그렇게 보이지 않아요. 뭔가 겁에 질려 있기도 하고, 때로는 굉장히 무기력해 보이기도 해요. 여러분이 저와 로봇 이야기할 때만큼은 마음껏 상상하면서 즐겁고 신나는 시간을 보냈으면 좋겠습니다.

✦ 웨어러블 로봇은 우리에게 어떤 도움을 줄까

그러면 이제 로봇 이야기를 해 보겠습니다. 좀 더 구체적으로는 로봇을 연구하고 만들려면 청소년 시기에 무엇을 잘 준비해야 하는지 여러분과 이야기를 나눴으면 좋겠습니다. 로봇을 만드는 기술적이고 전문적인 내용에 대해서는 유튜브에 제 이름을 치면 아주 많이 나와요. 그건 나중에 여러분 스스로 찾아보세요. 여기에서는 여러분의 관심사가 웨어러블 로봇과 연결되는 지점을 찾아가는 데 도움을 줄 수 있는 흥미로운 사례들을 소개해 드릴게요.

여러분, 일반적인 로봇과 웨어러블 로봇은 무엇이 다를까요? 보통 로봇은 사람의 노동을 대체하기 위한 기계, 또는 사람을 도우면서 함께 작업하는 기계로 알려져 있습니다. 이에 비해 웨어러블 로봇 기술은 사람 신체에 직접 장착되어 작동하면서 사람의 능력을 보완하고 보조합니다. 사실 웨어러블 로봇은 역사가 굉장히 오래됐습니다. 오래전부터 개념이 자리 잡았고, 또 기술도 개발됐어요. 여러분이 잘 아는 휴머노이드 로봇보다 거의 10여 년 앞서서 세상에 첫선을 보였어요. 그러다가 2000년대 들어서면서 기술이 폭발적으로 발전하기 시작하고, 2010년대 중반에 들어서면서 바야흐로 우리나라에서도 웨어러블 로봇을 연구·개발했습니다. 우리나라는 시작은 조금 늦은 경향이 있지만, 항상 뭔가 시작하면 끝장을 내는 추진력이 있잖아요. 웨어러블 로봇 분야에서도 마찬가지입니다. 우리나라는 상대적으로 시작은 늦었지만, 오늘날 세계에서 처음으로 웨어러블 로봇을 의료 기술로 공식 인정하고, 의료보험 수가에도 적용하고 있습니다.

 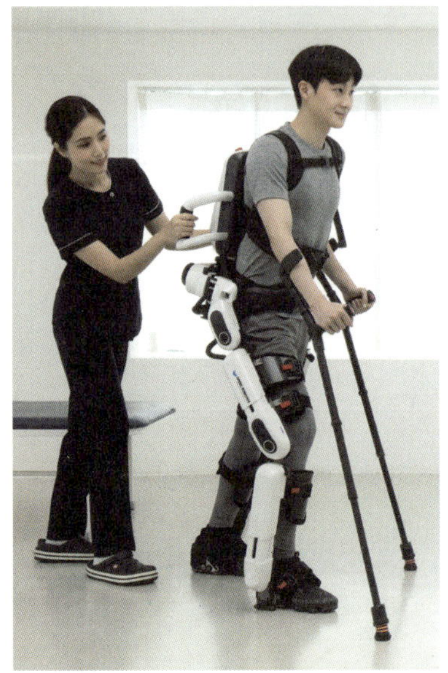

2016년 국제 사이보그 올림픽이라 불리는 사이배슬론이 스위스에서 처음 개최되었다.

우리나라는 2022년부터 웨어러블 로봇 기술이 의료보험 수가에 적용되고 있다.

웨어러블 로봇은 구체적으로 어떤 기술이며, 무엇을 하기 위해 만들까요? 웨어러블 로봇 기술은 사람의 능력과 관련 있는 기술입니다. 크게 네 가지 분야로 쓰임새를 나눌 수 있어요. 첫째, 인간 능력 회복 분야입니다. 누군가 질환을 앓거나 사고를 당해서 신체 일부를 잃었을 때 웨어러블 로봇이 대신해 줍니다. 둘째, 인간 능력 유지 분야입니다. 사람들이 레저를 즐기거나 운동할 때 웨어러블 로봇은 신체 능력이 유지되도록 도와줍니다. 셋째, 인간 능력 증강 분야입니다. 산업 현장에서 무거운 짐을 옮기거나 고된 일을 할 때 웨어러블 로봇은 수십 명이 할 일을 손쉽게 해낼 수 있습니다. 우리나라가 고령화 사회로 접어들면서 이 분야는 특히 큰 관심사로 떠올랐어요. 웨어러블 로봇은 노령화로 인해 신체 능력이 떨어진 어르

신들의 근육·관절·감각기관의 기능을 다시 증강시켜 줄 수 있습니다. 넷째, 인간 능력 초월 분야입니다. 웨어러블 로봇은 인간의 일반적인 신체 능력을 뛰어넘는 엄청난 힘을 가져다줄 수 있습니다. 아이언맨을 떠올리면 될 거예요. 아이언맨 슈트를 입으면 인간의 능력을 초월하는 엄청난 힘을 발휘하잖아요. 그게 영화에서만 가능한 이야기가 아니라 실제 현실에서도 활발하게 개발되고 있습니다.

✦ 자기만의 아이디어로 가설을 세우자

지금까지는 웨어러블 로봇의 쓰임새와 관련된 일반적이고 상식적인 정보였어요. 아마 여러분도 이미 어디선가 접해 보았을 거예요. 이제 좀 더 본질적인 문제를 이야기해 볼게요. 앞서 과학적 탐구 방법에 따라 웨어러블 로봇에 대한 문제를 정의해 봅시다. 과연 웨어러블 로봇이 실현할 최대치가 무엇일까요?

저는 웨어러블 로봇을 연구·개발하면서 이 문제에 대해 고민해 왔어요. 처음에는 단순히 저를 중심에 놓고, 어떤 기능을 가진 로봇을 만들고 싶다거나, 뭔가 남다른 기술을 개발하는 데 초점을 맞췄어요. 그러다가 같이 연구하는 팀도 커지고 연구원도 많아지면서 고민의 범위도 확장되었어요. 사실 우리 연구팀도 초기에는 사람처럼 걷는 로봇, 사람이 걷는 데 도움을 주는 로봇을 만들고 싶었어요. 하지만 그게 웨어러블 로봇의 최종 목적지는 아니잖아요. 그리고 우리가 다루는 기술 영역도 로봇으로만 한정되지 않았어요. 그래서 제가 우리 연구팀과 함께 내린 결론, 즉 문제 정의는 이렇습니다. '우리는 기술로 사람의 능력을 재창조합니다.'

웨어러블 로봇에 대해 이렇게 정의를 내렸으니 이제 구체적인 가설을 세워야 합니다. 어떤 방식으로 사람의 능력을 재창조할 수 있을까요? 여기서부터는 정말로 창의적이고 독창적인 아이디어가 많이 나와야 합니다. 절대 문제집에 나와 있지 않고, 선배들이나 어른들의 조언을 받을 수도 없습니다. 여러분이 스스로 아이디어를 내야 합니다. 첫 아이디어가 어렵거나 전문적일 필요는 없습니다. 그냥 여러분이 웨어러블 로봇을 만드는 사람이라면 가장 닮고 싶은 인간의 능력이 무엇인지 상상해 보면 됩니다. 여러분이 저마다 흥미를 느끼는 부분을 가설로 세우면 됩니다.

제 가설은 '사람이 어떻게 움직이는지를 내 방식대로 분석해 보자.'였습니다. 사람이 움직이려면 생각하고 명령을 내리는 대뇌가 있어야 합니다. 대뇌가 명령을 내리면 척수가 근육에 '어떻게 움직여라.' 하고 신호를 줍니다. 근육을 움직여서 얻은 정보는 다시 척수로 보내지고, 척수는 뇌에 신호를 보냅니다. 이처럼 사람은 크게 보자면 대뇌와 척수와 근육의 상호 관계에 따라 움직입니다. 좀 어려운 말로 '인간 운동 제어 루프'라고 합니다. 이처럼 뇌와 척수와 근육을 있는 그대로 보여주는 방식은 생물학이나 의학 분야에서 당연히 필요합니다. 그렇다면 이걸 공학적·과학적으로는 어떻게 표현할

인간 운동 제어 루프

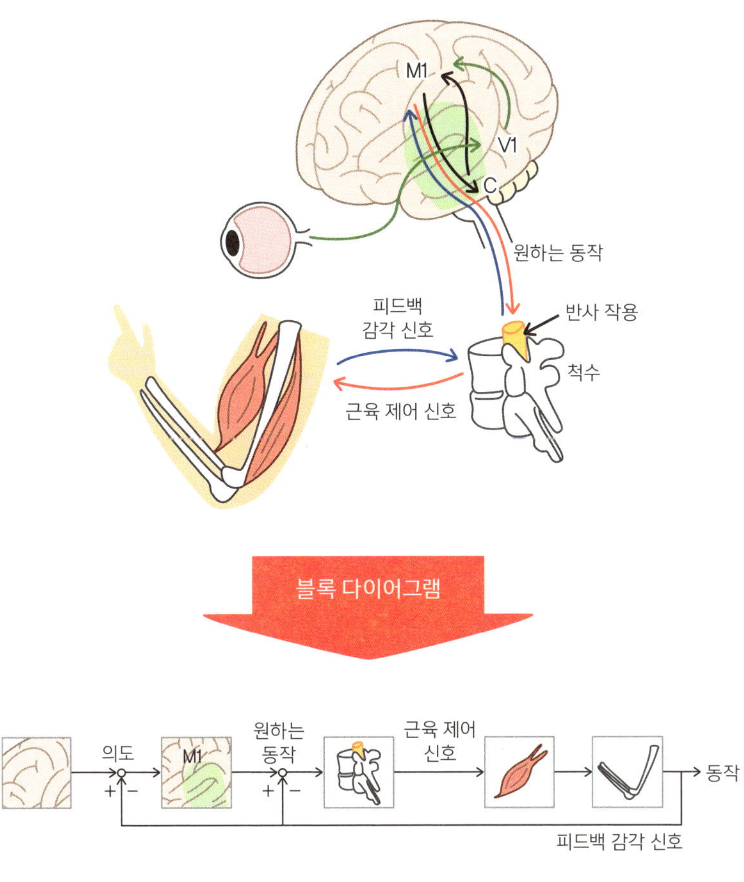

수 있을까요?

저는 인간 운동 제어 루프를 제 방식대로 해석해서 블록 다이어그램으로 나타내 보았어요. 앞쪽의 블록 다이어그램을 보면, 근육은 우리 몸의 구동기고요. 구동기를 제어하는 척수가 있고, 그 척수에 이런저런 운동을 하라고 명령을 주는 뇌가 있어요.

이 블록 다이어그램을 참고해서 생각해 보세요. 과연 사람의 운동 능력이 저하된 경우를 어떻게 해석할 수 있을까요? 또 저하된 신체 능력을 어떻게 하면 보완할 수 있을까요? 블록 다이어그램으로 이 질문을 한번 해석해 봅시다. 어떤 사람이 어떤 이유로 근력이 떨어진 상태에 놓였다고 가정해 보세요. 나이가 들었거나, 큰 병에 걸려서 오랫동안 침대에 누워 있었거나, 근육이나 뼈를 다쳐서 깁스를 하고 지내서일 수도 있어요. 여러 가지 원인이 있겠지만, 간단하게 그냥 몸의 근육이 작아졌다고 해석하겠습니다.

내 몸의 구동기(근육)가 원래 100이라는 힘을 내야 하는데 지금 50 정도밖에 힘을 못 내는 거예요. 이 상태를 어떻게 극복해야 할까요? 생각에 제한을 두지 말고 마음껏 상상력을 펼쳐 보세요. 저는 이렇게 생각해 봤어요. '구동기(근육)가 반으로 줄었으면, 몸에다가 곱하기 2를 하면 되겠네.' 남은 근육이 0.5니까 곱하기 2를 하면 다시 1이 되잖아요. 어떤 식으로건 몸에 곱하기 2를 하면 근육이 100퍼센트 상태와 똑같아집니다.

자, 여러분이라면 어떤 방식으로 몸에 곱하기 2를 할 건가요? 만약 생명공학자나 의학자라면 근육을 두 배로 만들기 위해 약물을 투여하거나 수술을 했을 거예요. 저는 공학자이기 때문에 자연스럽게 로봇을 떠올렸습니다. '이 사람에게 웨어러블 로봇을 착용시키

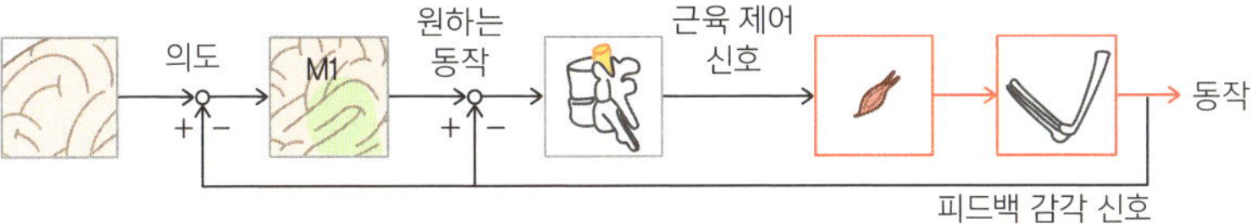

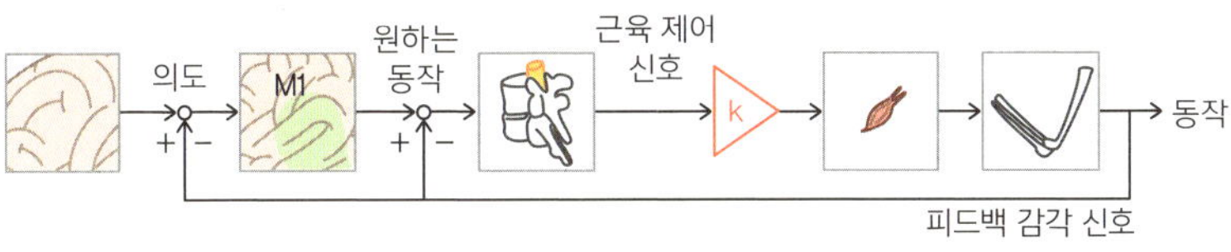

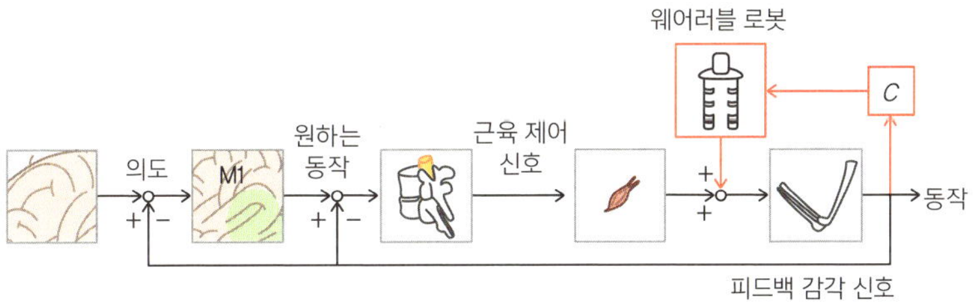

고, 그 로봇의 제어 알고리즘이 마치 우리 몸에다가 곱하기 2를 한 것 같은 효과를 내면 되겠구나.' 이렇게 생각한 거죠.

우리 주변에는 정말 많은 사람이 신체 장애 때문에 일상생활에서 고통과 불편함을 겪고 있어요. 우리 사회의 구성원으로서 아주 기본

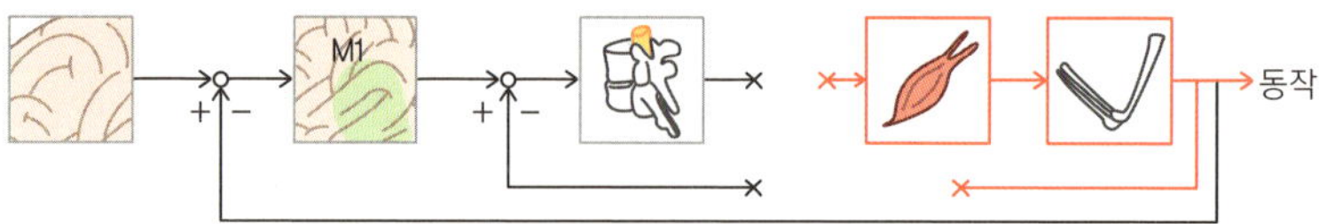

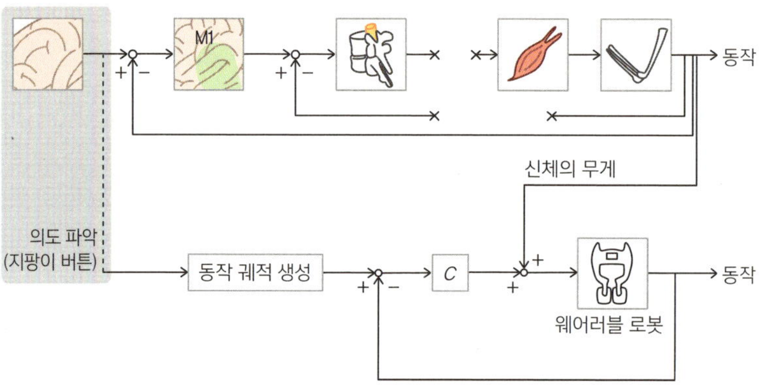

적인 권리조차 누리지 못하는 경우가 아주 많죠. 그중에는 척수가 손상되어 하반신이 마비된 분들도 있어요. 척수가 손상된 상태를 제가 만든 블록 다이어그램에 대입해 볼게요. 척수 손상은 척수에서 근육으로 들어가는 신호와 근육에서 척수로 나오는 신호가 끊어진 상태로 해석됩니다. 어떻게 하면 이 상태를 극복하도록 도와줄 수 있을까요?

여러 가지 방법이 있겠지만, 저는 이번에도 웨어러블 로봇으로 해결 방법을 찾아보았습니다. 척수 손상을 당한 사람에게 웨어러블 로봇을 착용시키고, 제어 알고리즘으로 뇌의 신호를 받아서 로봇이 움직임을 대신해 주는 거죠. 이 밖에 다양한 신체 장애를 가진 사람들도 각각의 상태에 따라 웨어러블 로봇으로 문제를 해결할 수 있습니다.

여기까지가 제가 세운 가설입니다. 가설을 세웠으니, 이제부터는 아주 구체적이고 전문적인 공부가 필요합니다. 제가 세운 가설이 맞는지, 제가 세운 가설에 대해서 누군가 먼저 고민한 사람은 없는지, 제가 세운 가설을 실행하려면 어떤 분야의 지식을 더 쌓아야 하는지 점검하고 또 점검했습니다. 저는 박사 과정 때 보건 의료 기술을 다루는 의공학을 부전공으로 배우기도 했고, 병원의 의사 선생님들과 함께 의학과 공학이 융합할 수 있는 접점을 모색하기도 했습니다. 문제 정의와 가설을 분명하게 세우고 나서 하는 공부는 참 열심히 즐겁게 할 수 있었던 것 같아요.

여러분도 마찬가지입니다. 여러분만의 가설을 세웠다면, 그다음은 방법을 세우고 실행할 단계입니다. 그러자면 관련 분야를 열심히 공부해야 합니다. 자기가 세운 가설을 실행하기 위한 공부는 재미있고 즐겁습니다. 중고등학교는 물론이고 대학교 들어가서도 왜 공부해야 하는지가 분명해집니다. 물론 대학 가기 위한 공부, 수능 시험 잘 보기 위한 공부를 하면서 동기부여가 생기는 학생들도 있겠죠. 하지만 저는 수동적으로 공부를 따라 하다가 허탈해하는 학생들을 많이 봤어요. 동기부여가 확실하게 있다면 여러분이 읽는 한 단어, 한 문장, 한 단락이 전부 다 굉장히 소중해집니다.

✦ 워크온슈트, 세상을 걷다

가설의 아이디어를 실현할 만한 전문 지식과 정보를 갖추었다면, 이제 방법을 실행하고 검증하고 보완할 차례입니다. 가설을 구체적으로 실현하려면 반복적으로 연구하고 실험하는 과정이 필요합니다. 검증을 통해 가설이 타당하지 않다고 판단되면 가설을 수정해서 처음부터 다시 시작해야 합니다.

오랜 시간에 걸친 노력 끝에 우리는 2015년에 드디어 첫 로봇을 만들었습니다. 바로 하반신 완전 마비 장애인의 보행 장애를 극복하기 위한 로봇 '워크온슈트WalkOn Suit'입니다. '워크온슈트1'은 사람의 다리 근육 구조를 본떠서 만들어졌고, 에너지 효율과 구동력을 최대한으로 끌어올렸으며, 사용자 맞춤형으로 편하고 안전하게 움직이도록 설계되었어요.

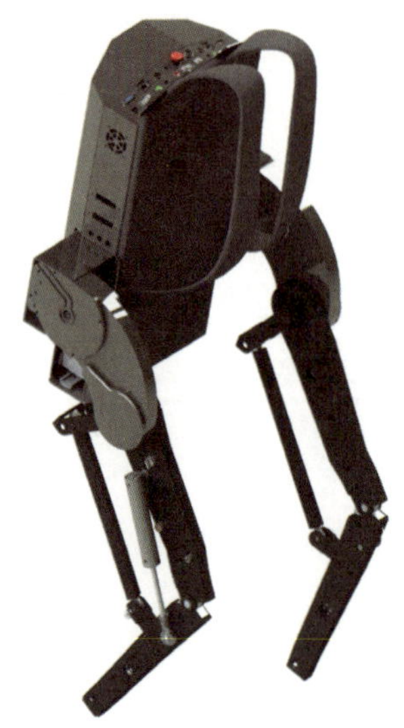

워크온슈트1
사람의 다리 근육 구조를 본떠서 만들었으며, 사용자 맞춤형으로 편하고 안전하게 움직이도록 설계되었다. 시속 800미터 속도로 움직일 수 있다.

당시 워크온슈트1을 착용하고 공개 시연한 사람은 하반신 마비로 인해 오랫동안 휠체어 생활을 해 왔던 분이에요. 이분은 워크온슈트1을 착용한 상태로 앉고, 서고, 장애물을 돌고, 징검다리를 건너고, 경사로와 계단을 오르내리는 여러 가지 동작을 선보였습니다. 워크온슈트1 로봇은 장애인이 첨단 보조 장비를 활용해서 움직임을 겨루는 제1회 사이배슬론 국제대회에서 동메달을 차지했습니다.

그 이후 우리 연구팀은 웨어러블 로봇 기술을 좀 더 개선해 갔습니다. 이 시기에 한 가지 새로운 문제에 부딪혔어요. 우리는 오랜 연구와 실험을 거듭하면서 로봇의 보행 능력 기술은 어느 수준까지 끌어올렸어요. 그런데 미처 생각하지 못했던, 구체적으로 고민하지 않았던 문제가 있었어요. 그게 무엇이었을까요?

여러분은 지금 어떤 동작을 하고 있나요? 하루에 가장 많이 취하는 동작은 무엇인가요? 사실 사람이 일상생활을 하면서 늘 걷거나 몸을 움직이지는 않아요. 의자에 앉아 있거나 가만히 서 있는 시간도 아주 많더라고요. 그런데 '어떻게 하면 잘 걸을까?' '어떻게 하면 자연스럽게 움직일까?' 하는 문제에만 신경을 쏟았던 거예요. 뒤늦게야 이런 문제를 깨닫고서 우리 연구팀은 그때부터 '어떻게 하면 가만히 서 있을까?' '어떻게 하면 편하게 앉아 있을까?' 하는 영역을 새롭게 연구하고 실험했습니다.

문제는 또 있었습니다. 초기 웨어러블 로봇을 착용하고서 걷거나 가만히 서 있을 때 왠지 어색하고 불안해 보였습니다. 왜 이런 현상이 일어나는 걸까요? 우리 연구팀은 근본적인 원인이 강력하고도 유연한 발목 관절이 없기 때문이라는 사실을 찾아냈습니다. 여러분 친구가 움직이거나 서 있을 때 한번 찬찬히 관찰해 보세요. 발목 관절은 몸의 무게를 단단히 지탱해 주고 또 부드럽게 동작을 연결해 줍니다. 발목 관절을 강력한 구동력으로 제어하면 몸의 전체적인 균형이 유지되고, 앞으로 나아갈 때 상체 움직임이 과장되지 않고 자연스러워집니다. 우리는 발목 관절에 대한 정보를 모아서 연구하고, 이걸 우리 방식의 기술로 만들어서 실험했습니다.

이런 여러 문제들에 대해 고민하고 해결하면서 2020년에 새롭게 만든 로봇이 '워크온슈트4'입니다. 워크온슈트4는 역시나 하반신 마비 장애인을 위한 웨어러블 로봇입니다. 병렬 스프링 구조 발목 구동기를 탑재해서 전체적인 균형과 보행 능력을 극대화했으며, 자체 개발한 제어 회로 등으로 사용자와의 일체화를 꾀했습니다. 강력한 발목 구동기는 저희에게 어부지리로 뜻하지 않은 선물을 가져다줬습니다. 워크온슈트4는 시속 3.2킬로미터 속도로 움직일 수 있

워크온슈트4를 입은 선수가 제2회 사이배슬론 국제대회에 출전해 경기를 하고 있다. 워크온슈트4는 병렬 스프링 구조 발목 구동기를 탑재해서 전체적인 균형과 보행 능력을 극대화했다.

으며, 덕분에 당시 세계에서 가장 빠른 웨어러블 로봇이라는 명성을 얻었습니다. 생각해 보세요. 워크온슈트1은 시속 800미터 속도로 움직였는데, 4~5년 사이에 무려 네 배나 빨라진 것입니다. 어떤 문제를 발견하고 이를 해결하기 위한 노력이 모여서 이렇게 빠르게 기술을 발전시켰습니다. 여러분이 활약할 시대에는 과연 어떤 웨어러블 로봇을 만들어 낼지 정말 기대됩니다.

워크온슈트4는 사이배슬론 국제대회에 두 번째로 참가했습니다. 이번에는 첫 출전 때보다 훨씬 빠르고 자연스럽게 여러 어려운 과제들을 수행해 냈고, 그 결과 금메달을 차지했습니다. 더욱 고무적인 건, 워크온슈트4를 착용하고 움직이는 사용자가 힘겨워하지 않고 한결 편안해 보였다는 사실입니다.

✦ 문제의 문제의 문제를 해결하라

이제 하반신 마비 장애인을 위한 웨어러블 로봇은 기술석으로 완성되었을까요? 전혀 그렇지 않아요. 또다시 새로운 장벽을 뛰어넘어야 했습니다. 웨어러블 로봇을 착용하고 움직이다가 넘어지면 어떻게 될까요? 몸을 자유자재로 잘 쓰는 건강한 사람도 발을 헛디디거나 누군가 힘으로 밀면 넘어지게 마련입니다. 지금까지의 웨어러블 로봇은 울퉁불퉁한 길에서는 자주 중심을 잃거나, 외부에서 조금 센 충격이 가해지면 쉽사리 넘어지곤 했어요. 사용자는 자기 몸을 마음대로 움직이지 못하는 데다 딱딱한 로봇 안에 갇혀 있는 상태입니다. 만에 하나 웨어러블 로봇이 넘어지면 크게 다칠 가능성이 많아요. 이 문제를 어떻게 해결해야 할까요?

우리 연구팀은 어떤 상황에서도 넘어지지 않는 방법을 고민하고 연구했습니다. 아주 크고 무거운 로봇이나 고정된 물체와 연결된 로봇이라면 넘어지지 않겠죠. 하지만 그러면 웨어러블 로봇의 본래 의미가 사라집니다. 결국에는 로봇의 균형 감각을 최대치로 끌어올리는 수밖에 없습니다. 여러분이 넘어질 뻔했던 상황을 떠올려 보세요. 넘어지지 않으려고 우리 몸의 모든 근육이 동시에 작동합니다. 웨어러블 로봇도 당연히 그런 방식으로 균형을 유지해야겠죠. 우리는 오랜 연구와 실험 끝에 아무리 거친 길에서도 균형을 유지하고, 누군가 일부러 넘어뜨리려고 해도 넘어지지 않는 기술을 개발해 냈습니다.

그러나 해결해야 할 문제는 또 있었습니다. 사용자는 24시간 내내 웨어러블 로봇을 착용하고 생활할 수 없습니다. 평소에는 편한 옷을 입고 있다가 필요할 때만 로봇을 착용하겠죠. 이때 몸을 잘 움직이지 못하는 사용자는 반드시 주변 사람의 도움을 받아야 했습니

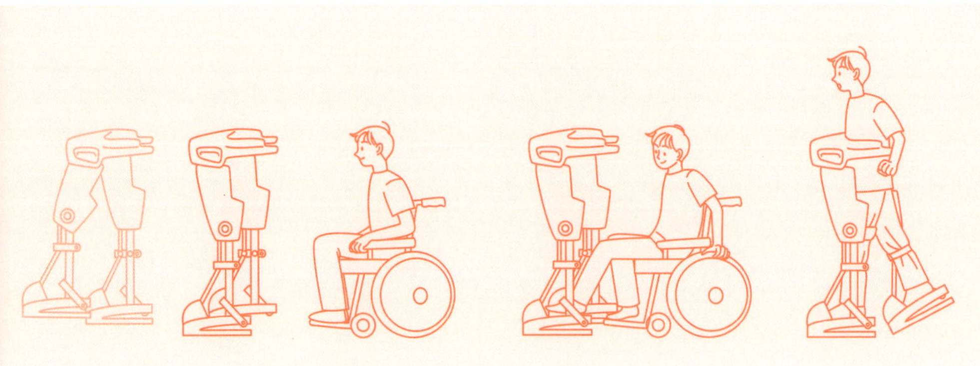

현재 웨어러블 로봇 기술은 로봇이 사람 앞으로 스스로 걸어가 사용자와 결합하는 것뿐만 아니라 지팡이를 짚지 않고 걷는 기술까지 개발되었다.

다. 우리 연구팀은 어떻게 하면 사용자가 혼자서 로봇을 착용할 수 있을까를 고민했습니다. 여러분, 하반신 마비 장애인이 휠체어나 소파나 의자에 앉은 상태에서 혼자 힘으로 웨어러블 로봇을 착용하려면 어떻게 해야 할까요? 먼저 로봇이 스스로 사용자 앞까지 걸어와야 합니다. 그다음에 사용자가 앉은 상태에서 상체의 움직임만으로 웨어러블 로봇과 결합되어야 합니다. 미래 사회에서나 실현할 수 있는 기술 같죠? 이걸 우리 연구팀이 구현해 냈답니다.

마지막으로 우리 연구팀이 구현한 기술을 한 가지 더 소개할게요. 이때까지 웨어러블 로봇은 지팡이를 짚고 움직였어요. 지팡이는 웨어러블 로봇 기술이 아직 걸음마 단계라는 증거입니다. 지팡이에 의지해야 한다는 건 그만큼 사용자가 힘도 많이 들어가고 두 손이 자유롭지 않으니 불편하다는 이야기입니다. 우리는 지난 2024년에 웨어러블 로봇이 지팡이를 짚지 않고 걷는 기술을 개발했습니다. 이제 사용자는 양손을 자유롭게 움직여서 물건을 잡거나 옮길 수 있고, 사람을 만나 악수할 수도 있습니다. 장애인이 일상에서 보통 사람들처럼 생활할 수 있게 한 발짝 더 나아간 것입니다.

✦ 재활 의료 분야 웨어러블 로봇

웨어러블 로봇은 앞서 이야기했듯이 또 다른 역할도 수행합니다. 그중 하나가 바로 약화된 근력을 회복하는 데 도움을 주는 재활 의료 분야입니다. 우리 주변에는 완전 마비까지는 아니지만, 여러 가지 이유로 몸을 마음대로 움직이지 못하는 사람들이 굉장히 많습니다. 이

분들이 웨어러블 로봇을 착용하고 치료 과정을 거치면 과연 얼마만큼 몸의 근력을 보강할 수 있을까요?

우리 연구팀은 '엔젤렉스 메디컬 M20'이라는 재활 의료용 웨어러블 로봇을 개발했습니다. 엔젤렉스 메디컬 M20은 하반신 불완전 마비 환자를 위한 보행 훈련 로봇입니다. 의료 기기로 인증받아서 현재 120여 대의 로봇이 병원이나 재활 치료 기관에서 활발하게 사용되고 있습니다.

그 사례를 몇 가지 소개할게요. 먼저, 뇌성마비를 앓고 있는 열다섯 살 학생이에요. 이 학생은 하루 대부분을 휠체어에서 지냈으며, 혼자서 걷는 게 거의 불가능했습니다. 그런데 웨어러블 로봇을 착용하고 8주 정도 보행 훈련을 진행했더니 누군가 도와주지 않아도 스스로 일어서고 다리를 움직일 수 있게 되었습니다. 물론 여전히 아주 쉽게 걸어다닐 정도는 아니지만, 이렇게 빠르게 회복되는 경우는 아주 드물어요. 기적 같은 일입니다.

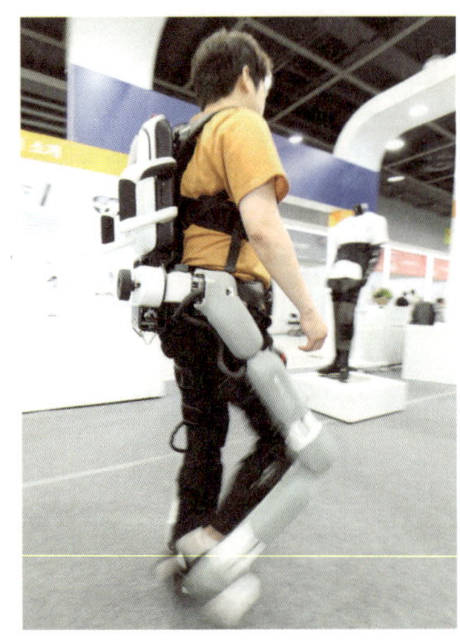

'제18회 대한민국 보조공학기기 박람회'에서 엔젤렉스 메디컬 M20을 착용하고 시연하고 있다. 엔젤렉스 메디컬 M20은 하반신 불완전 마비 환자를 위한 보행 훈련 로봇이다.

파킨슨병을 앓고 있는 어르신 사례도 한번 볼까요? 파킨슨병은 뇌의 신경세포가 퇴화되어 나타나는 질병으로, 근육이 제멋대로 떨리고 차츰 굳어져 결국에는 몸을 제대로 움직이지 못하게 됩니다. 이분도 보폭이 짧아서 종종걸음을 치고, 보행 리듬이 엉켜서 자꾸 비틀거렸습니다. 그런데 엔젤렉스 메디컬 M20을 착용하고 보행 훈련을 한 결과 보폭도 넓어지고 보행 리듬도 일정해졌습니다. 병을 얻기 전의 걸음걸이와 아주 비슷해졌어요.

또 최근에 광주새롬학교에서 어울림 체육대회가 열렸어요. 광주새롬학교는 지체 장애 아이들이 다니는 학교예요. 학생들은 평소에는 대부분 휠체어에 앉아서 학교 생활을 한다고 해요. 그런데 웨어러블 로봇을 착용하고 누가 빨리 결승선을 통과하나 경주를 벌였다고 합니다.

✦ 저마다의 문제 정의와 가설을 세우자

이렇게 성과를 내기까지 우리는 아주 많은 가설과 연구와 실행과 검증을 거쳐야 했습니다. 수많은 고민과 공부와 시행착오의 시간이 필요했어요. 그런데 사실 이 과정이 아주 힘들지만은 않았어요. 어떤 가설을 세우고, 연구 방향을 정하고 나아갈 때는 몸은 힘들지만 마음은 편해집니다. 우리 연구원 모두가 함께 열심히 달린 덕분에 결국에는 제가 사례로 소개한 성과를 얻게 되었답니다.

요즘에도 간혹 공학 기술을 의심스런 눈초리로 보는 사람들이 있어요. 누군가는 "돈을 많이 벌기 위해서 공학 기술을 개발하는 것

근력을 지원해 주는
웨어러블 로봇

맞춤형 피트니스를
받게 해 주는
웨어러블 로봇

아니냐?" "공학 기술은 자연과학과 달리 세상에 무언가 인공적인 창조물을 만들기 때문에 위험해." 이렇게 말씀하더라고요. 제가 공학 기술을 공부하는 이유는 사람 사는 세상이 더 나은 방향으로 나아가는 데 도움이 되고 싶어서입니다. 우리 연구팀이 만든 웨어러블 로봇이 세상의 작은 부분이나마 밝게 만들었다고 생각합니다. 나아가 저는 장애인뿐만 아니라 평범한 사람들에게도 그 작은 변화를 느끼게 해 주고 싶어요. 최근에 우리 연구팀이 개발한 'H10' 로봇은 근력이 약화된 분들을 위해서 스마트 보조 모드가 들어가 있어요. H10을 착용하면 우주에 있는 것처럼 몸을 가볍게 만들어 주고, 수중 재활 치료를 하는 것과 비슷한 환경을 제공하고, 바쁜 현대인들이 짧은 시간 안에 큰 운동 효과를 얻을 수 있게 도와줍니다.

또한 집에서 병원과 연계해서 보행 치료를 받는 프로그램도 개발 중입니다.

이제까지 소개한 웨어러블 로봇 기술을 떠올려 보면, 결과적으로 사람의 신체 구조와 기능을 얼마나 제대로 이해하고 모방할 수 있느냐 하는 문제로 귀결됩니다. 다시 말해, '우리는 기술로 사람의 능력을 재창조합니다.'라는 문제 정의를 구체적인 기술로 조금씩 조금씩 실현하는 과정이었습니다. 청소년 여러분이 제 문제 정의에 흥미를 느꼈다면 더 바랄 게 없겠습니다.

앞에서도 말했듯이 요즘 교육 과정이 지나치게 방대하고 사회적으로도 수많은 정보가 쏟아져 나오고 있습니다. 그러다 보니 청소년 여러분에게 너무나 많은 숙제가 주어진 느낌입니다. 시험과 성적에 대한 압박감도 엄청나고요. 그럴수록 스스로 가설을 세우고 본질적인 질문을 절대 잃지 말아야 합니다. 똑같은 공부를 하더라도 내가 왜 이 문제를 풀고 있는지, 이 공부를 해서 어떤 사람이 되고 싶은지 계속 되물어야 합니다. 그러다 보면 지금 하는 공부가 조금은 재미있고, 또 관심이 가는 분야도 생길 거예요.

여러분이 저마다의 문제 정의와 가설을 세우고 증명해 가다 보면 우리는 어쩌면 다시 만날 수 있을 것입니다. 꼭 공학자가 아니라도, 로봇은 아주 많은 분야의 전문적인 정보와 지식이 필요합니다. 의학·생명과학·AI 분야는 물론이고 심지어 인문학 분야까지 한데 융합해야 인간에게 정말로 도움을 주는 로봇을 만들 수 있습니다. 사실 생각해 보면 그날이 아주 멀지 않았어요. 여러분이 중학교 1학년이라고 해도 6년 후면 대학생이 되잖아요. 수년 내에 여러분과 다시 만나기를 간절히 바랍니다. 감사합니다.

Q. 01

웨어러블 로봇이 발전하면서 크기가 오히려 점점 커지는 것 같아요. 웨어러블 로봇을 더 작고 가볍게 만드는 방법은 없는지, 왜 이런 기술을 구현하는 게 어려운지 궁금합니다.

장애인의 움직임을 돕는 로봇의 경우에는 강력한 힘을 보강한다거나, 넘어지지 않기 위해 균형감을 보완한다거나 하는 기능을 탑재하면서 조금씩 커지는 경향이 있습니다. 물론 저를 비롯한 모든 공학자들이 로봇의 크기와 무게를 줄이기 위해 고민하고 연구하고 있어요.

그리고 일상생활에서 사용하기 위한 로봇은 정말 착용하기 편리하게 개발되고 있습니다. 어떤 로봇은 옷인지 로봇인지 구분하기 힘들 정도로 가볍고 세련된 형태를 띠기도 해요. 제가 앞서 소개한 H10 로봇만 해도 아주 가볍고 몸에 잘 밀착됩니다. 이걸 착용하고 일상적으로 활동하는 데 전혀 문제가 없습니다. 큰 흐름으로 보자면 웨어러블 로봇은 지금보다 훨씬 작아지고 가벼워지는 방향으로 개선될 거라고 봅니다.

Q. 02

AI는 인간의 업무를 점점 분업화시키는데, 융합형 인재는 이 시대에 무엇을 할 수 있을까요?

굉장히 허를 찌르는 질문인데요. 청소년 여러분은 어떻게 공부해야 융합형 인재가 될까에 대해 참 고민이 많을 것 같아요. 제가 소개한 웨어러블 로봇을 만들기 위해서는 공학 기술뿐만 아니라 AI 기술도 필요하

고 의학 지식도 필요합니다. 그러자면 수학과 과학부터 시작해서 여러 가지 정책과 사회 윤리 문제까지 다 다뤄야 합니다. 융합형 인재가 되기 위해 이 방대한 관련 분야를 다 공부해야 할까요?

제가 기쁜 소식을 하나 알려 드리자면, 오늘날에는 그 누구도 다양한 분야를 모두 섭렵할 수는 없습니다. 현대 사회는 각 분야마다 엄청난 정보와 지식을 축적했어요. 심지어 어떤 뛰어난 전문가라도 자기 분야의 지식과 정보를 모두 깨우쳤다고 말하지 못해요. 그러니까 고전적인 의미의 융합형 인재는 더 이상 존재할 수도 없고 필요하지도 않아요.

그러면 현대의 융합형 인재란 어떤 사람을 말하는 걸까요? 제 경우를 예로 들자면, 로봇을 만들기 위해서 각 분야의 전문가들이 모입니다. 이때 공학 분야라고 해도 연구하는 내용이 셀 수 없이 많은 갈래로 나뉩니다. 그러니까 연구 개발 단계마다 그에 걸맞은 전문가가 새롭게 합류합니다.

따라서 연구 과제를 잘 이해하고 다른 팀원들과 조화롭게 과제를 수행하는 능력이 중요합니다. 저는 오늘날 필요한 융합적 인재란, 곧 소통 능력이 뛰어난 사람이라고 생각해요.

청소년 여러분은 각자 흥미를 느끼는 분야가 있을 거예요. 여러분은 지금 그걸 열심히 재미있게 공부하면 됩니다. '나는 융합적 시대를 살아가야 하니까 이것도 잘하고 저것도 잘하고 모두 다 잘해 낼 거야.'라고 생각했다면, 그런 분은 융합적 시대를 살아가기가 좀 어려울 거예요. 이것저것 욕심을 부렸다가는 정작 어떤 분야에서도 전문성을 이루지 못할 게 뻔해요. 무엇보다 자기 혼자 공부한답시고 지금 시대에 가장 필요한 소통 능력도 갖추지 못할 테니까요. 여러분 각자가 공부하는 분야는 앞으로 더욱 더 전문화되고 분업화되겠지만, 그럴수록 더더욱 소통과 융합이 필요합니다. 친구들과 잘 어울리고 이야기를 나누고 좋은 추억을 많이 쌓아 가기를 바랍니다.

웨어러블 로봇으로 사람이 하늘을 날 수 있을까요?

하늘을 나는 건 정말 인류의 오랜 꿈이잖아요. 제가 이렇게 말씀드리면 못 믿을 테지만, 웨어러블 로봇 입장에서는 사실 걷는 것보다 나는 게 쉬워요. 걸으려면 발을 옮길 때마다 지면에서부터 엄청나게 큰 힘(중력)이 작동해요. 또 움직임에 따라 힘이 작용하는 방향이 매번 달라요. 밑에 아주 조그만 돌멩이라도 하나 있으면 중심을 잡기 위해 힘이 들어가는 위치를 조정해 줘야 하죠. 하지만 나는 건 3차원 공간에서 아무 제약 없이 그냥 엔진을 가동하고 날개를 펼치면 돼요. 이미 비행용 소형 제트기도 개발되어 있습니다. 사람을 띄워야겠다고 마음먹으면 오히려 걷는 것보다 쉬울 수도 있습니다.

그런데 왜 비행 웨어러블 로봇이 아직 개발되지 않았을까요? 웨어러블 로봇이 절실하게 필요한 사람이 누구인지 생각해 보면 그 답을 찾을 수 있습니다. 웨어러블 로봇이 절실하게 필요한 사람은 걷고 움직이는 데 어려움을 겪고 있는 분들이에요. 그런 분들한테 갑자기 "웨어러블 로봇으로 하늘을 날게 해 드릴게요."라고 하면 뭔가 순서가 안 맞잖아요. 웨어러블 로봇을 입고 날아다닐 수 있다고 가정하자면 "그게 우리 사회가 겪고 있는 중요한 문제를 해결할 수 있느냐?"라는 질문에 이렇다 하게 내놓을 답이 없습니다. 웨어러블 로봇 분야에서 보행 관련 기술이 발달한 데는 이런 이유가 있습니다.

군사 분야에서는 날아다니는 웨어러블 로봇을 연구한 사례가 있습니다. 아마도 하늘을 날아서 상대편에게 몰래 침투하려는 목적으로 연구되었을 거예요. 하지만 현대 기술로는 엔진 소리 때문에 하늘을 날 때 소리가 크게 나잖아요. 그러니까 쉽게 발각될 수밖에 없어요. 그래서 한때는 굉장히 열심히 연구하다가 요즘에는 조금 시들해진 것 같아요.

우리가 일상생활에서 사용하는 웨어러블 기기로는 갤럭시 링이나 갤럭시 워치 같은 제품이 있고, 로봇으로는 워크온슈트 같은 제품이 있는데, 여기에 AI 기술을 접목한다면 어떤 효과가 나올지 궁금합니다.

최근에 AI라는 굉장히 막강한 기술이 출현했습니다. AI가 세상을 다 바꿔 놓을 거라는 이야기도 심심찮게 들립니다. 그런데 AI도 어디까지나 기술이고 방법이에요. 저는 AI에 대해 너무 막연한 기대감 내지는 공포심을 경계하면서 조심스럽게 접근해야 한다고 생각합니다. 우리는 이미 AI 기술을 탑재한 디바이스도 있고 웨어러블 로봇도 있습니다. AI 웨어러블 로봇을 어떻게 하면 잘 활용할 수 있을까요?

일단 기본적으로 AI가 사람의 어떤 능력이나 역할을 100퍼센트 대체하지는 않을 것 같아요. 왜냐하면 AI는 결국 사람을 보완하고 보조하는 기술, 사람을 보호하는 기술이잖아요. 여러분도 스마트폰이나 웨어러블 디바이스를 사용해 봐서 알 거예요. 그걸 사용하는 사람에 따라 설정값이 전부 다릅니다. 여러분 각자의 특징과 취향과 관심사에 따라 웨어러블 기기가 맞춤한 정보를 다양하게 제공해 준다면 활용도와 효율성이 크게 높아질 거예요. 예를 들어, AI를 장착한 의료용 로봇은 환자의 상태를 면밀히 살피고, 현시점에서 어떤 운동이 필요한지, 어떤 영양분을 섭취해야 하는지 등을 자세히 알려 줄 거예요.

FUN&
LEARN

세상을 보는 돋보기, 데이터 과학

김영진

한국과학기술정보연구원^{KISTI} 선임연구원으로, 데이터분석연구본부 글로벌 R&D분석센터에서 데이터 분석 및 시각화, 알고리즘 자동화 등을 담당하고 있는 데이터 과학자이다. 한양대학교에서 통계물리를 전공으로 하여, 네트워크 과학, 데이터 분석을 주로 수행하였다. 현재 과학의 과학^{Science of Science}을 주 연구 분야로 다루고 있으며, 논문, 특허, 정책 데이터 등을 통해 과학 그 자체를 분석하는 연구를 수행 중이다.

데이터는 자세히 들여다볼수록

더 많은 이야기를 찾아낼 수 있다.

다만, 나무가 아닌 숲을 보기 위해서는

몇 걸음 떨어져

폭넓고 다양하게 바라보아야 한다.

✦ 우리 손안에 들어온 인공지능

안녕하세요. 저는 한국과학기술정보연구원에서 일하는 김영진입니다. 제가 여러분한테 소개할 내용은 '데이터 과학' 분야예요. 여러분이 제 이야기를 듣고 데이터 과학이 그리 어려운 분야가 아니라는 생각을 가졌으면 좋겠습니다. 먼저 '다가오는 미래는 어떤 모습일까?' 하는 질문으로 이야기를 시작해 볼게요. 우리가 늘 궁금해하는 질문이죠. 과거에도 그랬고 앞으로도 계속 그럴 거예요.

다가오는 미래를 생각할 때, 스마트폰이나 IT 분야를 빼놓을 수 없죠. 해마다 이 분야의 앞선 기술을 전시하는 MWC^{Mobile World Congress}에서 최근에 벤더블 스마트폰이 크게 주목받았다고 해요. 스마트폰이 휘어져서 손목에 편하게 차고 다닐 수 있다는 거죠. 이 밖에도 우리가 눈여겨볼 만한 기술이 하루가 멀다 하고 쏟아져 나오고 있습니다.

2024년 2월 스페인 바르셀로나에서 열린 MWC에서 모토로라가 손목에 차고 다니는 벤더블 스마트폰을 선보였다.

그런데 여러분, 이 스마트폰이 과거에는 어떤 모습이었을까요? 청소년 여러분은 잘 모를 거예요. 2007년에 아이폰이 세상에 나오기 전까지 휴대폰은 전화와 문자 기능만 가능했어요. 물론 내비게이션도 없던 시절이에요. 이때는 잘 모르는 곳을 갈 때 지도를 직접 펼쳐서 길을 찾았습니다. 한 사람은 운전하고, 옆 사람은 지도를 보면서 방향을 알려 주었죠. 한번 길을 잘못 들면 도로에서 몇 시간을 날려 보내야 했습니다.

제가 인터넷을 검색해 보니, 지난 2008년에 어떤 사람이 '미래의 스마트폰은 이랬으면 좋겠어.' 하고 써 놓은 글이 있더라고요. 예를 들어, '두께 7밀리미터 이하' '카메라 화질 2000만 화소 이상' '내장 메모리 용량 700기가바이트 이상' '음악뿐만 아니라 동영상 파일 재생' '전자사전·번역기·음성 번역' '구글어스＋세계지도' '전 세계 비행기·대중교통 노선도' 같은 기능들이 추가되어야 한다는 이야기였어요. 이 글에 대해서 당시에 사람들은 허무맹랑한 소리라고 부정적으로 댓글을 달았어요. '데스크톱 컴퓨터도 저런 기능이 다 안 되는데, 조그만 스마트폰으로 어떻게 저런 기능들이 다 되겠냐.' '말도 안 되는 소리다.' 이런 글들이었죠.

하지만 지금은 저런 기능뿐만 아니라 훨씬 뛰어나고 멋진 기능들도 스마트폰 안에 들어가 있습니다. 최근에는 AI까지 스마트폰 안으로 들어왔어요. 정말이지 세계의 모든 정보를 탑재한 어마어마한 컴퓨터를 손에 들고 다니는 셈이에요. 이렇게 과학기술이 발전하면서 우리는 저마다 다양한 관심사를 아주 편리하게 검색하거나 공유할 수 있어요. 챗GPT에 대해서 2023년 9월에 전주와 임실의 중고등학생을 대상으로 설문조사를 했는데 그 내용을 잠깐 볼까요?

챗GPT를 알고 있느냐는 질문에 71퍼센트 넘는 학생들이 알고 있다고 했어요.[그래프 1] 챗GPT를 사용해 봤느냐는 질문에 63퍼센트 넘는 학생들이 그렇다고 했습니다.[그래프 2] 챗GPT를 사용해 본 학생들에게 얼마나 자주 사용했느냐고 질문했어요. 그랬더니 '1회 사용' 13퍼센트, '2~3회 사용' 31퍼센트, '4~5회 사용' 15퍼센트, '6회 이상' 41퍼센트로 응답했습니다.[그래프 3] 이번에는 챗GPT를 교육적으로 사용한다면 어떤 분야에 활용할 것인지 물었습니다. '리포트 작성' 30퍼센트, '번역, 리포트 작성 수정' 27퍼센트, '교육적 질문, 영감 얻기' 40퍼센트 분포를 보였습니다.[그래프 4] 마지막으로 어떤 목적으로 사용했는지 구체적으로 써 달라고 했습니다. '단순 호기심'(46개)과 '독후감, 문제 출제, 활동 양식 생성 등 교육적 활용'(45개)이 가장 많았고, '지식·상식'(20개), '실생활 아이디어'(6개), '문학·미술·음악 창작'(6개) 순으로 나타났습니다.[그래프 5] 이 설문조사 결과에 따르면 여러분 또래의 학생들은 이미 챗GPT와 친해졌으며, 나름대로 잘 활용하고, 또 앞으로 좀 더 적극적으로 활용할 가능성도 많아 보입니다.

[그래프 1] 챗GPT 인지 여부
이름만 안다
14.2%
모른다
14.2%
안다
71.6%

[그래프 2] 챗GPT 사용 경험
없다
36.6%
있다
63.4%

[그래프 3] 챗GPT 사용 횟수
1회
13.2%
6회 이상
41%
2~3회
31.3%
4~5회
14.5%

[그래프 4] 챗GPT 교육적 사용 범위
교육적 질문,
영감 얻기
39.4%
기타
3.5%
리포트 작성
30.2%
번역, 리포트
작성 수정
26.9%

[그래프 5] 챗GPT 사용 목적
교육(독후감, 문제 출제, 활동 양식 생성 등) 45개
지식(대한민국 인구 수 등) 20개
실생활(바퀴벌레 쉽게 잡는 법 등) 6개
단순 호기심(챗GPT가 궁금해서 사용) 46개
창작(문학·미술·음악 창작 등) 6개
기타 5개

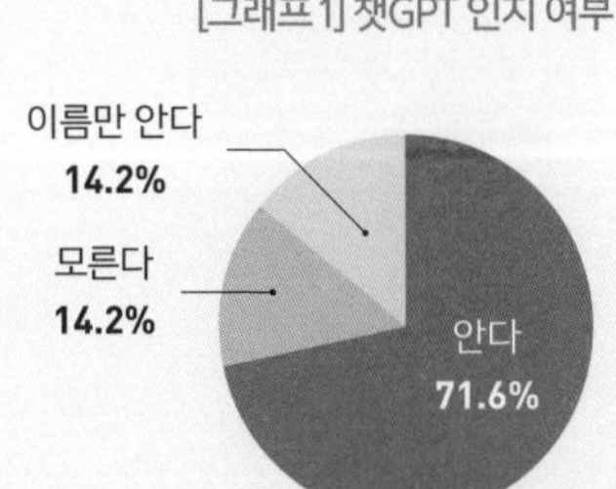

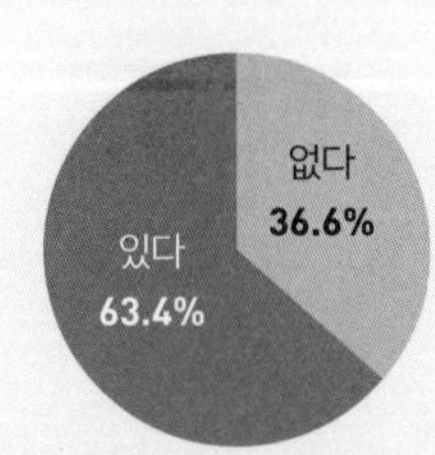

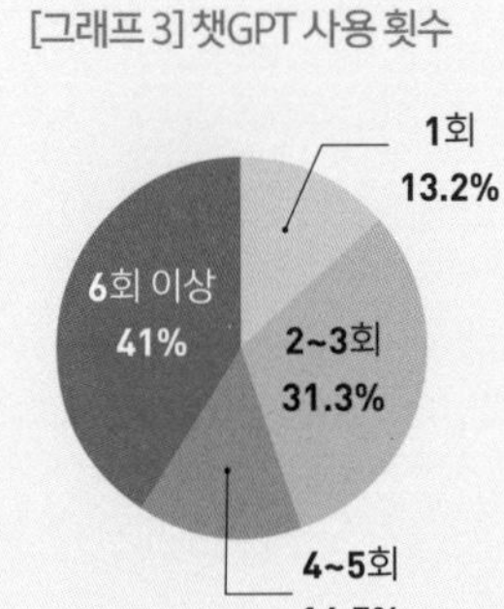

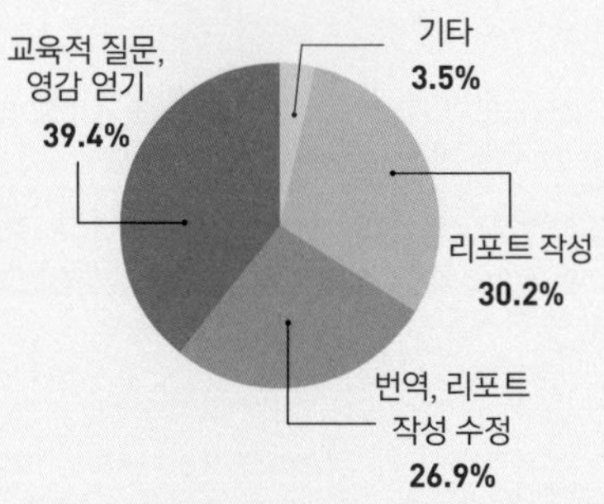

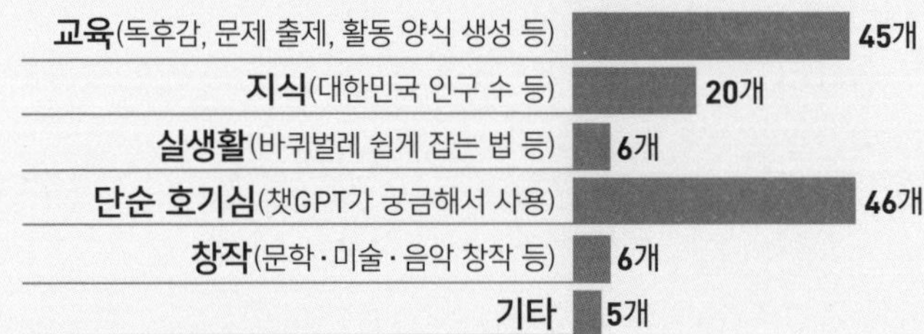

출처: 전북교육소식

미국에서도 비슷한 설문조사를 했다고 해요. 지난 2023년과 2024년에 사람들에게 챗GPT와의 친밀도를 물었어요. 그 결과 초·중·고등학생은 2023년에 '호감' 37퍼센트, '비호감' 56퍼센트였는데, 2024년에 '호감' 75퍼센트, '비호감' 24퍼센트였습니다. 또 선생님은 2023년에 '호감' 55퍼센트, '비호감' 44퍼센트였는데, 2024년에 '호감' 79퍼센트, '비호감' 20퍼센트였습니다. 불과 1년 사이에 어마어마하게 긍정적으로 바뀌었습니다. 또한 2024년 설문조사에서 챗GPT에 대한 호감도는 전 연령대에 걸쳐 높게 나타났다고 해요. AI를 실제로 사용해 보고 얼마나 많은 도움을 주는지 경험했기 때문이겠죠.

✦ 인공지능, 천재일까 바보일까

여기서 여러분에게 질문을 하나 드릴게요. AI는 과연 내가 질문하면 거의 모든 걸 답할 수 있을까요? 아니면, 어려운 질문에는 답을 못할까요? 인공지능이 한계가 없다고 답하는 사람도 있고, 엄청 어려운 건 답하지 못할 것 같다고 생각하는 사람도 있을 거예요. 네, 사실 양쪽 생각 다 맞아요. 인공지능이 잘하는 것도 있고, 못하는 것도 있거든요.

이제 인공지능에 대해 좀 더 이야기해 볼까요? 여기서 다룰 AI는 챗GPT 같은 언어 모델로 한정하겠습니다. 여러분도 인공지능이 어떻게 학습하는지 잘 알죠? 방대한 데이터를 반복해서 꾸준하게 학습해요. 이렇게 학습한 내용을 기반으로 수행하는 역할은 아

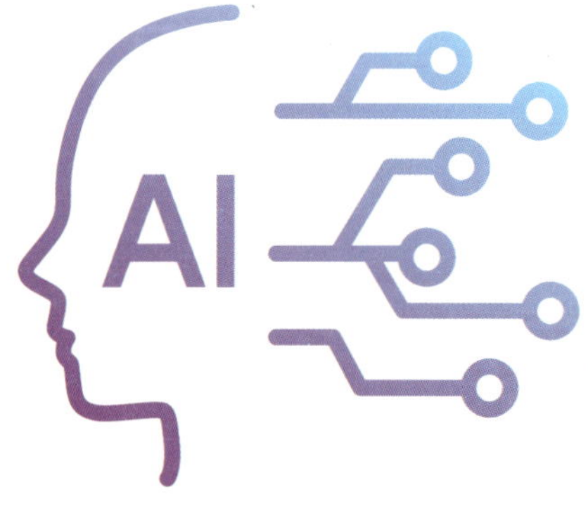

주 효율적이고 정확하게 처리합니다. 챗GPT 같은 언어 모델 AI는 언어를 잘 다룹니다. 어떤 지문을 빠르게 요약하고, 내가 어떤 말을 했을 때 그 내용을 잘 파악하고 추가적인 정보까지 보여 줘요. 심지어 인공지능과 대화하다 보면 사람이라는 착각이 들 때도 있어요. 게다가 인공지능은 이 순간에도 엄청나게 빠른 속도로 발전하고 있습니다.

그럼 반대로 인공지능은 무엇을 잘 못할까요? 혹시 챗GPT를 사용하면서 답답하다고 느낀 적 있나요? 일단, AI는 구체적으로 질문할수록 답변을 잘해요. 하지만 질문이 애매하거나 흐릿하면 대답을 이상하게 하죠. 사람도 마찬가지지만, AI는 훨씬 더 이런 부분에 예민합니다. 이게 무슨 말이냐면, AI는 하나의 언어에서 무언가를 연상한다거나 미루어 짐작하거나 속뜻을 헤아리지 못해요. 또 사람은 아주 간단하게 할 수 있는 논리적 사고를 AI는 못해요.

챗GPT에게 〈스도쿠〉를 한번 풀어 보라고 해 보세요. 그러면 챗GPT는 직접 문제를 풀지 않고 코딩을 짜서 해결해 버려요. 코딩을 짜면 너무 쉽게 답이 나오거든요. 챗GPT에게 코딩을 짜지 말고 차근차근 논리적으로 생각해서 다시 풀어 보라고 하면 설명도 답도 이상하게 나옵니다.

몇 해 전에 〈워들〉이라는 게임이 한창 유행했어요. 다섯 글자로 이루어진 알파벳 단어를 여섯 번 안에 맞추는 게임이에요. 먼저 아무 단어나 쳐서 넣으면, 순서가 맞는 알파벳이 있거나, 아예 모든 알파벳이 틀렸거나, 순서만 바뀐 알파벳이 있을 거예요. 그 안내문에 따라 다시 어떤 단어를 쳐서 넣으면, 또 몇 가지 경우의 수가 생겨날 거예요. 이런 과정을 거쳐 여섯 번 안에 단어를 맞히는 게임입니다. 물론 어렵고 복잡하기도 하지만, 사람들은 논리적인 사고로 이 문제를 풀어냅니다. 그런데 챗GPT는 〈워들〉 게임을 전혀 풀지 못해요. 복합적이고 논리적인 생각을 못하는 거죠. 사람에게는 상대적으로 쉬운 문제가 인공지능에게는 어려운 문제가 될 수 있습니다.

앞서 이야기했듯이, 인공지능은 다양한 분야의 전문적인 지식을 엄청나게 보여 줘요. 저는 물리학을 전공했는데, 화학이나 생물학 분야는 거의 바보 수준이에요. 오늘날에는 모든 분야를 깊이 아는 전문가가 될 수 없어요. 왜냐하면 한 분야의 전문가가 되기에도 공부할 양이 엄청나게 많거든요. 하지만 인공지능은 모든 분야의 전문 지식을 학습해서 다양한 분야의 전문적인 지식을 잘 알고 있습니다. 반대로 논리적인 해결 능력을 필요로 하는 아주 쉬운 문제는 힘들어해요.

챗GPT의 문제점은 또 있습니다. '환각 효과'라는 건데, 언어 모델 인공지능은 자연스럽게 문장을 만들려다 보니까 거짓말을 할 때가 많습니다. 실제로는 존재하지 않는 사람이나 사실관계가 맞지 않는 내용을 짐짓 꾸며 냅니다. 유명한 에피소드가 하나 있어요. 어떤 사람이 "《조선왕조실록》에 기록된 세종대왕의 맥북프로 던짐 사건에 대해 알려 줘." 하고 챗GPT에게 요청했어요. 정말 말도 안 되는 질문이잖아요. 여기에 대해 챗GPT가 "세종대왕의 맥북프로 던짐 사건은 《조선왕조실록》에 기록된 일화로, 15세기 세종대왕이 새로 개발한 훈민정음의 초고를 작성하던 중 문서 작성 중단에 대해 담당자에게 분노해 맥북프로와 함께 그를 방으로 던진 사건입니다."라고 답변했어요.

**인공지능의
환각 현상**

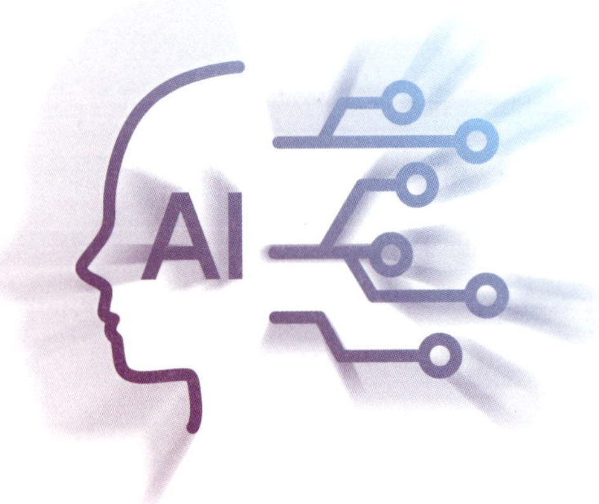

생성형 AI는 실제로 존재하지 않거나 관련이 없는 정보를 생성해 내기도 한다.

이처럼 챗GPT는 어떻게든 답변을 하기 위해 그럴싸하게 소설을 만들어 냅니다. 문제는 우리가 평소에 인공지능이 내놓은 답변을 아주 신뢰한다는 점이에요. 아무리 전문적인 내용이라도 우리가 물어보는 질문에 대해 대부분은 막힘없이 정확하게 답해 주니까요. 그러니 인공지능이 이렇게 소설을 써서 답하면 매우 큰 혼란을 일으킬 수 있습니다. 그냥 재미로 대화를 주고받을 때는 괜찮지만, 학교 숙제를 한다거나 연구 논문을 쓰면서 도움을 받을 때 사실이 아닌 걸 사실처럼 알려 주면 당연히 큰일 나겠죠. 따라서 인공지능을 사용할 때 장단점을 잘 파악하고 조심해야 합니다.

얼마 전에 제가 이사했는데요. 이사 기념으로 빈백을 집에 하나 들여놓을까 고민했어요. 빈백은 말 그대로 콩 같은 동그란 알갱이가 들어 있는 큰 자루예요. 소파, 의자, 침대로 사용하는데 이게 아주 보드랍고 폭신하고 편해요. 근데 되게 비싸요. 큰 빈백 하나에 70~80만 원, 심지어 100만 원까지 합니다. 저는 가슴을 졸이며 살까 말까 고민하면서, 그나마 좀 싸고 좋은 제품이 없나 열심히 정보를 알아봤어요.

그런데 인터넷에 빈백을 검색하다가, 문득 눈길을 끄는 글 제목을 보았어요. '빈백 추천? 이걸로 끝, 안 보면 손해.' 글 제목만 보면 되게 그럴싸해 보입니다. 당연히 클릭해 봤죠. 글은 최신 정보를 아주 구체적이고 가지런하게 소개해 놓았더라고요. 자기가 빈백에 대해 1~2개월 동안 조사해 봤다고 해요. 그걸 정리해서 알려 주는 거니까 참고하라고 했어요. 이렇게 부지런하고 친절한 사람이 있을까 싶어 저는 감동했습니다. 그래서 그 글에서 추천해 준 제품을 살펴봤어요. 그런데 뭔가 좀 이상했어요. 그동안 제가 괜찮아 보여서 목

록에 올려 놓은 제품은 순위에도 없더라고요. 그리고 추천 제품에 순위를 매겼는데, 그중에 몇 가지가 색깔만 다르고 똑같은 제품이 더라고요. 뭔가 이상하죠? 저는 그분의 제품 사용 후기를 꼼꼼히 읽어 봤어요. 되게 그럴싸하게 보였지만, 챗GPT를 자주 사용해 본 저로서는 감이 왔어요. 분명히 챗GPT가 작성한 글입니다. 사람이라면 '달콤한 디자인과 편안함' '높은 편안함을 제공합니다' 이런 표현은 안 쓰잖아요. 아마도 이 홈페이지 운영자는 챗GPT한테 홍보할 빈백 제품의 장점을 그럴싸하게 정리해 달라고 요청했을 거예요. 배신감을 느꼈습니다.

이런 글이 많아질수록 저같이 데이터를 분석하는 사람은 힘들어집니다. 저는 사람이 쓴 글을 바탕으로 데이터를 분석해야 하는데, 인공지능이 쓴 글이 많아지면 걸러 내야 할 데이터가 엄청나게 늘어나니까요. 인공지능으로 오염된 데이터 때문에 분석의 질이 낮아지거나 심각하게는 전혀 다르게 결과를 내올 수도 있어요.

인공지능은 당연히 우리가 앞으로 계속 도움을 받아야 할 기술이에요. 그럴수록 더 발전할 기술이고요. 그럼에도 인공지능은 분명히 한계가 있습니다. 그러면 우리는 어떻게 인공지능을 사용해야 할까요? 인공지능은 엄청난 데이터를 학습해서 전문적인 정보를 빠르게 분석합니다. 인공지능을 직접 개발하는 건 이런 엄청난 데이터를 학습시킬 수 있는 대기업이 할 수 있어요. 우리는 이런 인공지능을 활용해 데이터를 분석할 수 있습니다. 작은 데이터라도 보는 관점과 내용에 따라 그 안에서 가치와 방향을 찾을 수 있죠.

✦ 이그노벨상의 가치

앞서 제가 '데이터 과학'이라고 말했잖아요. 여러분 가운데는 '데이터를 분석하는 게 과학 맞아?' 하고 궁금해하는 사람도 있을 거예요. 노벨상을 수상하는 물리학이나 우주과학 같은 분야만 과학인 것은 아니에요. 저는 물리학자라서 말씀드릴 수 있는데요, 데이터 과학도 엄연히 과학입니다.

여러분, 혹시 '이그노벨상'에 대해 들어 본 적 있나요? 이그노벨상은 얼핏 보기에 가치 없어 보이는 과학적 발견이나 발명에 주는 상이에요. 예를 들어, 한국인 과학자 한지원 씨는 컵에 든 커피를 안 쏟고 들고 가는 방법을 연구해서 2017년에 이그노벨상을 수상했어요. 컵에 커피를 담아서 들고 갈 때 조금만 흔들려도 커피가 쏟아지잖아요. 한지원 씨의 연구에 따르면, 컵의 윗부분을 잡고 가는 게 해결 방법

제27회 이그노벨상 시상식에서 유체역학 부문 수상자 한지원 씨가 자신의 논문에 대해 설명하고 있다.

이에요. 우리는 보통 이동할 때 컵의 밑부분을 잡고 이동해요. 이때 컵 안의 액체는 아래에서 시작된 진동에 따라 위쪽으로 갈수록 큰 원을 그리면서 밖으로 넘칩니다. 그런데 컵의 윗부분을 손가락으로 잡고 이동하면 액체의 진동이 작은 원을 그리면서 줄어듭니다.

이 현상에는 사실 훨씬 심오한 물리학적인 이유가 있어요. 물론 한지원 씨도 그걸 알고 있지만, 일상생활에서 호기심을 해결하듯 재미나게 이 문제를 풀어냈어요. 이게 훗날 엄청난 과학적 성과로 평가될지는 모르겠지만, 지금 보기에는 그냥 사소하고 유쾌한 발견처럼 보이잖아요.

또 이그노벨상을 받은 연구 중에는 이런 내용도 있어요. 어떤 사람이 꽁지머리를 묶고 달리면 당연히 머리가 흔들리잖아요. 이 꽁지머리가 움직이는 패턴을 분석해서 달리는 사람의 키와 체중을 맞히는 연구였어요. 이 연구에 따르면, 꽁지머리가 찰랑거리는 속도와 반경과 세기 따위를 열심히 분석하면 정말 키와 체중을 맞힐 수 있다고 해요. 뭔가 엄청난 노력을 기울인 연구인 듯한데, 이게 어디에 쓸모가 있을까요? 잘 모르겠어요. 정말 키와 몸무게를 알고 싶으면 그냥 그 사람에게 물어보는 게 더 빠르지 않을까요?

이 밖에도 이그노벨상을 수상한 연구를 보면 세상에 괴짜 과학자들이 얼마나 많은지 알 수 있어요. 어이없어서 헛웃음이 나올 때도 많아요. 그런데 여러분, 이게 정말 가치 없는 과학일까요? 저는 그렇지 않다고 생각해요. 뭔가 대단하고 의미 있는 발견뿐만 아니라 사소하게 스치는 궁금증을 어떻게든 해결해 가는 과정도 과학이에요. 이런 연구는 오직 사람만이 할 수 있어요. 인공지능은 절대 못해요.

이제, 사람만이 할 수 있는 데이터 과학 사례를 몇 가지 소개할게요. 첫 번째로, 이화여대 김규호 교수 사례입니다. 아마 여러분보다 부모님이 좋아할 만한 내용이에요. 김규호 교수는 여러 국내외 대기업에서 컴퓨터 정보 관련 기술 위원으로 오래 일하다가 잠깐 쉬고 있었대요. 겨울에 이분이 집에서 쉬는데 아무리 보일러를 틀어도 난방이 잘 안 되는 거예요. 그래서 왜 난방이 잘 안 되는지 원인을 찾아봤어요. 우리나라 아파트는 대부분 바닥에 물이 흐르는 파이프를 깔고, 보일러로 이 물을 덥혀서 난방하는 방식입니다. 물이 흐르는 파이프를 조절하는 밸브는 보통 싱크대나 보일러 아래에 설치되어 있어요. 이 밸브를 잠그면 물이 흐르지 않고, 밸브를 열면 물이 흐르게 되죠. 만약 이 밸브를 잘못 조작하면 따뜻한 온수가 제대로 열을 전달하지 못하고 그대로 흘러나가 버려요. 난방비가 많이 나오는데도 제대로 난방이 되지 않고, 어떤 방은 따뜻한데 다른 방은 차가운 현상도 생기지요.

김규호 교수는 따뜻한 물 밸브를 조금만 닫아서 따뜻한 물이 천천히 흐르게 하고, 차가운 물 밸브를 열어서 빠르게 흐르게 해 봤어요. 그랬더니 처음에는 난방 효과가 훨씬 좋아졌어요. 하지만 날씨가 더 추워져서 따뜻한 물을 더 끌어들이기 위해 밸브를 열었더니 균형이 깨지면서 다시 처음 상태로 돌아가 버렸어요.

김규호 교수는 몇 차례 손으로 밸브를 조작하다가 실패를 겪고 나서, 이게 나름 복잡한 경우의 수가 존재한다는 사실을 깨달았어요. 김규호 교수는 이 문제를 본격적으로 해결하기 위해 먼저 직접 데이터를 수집했습니다. 각각의 밸브를 조금씩 열고 닫으면서 그에 따른 각 방의 온도를 측정한 거예요. 이 데이터를 바탕으로 라즈베리파이 컴퓨터를 이용해서 날씨와 생활하는 사람의 조건에 따라 최적의 값을 설정했어요. 그런 다음 이걸 자동으로 조절해 주는 제어기를 만들었어요. 정리하자면, 따뜻한 물의 흐름을 조절해서 난방 효율성을 최고로 높인 거죠. 김규호 교수가 난방 자동 제어기를 만드는 과정은 인터넷에서 뜨거운 화제를 불러일으켰어요. 덕분에 김규호 교수는 '밸브의 신'이라는 별명까지 얻었답니다.

두 번째 사례는 재무제표 이야기입니다. 재무제표는 기업의 가계부예요. 언제 어디에서 돈이 들어왔는지, 어떤 용도로 돈을 썼는지 꼼꼼하게 기록됩니다. 따라서 재무제표를 보면 기업이 쓴 돈의 흐름을 알 수 있어요. 그런데 어떤 기업은 회삿돈을 빼돌리거나 부실한 경영 상태를 감추기 위해 재무제표를 조작하기도 해요. 과거에는 의도적으로 재무제표를 조작하면 이걸 찾아내는 일이 매우 어렵고 힘들었어요. 게다가 규모가 큰 기업의 재무제표는 그 양이 엄청납니다. 수백수천 쪽이 넘는 재무제표를 꼼꼼히 검토하려면 수많은 사람이 몇 날 며칠 매달려야 했습니다.

그런데 재무제표 데이터를 분석해서 의도적인 조작을 손쉽게 찾아내는 방법이 생겨났습니다. 여러분, 우리 주변에 널린 다양한 수치 데이터에서 첫 자리에 가장 자주 나타나는 수는 무엇일까요? 직관적으로 생각하기에는 1부터 9까지 숫자가 거의 비슷한 비율로 나올 것 같죠? 그렇지 않아요. 미국 물리학자 프랭크 벤포드는 1938년에 335개 강의 표면적, 104개의 물리학 상수, 1800개의 분자 무게, 수학책에 나오는 5000개의 숫자, 잡지 《다이제스트》 308권에 나오는

프랭크 벤포드(1883~1948)
미국의 물리학자로, 광범위한 분포를 보이는 수치 데이터들의 가장 큰 자리 숫자는 작은 숫자일 확률이 크다는 법칙을 발견했다. 이 법칙은 그의 이름을 따서 '벤포드의 법칙'이라고 불린다.

숫자 등의 데이터를 분석했어요. 그 결과 놀랍게도 맨 앞자리에 나오는 숫자는 1이 가장 많고, 2, 3, 4 …… 9의 순서로 확률이 줄어들었어요. 이게 바로 '벤포드의 법칙'이에요. 벤포드의 법칙은 수학적으로 엄밀하게 증명되지는 않지만, 희한하게도 우리가 일상적으로 사용하는 대량의 숫자 데이터에 잘 들어맞았어요.

벤포드의 법칙은 1972년부터 재무제표를 분석하는 데 활용되었어요. 뒷쪽의 두 그래프에서 위쪽은 조직이 인 된 재무제표를 벤포드의 법칙으로 표현한 그래프입니다. 1부터 9까지 일정한 분포로 줄어들며 아름다운 곡선을 나타냅니다. 이에 비해 아래쪽은 조작된 재무제표 그래프입니다. 들쑥날쑥한 모양의 그래프가 나타납니다. 앞서 이야기했듯이, 벤포드 법칙은 엄밀하게 증명된 이론이 아니라서 재무제표의 조작 여부를 이것만으로 판단할 수는 없지만, 벤포드 법칙에 어긋나는 패턴을 보이면 좀 더 면밀하게 조작 여부를 조사해야겠죠. 방대한 데이터를 분석할 때 나타나는 어떤 패턴을 실용적으로 이용하는 한 가지 사례로 이해했으면 좋겠습니다.

벤포드 법칙의 적용 사례

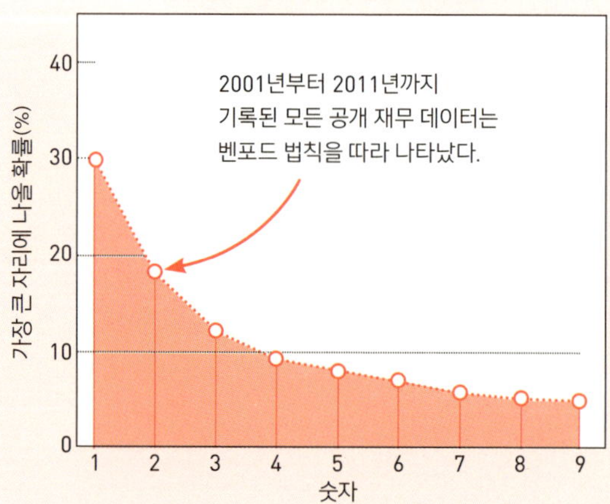

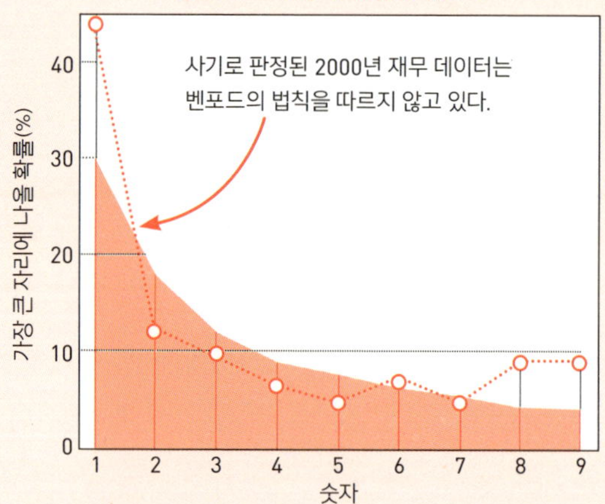

출처: 미국 컬럼비아대학교

벤포드의 법칙은 회계 부정을 적발하기 위해 **1972년**부터 사용되기 시작했으며, 미국의 수학자 마크 니그리니는 벤포드의 법칙을 이용하여 에너지 기업인 엘론의 회계 부정을 밝혀낸 것으로 유명하다.

세 번째 사례는 제가 대학교 다닐 때부터 종종 시도해 봤던 워드 클라우드입니다. 사람들은 인터넷상에 어떤 주제에 대해 자기 생각을 글로 남깁니다. 그 글에서 키워드를 모아서 워드 클라우드로 나타내면 보기에도 좋고, 생각의 흐름을 한눈에 파악할 수 있어요.

예를 들어, 2018년에 우리 사회에서 난민 문제가 이슈로 떠오른 적이 있었어요. 500여 명의 예멘 사람들이 내전을 피해 제주로 들어와서 난민 지위를 인정해 달라고 요청했습니다. 그러자 우리나라 사람들은 이들을 난민으로 인정하고 받아들이냐를 놓고 의견이 나뉘었어요. 여기에는 종교 문제·인종 문제·경제 문제 등이 뒤엉켜 있어서 더 혼란스러웠죠. 저는 그와 관련한 사람들의 댓글에서 키워드를 뽑아서 데이터 분포도에 따라 워드 클라우드를 만들어 봤어요. 어때요, 여러분도 이 정도 데이터 과학 분석 방법은 시도해 볼 수 있겠죠?

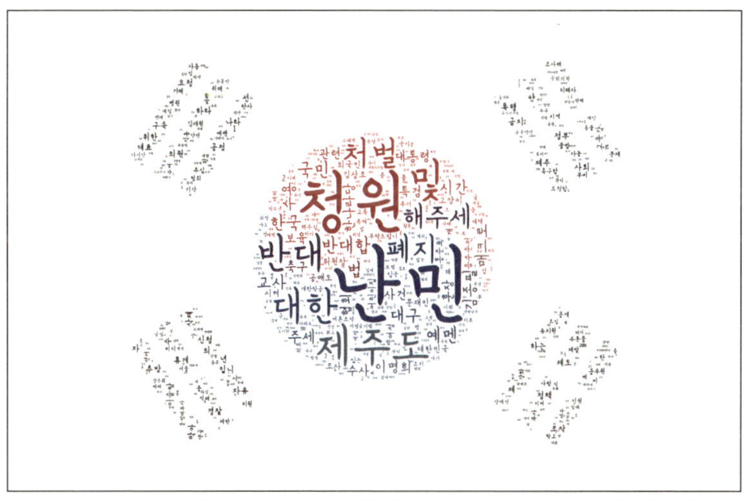

2018년 청원 게시판 제목을 수집하여 작성한 워드 클라우드이다. 당시 예민했던 예멘 난민 문제 같은 대표 주제들이 한눈에 보인다.

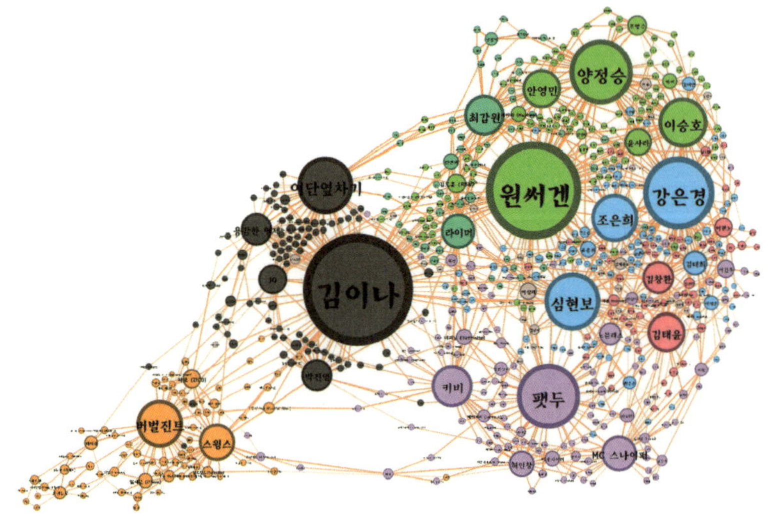

대중가요를 분석하여 나타낸 작사가 유사도 네트워크이다.

네 번째로, 대중가요의 노랫말, 가사 단어를 데이터로 분석해 봤어요. 그랬더니 작사가들마다 즐겨 사용하는 단어가 있고, 또 작사가들 사이에서 비슷한 노랫말을 즐겨 쓰는 그룹이 나타났어요. 이걸 워드 클라우드로 나타내 보았더니 정말 어떤 범주의 단어를 사용하는 작사가들 그룹이 뚜렷하게 보였습니다.

다섯 번째로, 음식과 당뇨병의 상관관계에 대한 분석이에요. 저는 평소에 마라톤을 하기 때문에 밥을 좀 많이 먹는 편입니다. 보통 치킨 한 마리를 다 먹고, 피자까지 먹을 수 있습니다. 이렇게 대식가인데도 뚱뚱해 보이지는 않아요. 그런데 누군가 제가 먹는 음식량을 보고 "밥을 너무 많이 먹는군요. 음식량을 줄이고 살을 빼야겠어요."라고 하면 맞는 진단일까요? 당연히 아니죠. 그 사람은 저의 한 부분만 보고 섣부르게 판단한 거예요. 데이터 과학도 마찬가지입니다. 데이터를 분석하려면 한 부분만 볼 게 아니라 다양한 분야의 정보를 함께 봐야 합니다.

식이 패턴을 이용한 당뇨 군집 분석

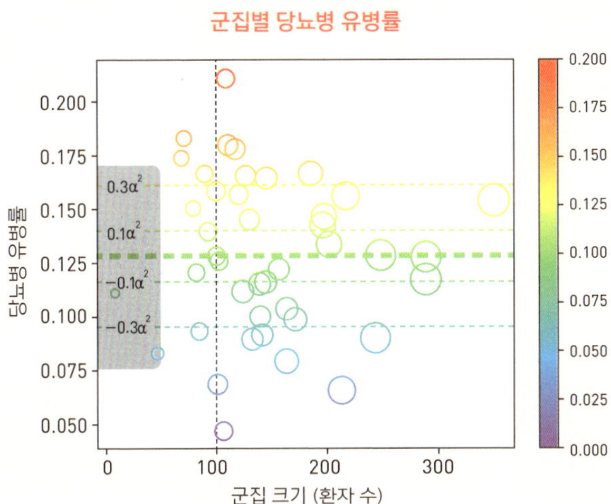

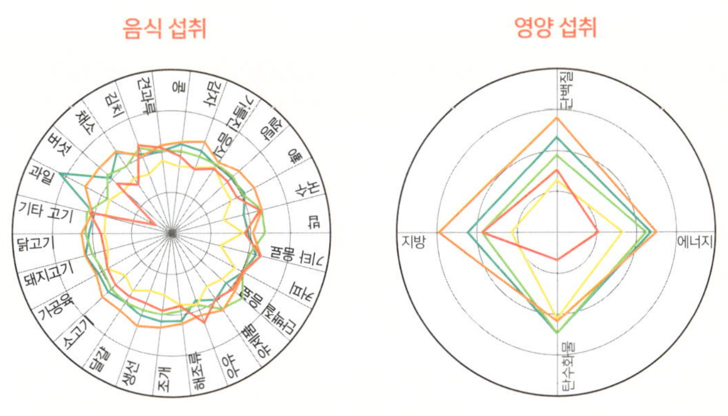

당뇨병 유병률이 높은 군집 42개를 다섯 개의 대그룹으로 묶어서 살펴보면 그룹별로 확연히 다른 패턴을 보인다. 빨간색으로 나타낸 그룹이 최고 위험군이며, 파란색으로 나타낸 그룹이 최저 위험군이다.

음식 데이터만으로 분석하는 것은 당연히 한계가 있지만, 그럼에도 보통은 음식을 많이 먹으면 체중이 늘어날 확률이 높겠죠. 그런 가정 아래 저는 '음식과 당뇨병의 관계를 예측해 볼 수 있지 않을까?' 생각했어요. 그래서 당뇨병에 걸린 사람들의 음식 섭취 패턴을 분석했더니, 단순히 음식을 많이 먹는 것보다는 어떤 영양소를 더 많이 먹고 적게 먹는 게 당뇨와 좀 더 유의미한 상관관계가 있었습니다.

마지막으로, 저는 스마트폰과 관련된 사람들의 이동 데이터를 분석해 봤어요. 우리는 모두 스마트폰을 사용합니다. 스마트폰을 켜면 항상 가까운 기지국과 연결되죠. 즉, 기지국을 기준으로 모든 사람의 대략적인 위치와 이동 경로를 알 수 있어요. 특히 수도권은 사람이 많아서 기지국도 촘촘하게 설치되어 있습니다. 그래서 사람의 이동 경로를 아주 높은 정확도로 분석할 수 있습니다. 이런 사람들의 이동 데이터가 쌓이고 쌓이면 여러 가지 재미있는 패턴이 생겨납니다. 이 패턴에 따르면 우리나라는 크게 두 개의 군집으로 구분할 수 있어요. 즉, 수도권과 수도권이 아닌 지역으로 나뉩니다. 세 개의 군집으로 구분하자면 서울과 부산, 그리고 나머지 지역으로 나눌 수 있습니다. 이 군집을 여섯 개 정도로 나누어 볼까요? 그랬더니 인천과 제주도가 똑같은 색깔을 띕니다. 이게 무슨 뜻일까요? 네, 공항이 있기 때문에 이동 경로가 이어지는 거예요. 되게 신기하죠? 그리고 또 충청남도 서천 지역은 가만히 보면 색깔이 전라북도와 같습니다. 서천 사람들이 전라북도와 공동 생활 권역을 이루고 자주 왕래한다는 뜻입니다. 이 밖에도 스마트폰 이동 패턴을 분석해 보면 여러 가지 흥미로운 이야깃거리를 찾아낼 수 있어요.

군집이 두 개인 경우

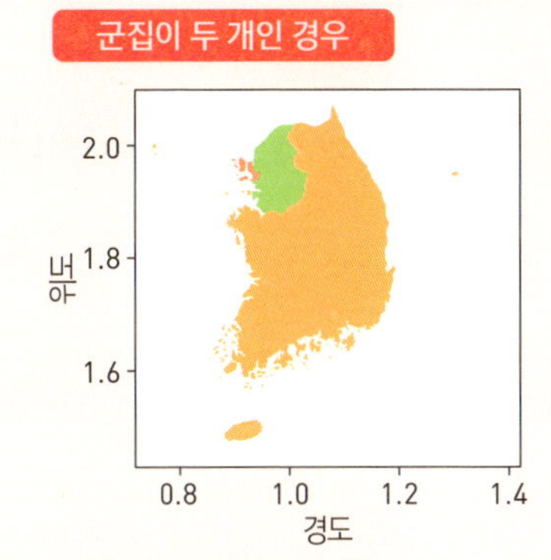

수도권과 수도권이 아닌 지역으로 구분된다.

군집이 세 개인 경우

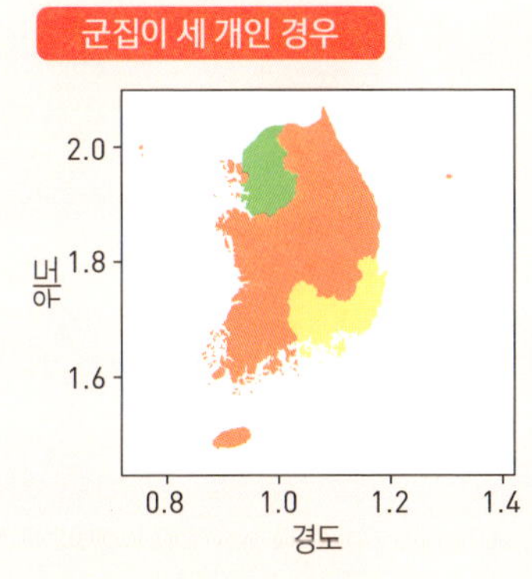

서울 주변 지역, 부산 주변 지역, 나머지 지역으로 구분된다.

군집이 여섯 개인 경우

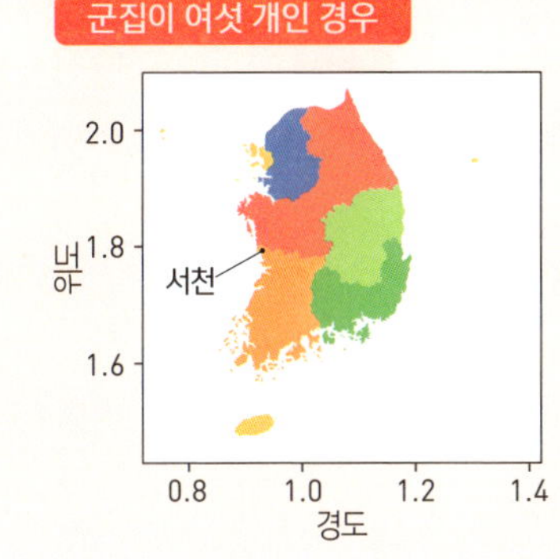

공항이 있는 인천과 제주도가 같은 군집 지역으로 묶이며, 충청남도 서천군은 전라북도와 같은 군집 지역으로 묶인다.

✦ 생각 근육을 키우자

앞에서 소개한 사례에서 보듯이, 데이터 과학은 세상을 보는 돋보기입니다. 어떤 데이터를 자세히 들여다볼수록 더 많은 이야기를 찾아낼 수 있습니다. 데이터 과학은 누구든지 비교적 쉽게 접근할 수 있어요. 그리 많은 능력이 필요하지 않아요. 수학과 통계, 그리고 컴퓨터 프로그램을 어느 정도 다룰 수 있으면 됩니다.

다만, 돋보기로 세상을 볼 때 조심해야 할 점이 있어요. 너무 한 부분에만 매달려서 보면 안 됩니다. 한 걸음, 두 걸음, 세 걸음 더 멀리 떨어져서 폭넓고 다양하게 봐야 합니다. 나무 하나가 아니라 숲 전체를 봐야 할 때도 있습니다. 그럴 때 어떤 능력이 필요할까요? 바로, 내가 수집하고 분석하는 데이터와 관련된 전문적인 지식입니다. 단편적인 아이디어만 가지고 데이터만 열심히 모아서 들여다보다가 더 깊고 다양한 결과물을 내놓지 못하는 경우가 많아요. 또 데이터상으로 뭔가를 봤는데, 그게 어떤 의미인지 모르고 지나치는 경우도 있어요.

여러분, 근육이 커지는 원리를 알고 있나요? 우리가 운동을 하면 근육이 상처를 입었다가 회복합니다. 이 과정이 되풀이되면서 근육이 커지는 거죠. 우리 뇌도 마찬가지예요. 상처를 입어야 커집니다. 열심히 고민하고 실패하면서 생각 근육을 키워 가기를 바랍니다.

데이터 과학 분야는 혼자서도 충분히 일할 수 있고, 또 빛나는 결과물을 내올 수 있는 분야라고 생각합니다. 앞으로는 여러분들이 수학이나 물리를 잘 못하더라도, 코딩을 직접 하지 않더라도 LLM^{Large Language Model} 인공지능 같은 도움을 받아서 얼마든지 데이터 과학 분야에서 활약할 수 있습니다. 이때 가장 중요한 건 내가 어떤 아이디어를 가지고 있느냐예요. 여러분이 데이터 과학 분야에 계속 관심을 가지고 공부해 보기를 권합니다. 멋진 아이디어로 미래 사회를 이끌어 주기를 바랍니다.

그리고 일할 때 체력도 무척 중요합니다. 아까 이야기했듯이, 저는 틈나는 대로 마라톤을 해요. 체력을 길러야 공부도 일도 더 오래 더 많이 할 수 있어요. 여러분을 응원하겠습니다. 감사합니다.

Q. 01

학생이 챗GPT를 공부에 활용할 경우 학습 능력이나 창조력이 떨어지는 부작용도 있을 것 같은데, 챗GPT를 어떻게 활용하는 게 좋을까요?

그 문제 때문에 저도 늘 조심스럽게 사용하고 있습니다. 챗GPT에 무언가를 요청하면 매우 빠르게 답변을 내옵니다. 또 챗GPT는 긴 글을 아주 쉽고 간단하게 요약정리해 줍니다. 이 능력을 자주 활용하다 보면 정작 우리가 글을 읽고 이해하는 독해력이 떨어질 수밖에 없어요. 따라서 우리가 스스로 문제를 해결하는 능력을 키우려 할 때는 챗GPT를 사용하면 안 되겠죠. 우리가 어떤 일을 처리하는 과정에서 챗GPT가 내놓은 답변을 참고하고 활용할 수는 있지만, 최종 결론은 스스로 고민하고 판단해야 합니다.

Q. 02

챗GPT 같은 인공지능을 만들려면 데이터를 어느 정도나 모아서 학습해야 하나요?

인공지능 모델마다 다를 수 있어요. 예를 들어, 챗GPT는 가장 큰 모델이 70빌리언 매개변수(파라미터)를 가지고 있다고 합니다. 매개변수란, 간단히 말하자면 인공지능이 학습할 수 있는 총량을 말해요. 매개변수가 많을수록 입력값이 원하는 결괏값을 많이 얻어 낼 수 있습니다. 1빌리언은 10억이니까 70빌리언 매개변수는 정말 엄청난 수치입니다. 최근 메타에서 나온 인공지능 라마LLaMA는 400빌리언 매개변수를 학습하고 있다고 합니다. 이렇게 엄청난 데이터를 가진 인공지능도 필요하겠지만, 스마트폰에는 매개변수가 상대적으로 작은 인공지능 모델이 사용됩니다. 상대적으로 작기는 하지만, 스마트폰에서 사용하는 인공지능 모델도 매개변수가 70~100억 개 수준입니다. 어지간한 정보는 문제없이 해결할 수 있는 크기입니다. 참고로 학습이 충분히 진행된 인공지능 모델에 어떤 목적을 위해서 추가로 조정하는 걸 '파인 튜닝'이라고 하는데요. 이 파인 튜닝 과정에서는 매개변수가 적게는 수백에서 수천 정도만 있어도 학습이 가능합니다. 챗GPT의 모델 크기는 공개되지 않았지만, 아마도 개발 회사인 오픈AI에서 구할 수 있는 모든 데이터를 활용하지 않았을까요? 우리의 상상보다 훨씬 큰 데이터일 것 같습니다.

Q. 03

챗GPT 같은 AI가 학습할 때, 창작자들의 권리를 침해해서 무단으로 데이터를 수집한다는 이야기를 들었습니다. 데이터 과학자로서 이런 부분에 대해 어떻게 생각하나요?

네, 사실입니다. 아마 수면 위로 올라온 것보다 수면 아래 감춰진 사례가 훨씬 많을 겁니다. 저를 비롯한 많은 데이터 과학자들은 데이터를 분석하면서 코딩을 하는데, 이 코드 데이터를 '깃허브GitHub'라는 곳에 공개해 놓습니다. 오픈 소스로 개발자들끼리 자유롭게 공유하면 이미 개발된 코드를 다시 만들 필요가 없고, 그만큼 기술이 빠르게 발전하기 때문입니다.

그런데 누군가가 돈을 벌어들이기 위해 이 오픈 소스를 무단으로 사용해도 될까요? 과거에는 다들 그렇게 했어요. 예를 들어, 마이크로소프트사에서 AI를 도와주는 코딩을 마음대로 가져가서 사용했어요. 그러자 개발자들이 들고일어났어요. 자기가 만든 코딩을 쓰지 말라고 법적으로 소송을 건 거예요. 하지만 이와 관련된 법 조항이 없었기 때문에 개발자들이 소송에서 졌어요. 2024년 7월 캘리포니아 법원은 개발자 그룹이 깃허브, 마이크로소프트, 오픈AI를 상대로 제기한 소송에서 대부분의 청구를 기각했어요.

하지만 앞으로는 확실히 달라질 것 같아요. 오픈 소스는 저작권이 없는 것이 아니라, 자유롭게 활용이 가능한 저작권을 지니고 있어요. 개발자가 원하지 않으면 코드를 함부로 사용할 수 없습니다. 혹시라도 몰래 베껴 썼다가 걸리면 어마어마한 손해배상을 해 줘야 할 거예요.

Q. 04

챗GPT가 방대한 데이터를 모아서 학습하는데, 이 데이터를 사람이 일일이 다 확인할 수 없겠죠. 그럼 그 데이터를 수집하기 위해서 코딩을 할 텐데 어떤 원리로 코딩하는지 궁금합니다.

인터넷상에는 수많은 데이터가 있는데, 그중에서 쓸 만한 데이터는 정말 많이 없어요. 그래서 데이터를 정제해서 인공지능이 쓸 수 있는 형태로 만드는 게 아주 중요합니다. 이걸 전문으로 하는 회사들도 많이 생겨났어요.

데이터를 정제하는 과정은 먼저 전문가들이 데이터를 일일이 눈으로 보면서 코딩을 해요. 그런 다음 코드를 데이터에 반영하면서 혹시 에러가 일어나지는 않는지 계속 점검합니다. 데이터 만 개 정도까지 정제 과정에서 문제를 일으키지 않았더라도 천만 개를 정제하는 과정에서 문제가 생길 수 있어요. 그러면 다시 코드를 보완해 줘야 합니다. 그러니 여러 가지 에러가 일어날 경우를 예측해서 잘 코딩하는 게 좋겠죠. 만약 코드

가 허술하게 짜이면 데이터의 품질이 떨어질 게 분명하니 조심해야 합
니다.

Q. 05
데이터 수집과 분석 과정에서 객관성이 필요할 것 같은데요. 연구자의 의도
나 성향이 개입하지 않게 하려면 어떻게 해야 하나요?

사실 저는 이번 질문이 가장 좋습니다. 왜냐하면 저는 데이터 분석가지
인공지능 전문가가 아니거든요. 그래서 자신 있게 대답할 수 있는데요,
데이터 수집과 분석 과정에서 객관성을 유지하는 건 정말로 중요합니
다. 계속 한 데이터만 들여다보고 있으면 객관성이 흐트러지는 경우가
많아요. 그럴 때는 컴퓨터 화면을 끄고 다른 일을 하거나 쉬다가 다음
날 들여다보는 게 좋습니다. 그리고 반드시 주변 동료들의 도움을 받아
야 합니다. 동료와 이야기하다 보면 내가 막혔던 부분이 의외로 쉽게
풀리거나, 다른 시선으로 데이터를 분석해 내기도 합니다. 동료는 나와
다른 관점에서, 나보다 한발 떨어져서 보기 때문이죠. 사실 객관성이라
는 건 여러 주관이 모여서 만든 교집합, 즉 합의점이잖아요.

FUN&
LEARN

인공지능으로 어디까지 가능할까

남세동

한국과학기술원KAIST 전산학과를 졸업하고 1998~2005년 네오위즈에서 개발 팀장으로 세이클럽을 만들었다. 2005~2006년 첫눈의 개발팀장 및 기획팀장, 2006~2009년 네이버의 웹로봇개발팀장을 거쳐, 2009~2015년 라인의 서비스 실장과 B612의 PM으로 활동했다. 2017년부터 보이저엑스의 대표로 재직 중이다. 수학 및 과학을 좋아하고 어려운 것을 쉽고 정확하게 설명하는 것을 좋아한다.

우리가 어떤 상상을 하더라도

인공지능은 머지않은 미래에

그것을 현실로 만들어 낼 것이다.

여러분의 상상력으로 미래의 인공지능이

가득 채워지기를 바란다.

✦ 인공지능, 넌 누구냐

안녕하세요. 만나서 반갑습니다. 청소년 여러분과 만난 이 시간이 여러분에게 최대한 유익하고 즐거운 시간이 되도록 노력해 보겠습니다. 간단히 제 소개를 하자면, 저는 1999년에 웹 커뮤니티 채팅사이트 '세이클럽'을 만들었는데, 그건 정말 오래전 이야기고요. 아마 청소년 여러분도 한번쯤 써 봤을 텐데요, 앱 'B612'를 만든 팀을 이끌기도 했어요. 저는 요즘 '보이저엑스'라는 인공지능 스타트업에서 70명 정도 동료들과 같이 일하고 있어요. 보이저엑스는 영상 편집 프로그램, 스캐너 앱, 그리고 인공지능 기반 고객 관리 프로그램 등을 만들고 있습니다.

오늘은 여러분과 인공지능에 대해 이야기해 보려고 해요. 여러분도 챗GPT를 써 봤을 거예요. 또 알파고나 테슬라 자율주행 자동차에 대한 이야기도 많이 들어봤을 테고요. 인공지능은 오늘날 세계에서 가장 뜨거운 화젯거리이자 미래 사회의 변화를 이끄는 가장

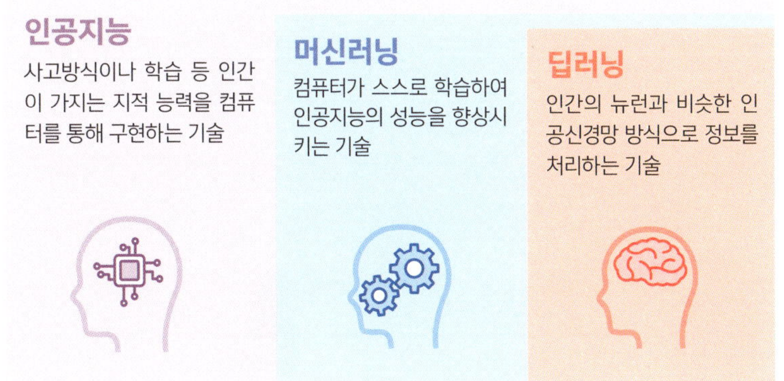

주목할 만한 기술입니다. 그 인공지능이 작동하는 원리와 또 인공지능이 어디까지 발전할 수 있을지 같이 생각해 보는 시간을 갖도록 하겠습니다.

인공지능 하면 자연스레 '딥러닝'이라는 단어가 함께 따라붙습니다. 인공지능을 만드는 방법은 여러 가지가 있지만 요새 여러분이 본 신기한 인공지능은 대부분 딥러닝으로 만든 거예요. 그러니까 딥러닝이라는 기술이 인공지능을 만든 원천 기술입니다.

혹시 여러분 가운데 음악을 작곡해 주는 '수노Suno'라는 인공지능 프로그램을 써 본 사람 있나요? 수노 사이트에 들어가서 어떤 분위

인공지능이 창작한 안무를 발표하는 모습

인공지능으로 그린 인간의 자화상

기나 어떤 환경에 어울리는 노래를 만들어 달라고 요청하면 순식간에 노래를 생성해서 들려줍니다. 요구 조건을 구체적이고 다양하게 요청할수록 음악이 풍성해지고 품질도 높아집니다. 노래에 어울리는 작사도 해 줍니다. 이전에는 들어 본 적 없는 세련된 음악을 척척 만들어 줍니다. 인공지능의 능력은 정말 놀라울 뿐이에요.

인간의 고유 영역이라고 여겼던 예술 창작 분야까지 인공지능이 해내는 시대가 됐어요. 이게 불과 1년이 안 됐어요. 그리고 하루가 다르게 발전하면서 놀라운 완성도를 이뤄 내고 있습니다. 이 정도 속도라면 5년 뒤, 10년 뒤에 어떤 세상이 될까 짐작하기도 어렵습니다. 이런 기술 발전이 어떻게 가능해졌을까요? 이제부터 그 비밀을 알아가 보겠습니다.

✦ '0'과 '1'로 만든 세상

컴퓨터는 이제 아주 일상적인 생활용품으로 자리 잡았습니다. 'computer'는 'compute하는 기계', 즉 계산기를 말해요. 계산기인데 모니터가 크고, 키보드가 크고, 마우스가 있고, 스피커가 달려 있을 뿐입니다. 컴퓨터는 정말 더하기와 곱하기만 해요. 더 극단적으로 말하자면 '0'과 '1'로 이루어진 이진법 계산만 합니다.

아마 여러분도 초등학생 때 실전화기 과학 실험을 해 봤을 텐데요. 두 사람이 멀리 떨어진 상태에서 종이컵에 실을 매달아서 이야기하면 신기하게도 목소리가 잘 전달되잖아요. 이때 실전화기 실험이 잘 이뤄지려면 종이컵을 연결한 실이 팽팽하게 유지되어야 해요. 줄이 팽팽한 상태에서 컵에 대고 말을 하면 그 말이 실의 떨림을 통해서 전달되는 원리니까요. 그러니까 이 실험에서는 실이 소리를 전달하는 음파 역할을 합니다.

여러분은 요즘 인터넷으로 음악을 듣잖아요. 이것도 실전화기 원리와 다를 게 없어요. 먼저 음파(전파)의 떨림을 마이크가 받아요. 떨림은 높낮이니까 그 높낮이를 숫자로 바꿉니다. 음이 없는 건 0, 음이 좀 낮은 건 1, 음이 높은 건 10. 이런 식으로 숫자로 바꾸는 거죠. 예를 들어 CD는 44.1킬로헤르츠, 그러니까 1초에 4만 4100번의 진동(떨림)을 각각 수치로 표현한 4만 4100개의 숫자로 이뤄져 있어요. 제가 이렇게 말하고 있는 동안 제 목소리가 1초에 4만 4100개의 숫자로 바뀌는 거죠. 여러분이 스마트폰으로 녹음을 하면, 그 녹음된 게 어떻게 저장되느냐. 스마트폰을 열어 보면 다 숫자로 저장되어 있어요. 게임을 할 때도 마찬가지 원리가 작동합니다. 소리를 숫자로 바꾸듯이 빛을 숫자로 바꾸어서 저장했다가 그 숫자들이 빛으로 바뀌어서 모니터에 나타납니다.

여러분도 한번 실험해 보세요. 돋보기로 텔레비전·스마트폰·컴퓨터의 LED·LCD 화면을 자세히 살펴보세요. 아마 아주 작은 픽셀이 보일 거예요. 픽셀 하나하나가 빨간색·파란색·초록색, 이렇게 삼원색의 서브픽셀로 이뤄져 있어요. 각각의 서브픽셀이 밝기를 조절해서 우리가 화면으로 보는 다양한 색상을 만들어 냅니다. 물론 이 서브픽셀의 밝기 정보도 결국 숫자로 이뤄져 있습니다.

마찬가지로 여러분이 스마트폰으로 사진을 딱 찍는 순간, 사진 자체가 스마트폰에 저장되는 게 아니에요. 스마트폰 화면에 뜨는 사진, 여러분이 보는 사진은 컴퓨터에 저장된 숫자가 픽셀로 표현되어 나타나는 거예요. 물론 여러분이 동영상을 찍어서 카톡으로 보낼 때도 영상 자체를 보내는 게 아니라 사실은 숫자를 보내는 거죠.

이처럼 컴퓨터는 오직 숫자를 처리할 뿐이에요. 숫자를 보관하고 처리하고 전송하는 게 컴퓨터와 인터넷이 하는 일입니다. 이처럼 모든 정보를 '0'과 '1'로 나타내어 전기 신호로 처리하는 컴퓨터를 '디지털 컴퓨터'라고 해요.

그러면 '프로그래밍'은 어떤 뜻일까요? 여러분이 사용하는 카카오톡, 게임, 웹페이지는 모두 다 프로그램이에요. 그런 프로그램을 만드는 행위를 프로그래밍이라고 해요. 프로그래머, 즉 프로그램 개발자는 무슨 일을 하냐면 숫자를 처리하는 논리와 절차를 만들어요. 요즘도 이걸 배우는지 모르겠는데요, 제가 중학생 때 플로우 차트(흐름도, 순서도)라는 걸 배웠어요. 아래 그림에서 맨 왼쪽에 어떤 값을 입력하면 논리와 절차를 거쳐 결괏값이 나옵니다.

예를 들어, 내가 카카오톡에서 사진을 선택해서 전송 버튼을 누르

플로우 차트

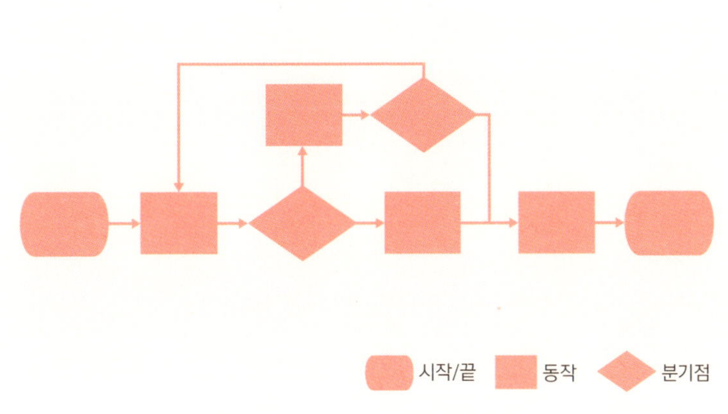

면 그 사진을 어떻게 처리해서 전송할지에 대한 절차를 플로우 차트에 입력해요. 프로그래밍하는 거죠. 앞서 이야기했듯이 컴퓨터는 숫자만 처리해요. 그래서 입력값도 숫자고, 절차와 논리도 숫자로 표현해야 합니다. 내가 사진을 고르건 영화를 보건, 컴퓨터로 하는 모든 일 처리 프로그램은 다 숫자로 프로그래밍해요. 만약 프로그램이 단순하면 몇 가지 플로우 차트만 만들면 됩니다. 하지만 복잡한 프로그램은 엄청나게 많은 플로우 차트가 필요하겠죠. 논리와 절차도 복잡해지고요. 프로그래머는 이 논리와 절차를 고민하는 사람이에요.

✦ 개냐 고양이냐, 이것이 문제로다

우리가 쓰고 있는 컴퓨터 프로그램은 99.9퍼센트 프로그래밍으로 만들었어요. 그런데 10년 전쯤까지, 정확히 2012년까지만 해도 프로그래머가 만들지 못하는 프로그램이 있었어요. 예를 들어, 컴퓨터에 고양이 사진을 입력하고 이 사진이 고양이인지 개인지 맞히는 프로그램을 못 만들었어요. 세상 어려운 일을 척척 해내는 컴퓨터가 세 살 아이도 하는 쉬운 걸 못하는 거예요.

왜 플로우 차트 프로그래밍으로는 고양이인지 개인지 못 맞혔을까요? 잘 생각해 보면, 고양이 사진도 프로그램에서는 다 숫자로 표현됩니다. 따라서 사진을 표현한 숫자들이 막 들어오면, 컴퓨터 프로그램은 이 숫자들을 잘 조합해서 개인지 고양이인지 맞혀야 합니다. 다시 말씀드리지만, 컴퓨터는 계산밖에 못해요. 숫자를 보고 사진 속 동물의 모습을 연상하지 못해요. 그냥 0과 1로 표현된 숫자들을 계산해서 결괏값이 0이 나오면 고양이, 1이 나오면 개. 이런 프로그램을 짜야 하는 거예요. 그런데 자연에 존재하는 사물의 형태는 매우 다양하고 개체마다 서로 다릅니다. 똑같은 고양이라도 순간순간 모습이 다르고 배경도 다르고 장소와 시간과 상황마다 다 다른 모습입니다. 개와 고양이를 구분 못하는 정도는 물론이고 사람이 손으로 쓴 '1' '2' '3' 같은 단순한 숫자도 구분을 못해요. 왜냐하면 사람마다 글씨체가 다르니까요. 그러니 이 모든 경우의 수를 일일이 프로그램하는 건 거의 불가능합니다.

프로그래머들이 이런 프로그램을 만들고 싶어서 얼마나 많이 고민하고 잠을 설쳤을까요? 개, 고양이, 사물, 그리고 사람이 쓴 숫자나 글자를 맞히는 프로그램을 짤 수 있으면 엄청난 변화가 일어났을 거예요. 예를 들면, 요즘에는 편지를 보낼 일이 거의 없지만 예전에는 주로 편지를 이용해서 소식을 전했어요. 편지를 보내려면 봉투에 우편번호를 쓰잖아요. 사람이 쓴 숫자를 맞히는 컴퓨터 프로그램이 있었다면 우편번호를 기계가 자동으로 분류했겠죠. 하지만

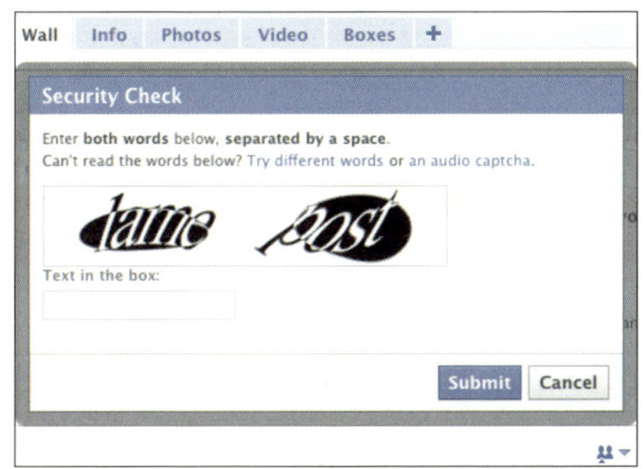

웹사이트 회원 가입 시 우리가 왜곡된 글자나 숫자를 입력했던 이유는 웹사이트 사용자가 사람인지 기계인지 판별하기 위해서였다. 사람의 경우 왜곡된 글자나 숫자를 판독할 수 있지만 과거의 컴퓨터는 판독할 수 없다.

1990년대까지만 해도 사람이 하루에 수천수만 장의 편지를 일일이 분류해야 했어요.

여러분도 코딩을 조금씩은 해 봤겠죠? 프로그램을 만들 때 논리와 절차에 따라 한 줄 한 줄 코딩하잖아요. 그렇다면 윈도 같은 프로그램을 만들려면 몇 줄 정도 코딩을 해야 할까요? 대략 10억 줄입니다. 마이크로소프트사는 40년 동안 10억 줄을 코딩해서 윈도를 만들고 또 지속적으로 업그레이드했습니다. 그러고 보면 10억 줄을 코딩한 사람들도 정말 대단해요. 그런데 그렇게 10억 줄 코딩은 해도 개와 고양이, 숫자를 판별하는 프로그램을 못 만들었어요.

✦ 컴퓨터 세계관의 타노스, 딥러닝

그런데 2012년에 어떤 놀라운 사건이 일어나면서 이 장벽이 허물어졌어요. 바로 인공지능의 출현이죠. 인공지능은 사진을 보여 주면 고양이와 개를 구별하는 것은 물론이고, 고양이가 무슨 종인지, 개가 달리는지 앉아 있는지까지 맞혀요. 심지어 복잡한 도로를 사람 대신 운전하는 능력까지 갖췄어요. 어떻게 이런 일이 가능해졌냐면, 바로 딥러닝 때문입니다. 제가 그동안 대부분의 프로그램은 프로그래밍으로 만들어졌다고 했잖아요. 그런데 인공지능은 프로그래밍이 아니라 딥러닝으로 만들어졌어요.

딥러닝은 대체 누가 만들었을까요? 2016년 이세돌과 바둑 대결에서 승리하며 우리를 충격에 빠뜨린 알파고를 누가 만들었을까요? 물론 알파고를 만든 사람들이 있겠죠. 그런데 반쯤은 사람이 만든

게 아니라 컴퓨터가 찾아냈습니다. 자율주행 자동차를 누가 만들었냐면, 물론 엔지니어들이 만들었죠. 그런데 반쯤은 그게 맞고, 반쯤은 사실 컴퓨터가 만들었습니다.

이전까지 컴퓨터 프로그램은 대부분 사람이 만든 거예요. 윈도가 작동하다가 버그가 생기고, 카카오톡이 갑자기 문제를 일으키는 이유는 사람이 코딩을 잘못해서 그래요. 중앙처리장치나 메모리 반도체 같은 부품이 문제를 일으키는 경우는 별로 없거든요. 이에 비해 딥러닝은 작동 방식이 달라요. 물론 컴퓨터한테 딥러닝하라고 시킨 건 사람이에요. 그런데 딥러닝으로 누가 배우나요? 컴퓨터가 배워요. 비유하자면 제가 로봇 강아지를 만들었다 가정해 볼게요. 그럼, 로봇 강아지를 누가 만들었나요? 다 제가 만들었죠. 로봇 강아지를 움직이는 프로그램을 내장해서 리모트 컨트롤로 조정했더니 로봇 강아지가 앞으로 가고 뒤로 가고 잘 움직여요. 다 제가 잘 만들어서 그런 거죠. 그런데 로봇 강아지가 아니라 진짜 강아지가 있다고 해 봐요. 제가 진짜 강아지를 막 훈련시켰더니 이 녀석이 갑자기 뒤로 텀블링을 했어요. 그러면 텀블링을 내가 한 건가요? 제가 훈련시키기는 했지만 강아지가 했죠.

딥러닝도 그런 방식이에요. 컴퓨터한테 사람이 딥러닝을 시켰어요. 그랬더니 어느 날 갑자기 애가 자율주행을 하기 시작해요. 그럼 자율주행 능력을 사람이 만들었나요, 컴퓨터가 만들었나요? 확실한 건, 사람이 100퍼센트 만들었다고 말하기 힘들어요.

딥러닝이 학습하고 작동하는 원리를 그림으로 표현해 볼까요? 뒤쪽 그래프가 일종의 딥러닝 플로우 차트입니다. 앞서 본 코딩 플로우 차트와 비교해 보면 어떤 게 더 복잡한가요? 딥러닝 구조 그

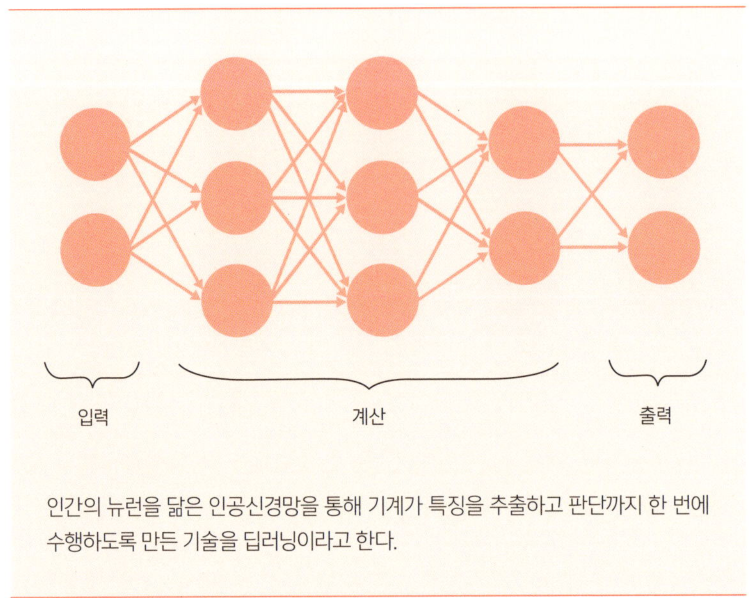

인간의 뉴런을 닮은 인공신경망을 통해 기계가 특징을 추출하고 판단까지 한 번에 수행하도록 만든 기술을 딥러닝이라고 한다.

래프는 제가 일부러 좀 복잡하게 만든 거예요. 그럼에도 딥러닝 구조가 훨씬 단순해 보입니다. 코딩 플로우 차트는 다이아몬드도 있고 네모도 있고 화살표가 막 뒤로도 가고 하잖아요. 다시 말하지만, 윈도는 이런 방식으로 10억 줄 코딩해서 만들었어요. 이에 비해 딥러닝 구조는 동그라미와 한쪽으로 향하는 화살표밖에 없어요. 이게 인간의 뇌 구조를 본떠서 만들었는데, 그래서 '인공신경망'이라고 부르기도 해요.

딥러닝도 컴퓨터이기 때문에 숫자가 들어오고 숫자가 나가는 건 똑같아요. 알파고도 챗GPT도 컴퓨터에서 작동하는 프로그램이에요. 알파고와 챗GPT와 자율주행 인공지능 프로그램의 내부를 보면 이런 경로와 절차를 거치면서 작동해요. 앞서 이야기했던 수노에 "우주를 딥러닝을 하다 보면 우주를 해킹하는 기분이 느껴지는 음악을 만들어 줘."라는 텍스트를 입력했다고 가정해 봅시다. 그러면 그 텍스트가 숫자로 바뀌어요. 숫자가 딥러닝 구조에 들어가서 곱하기, 더하기를 해요. 다시 말하지만, 컴퓨터는 곱하기, 더하기밖에 못해요. 숫자를 계산해서 맨 마지막에 결괏값으로 음악이 나오는 거예요.

딥러닝 구조는 보통 사람이 만들어요. 이 구조도 컴퓨터가 만들 수 있기는 한데, 아직은 대부분 사람이 만듭니다. 이 구조에 숫자가 입력되면 딥러닝은 여기에다 뭘 곱하고 뭘 더할지를 스스로 정해요. 다시 말해, 딥러닝은 컴퓨터가 숫자를 찾아내는 거예요. 스스로 어떤 숫자를 곱하고 더해서 놀랍게도 인간계 최강 바둑 고수 이세돌 기사를 이기고, 자동차를 자율주행합니다. 곱하기, 더하기만으로 작사·작곡·노래도 할 수 있습니다. 챗GPT는 전문적이고 다양한 정보를 여러분보다 훨씬 많이 알아요. 요즘에는 웬만한 프로그래머보다 프로그래밍도 잘하는 것 같아요. 여러분, 챗GPT가 무엇만 한다고요? 더하기하고 곱하기만 합니다.

✦ 될 때까지 반복하고 또 반복하다

딥러닝이 학습하는 원리를 좀 더 구체적으로 알아볼까요? 자, 고양이 사진이 있다고 생각해 보세요. 먼저, 이 고양이 사진 데이터를 컴퓨터에 입력합니다. 다시 말하지만, 고양이 사진 데이터는 수많은 숫자예요. 그리고 결괏값 '0'은 고양이, '1'은 개입니다. 고양이 사진 데이터 숫자를 주면 딥러닝 구조의 절차에 따라 곱하고 더해서 '0'이 나와야 하잖아요. 딥러닝은 처음에는 곱하기, 더하기할 숫자를, 파라미터라고 하는 숫자들을 무작위로 정해요. 그러고는 그 파라미터들을 가지고 올렸다 내렸다를 엄청나게 반복합니다. 언제까지 반복하냐면, 결괏값이 '0'이 나올 때까지 합니다.

이 학습 과정을 이해하려면 미분을 알면 좀 더 쉽고요. 혹시 미분을 몰라도 이해할 수 있어요. 되게 단순한 원리예요. 어떤 파라미터에 '1'을 넣었는데 결괏값이 '0'에 가까워지지 않으면, 그 파라미터를 2로 올려 봅니다. 그래도 결괏값이 '0'에 가까워지지 않으면 이번에는 그 파라미터를 '0'으로 내려 봅니다. 결괏값이 '0'이 나올 때까지 모든 파라미터에 대해서 이 과정을 되풀이합니다. 수많은 학습 예제를 놓고 원하는 결괏값이 나올 때까지 정말 무식하게 반복하는 거예요.

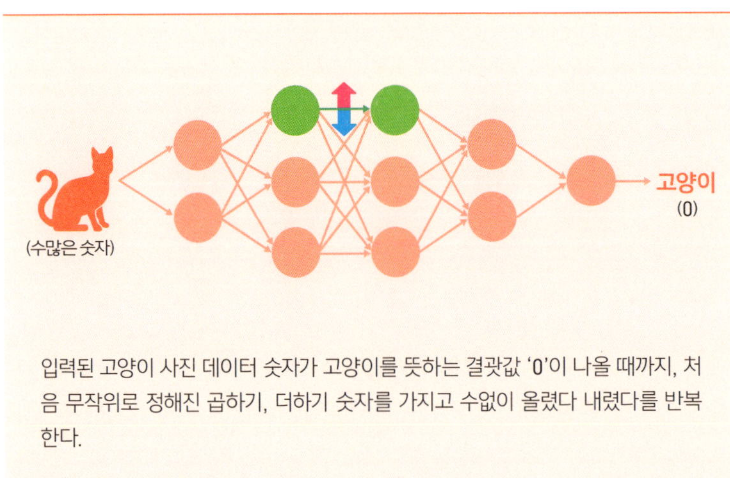

입력된 고양이 사진 데이터 숫자가 고양이를 뜻하는 결괏값 '0'이 나올 때까지, 처음 무작위로 정해진 곱하기, 더하기 숫자를 가지고 수없이 올렸다 내렸다를 반복한다.

여러분, 엔비디아 기업에 대해 들어 봤나요? 엔비디아는 원래 게임할 때 쓰는 그래픽카드를 만드는 회사예요. 이 그래픽카드는 연산을 엄청나게 빨리 해 줍니다. 그래야 게임을 아주 속도감 있게 즐길 수 있으니까요. 그런데 이 그래픽카드의 빠른 연산 능력이 딥러닝에 날개를 달아 줬어요. 딥러닝의 반복 학습 속도를 엄청나게 빠르게 향상시켰거든요. 덕분에 요즘 엔비디아는 세계 최고 기업으로 떠올랐습니다.

약 10년 전 일본의 한 연구팀이 공개한 영상이 있는데요, 영상 속 기계는 그네를 잘 타는 게 목표입니다. 기계는 처음에는 그네를 잘 못 탑니다. 균형도 못 잡고 속도도 느립니다. 그런데 이 기계는 그네를 타는 순간부터 딥러닝, 즉 파라미터를 조정하기 시작합니다. 언제까지? 기계가 그네를 잘 탈 때까지. 얼마 지나지 않아 기계는 그네 타기 도사가 됩니다. 알파고도 자율주행도 이런 원리로 탄생했어요. 너무나 단순 무식한 과정이에요.

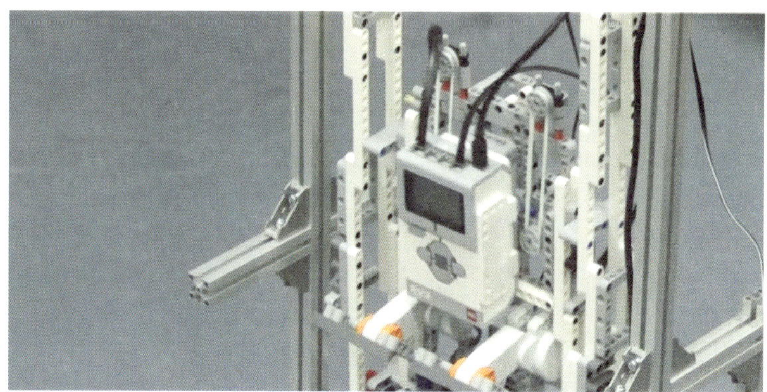

2016년 일본의 히타치 연구개발팀은 그네를 타는 로봇 영상을 공개했다. 이 영상에서 딥러닝이 적용된 로봇은 그네 타는 동작을 수없이 반복하다가 결국 사람보다 그네를 잘 탈 수 있게 되었다.

인공지능 이전에 사람이 그네 잘 타는 로봇을 만들려면 머리를 엄청 많이 써야 했습니다. '그네를 잘 타는 원리가 무엇이지? 그 원리를 어떻게 코딩해야 할까?' 심지어 프로그래머는 그네를 잘 타는 사람이나 물리학자·수학자의 도움을 받아야 했어요. 그런데 딥러닝은 그런 과정을 거쳐서 나온 게 아니에요. 그냥 그네 잘 탈 때까지 숫자를 조절합니다. 다시 말하지만 사람이 그네 기계에게 "이렇게 타라, 저렇게 타라." 프로그램한 적이 없습니다. 그런데 마치 강아지가 뒤로 텀블링하듯이 스스로 그네 도사가 되었습니다. 이 그네 기계를 과연 엔지니어나 딥러닝을 시킨 개발자가 만들었다고 말할 수 있을까요? 정말 애매합니다.

인공지능이 암을 판별하는 방법도 마찬가지예요. 의사들이 암이라고 판별해 놓은 수많은 사진 데이터를 컴퓨터한테 줍니다. 여러분이 사진을 찍으면 스마트폰에 숫자로 저장되듯이, 의사들이 찍어 놓은 암세포 사진이 숫자 데이터로 저장됩니다. 그러면 인공지능 컴퓨

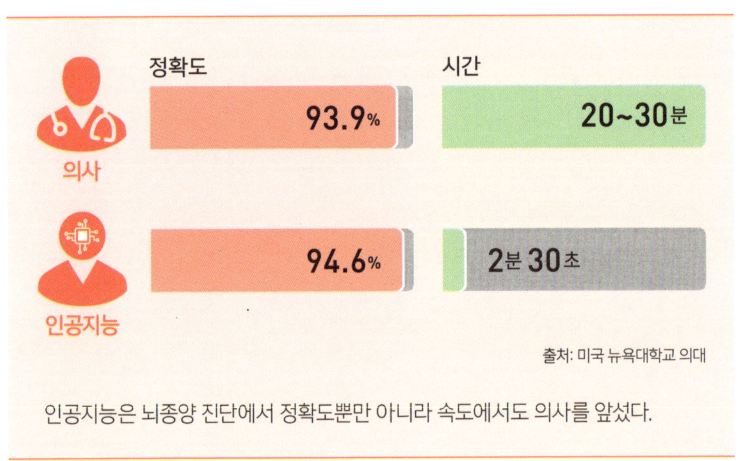

인공지능과 의사의 뇌종양 진단 비교

출처: 미국 뉴욕대학교 의대

인공지능은 뇌종양 진단에서 정확도뿐만 아니라 속도에서도 의사를 앞섰다.

터는 수많은 데이터를 학습하면서 암을 맞힐 때까지 숫자를 조절해요. 인공지능 컴퓨터는 의사들의 지식이나 경험이 필요한 게 아니고, 의사들이 이렇게 만들어 놓은 사진 데이터가 필요한 거죠. 그 데이터를 넣고 컴퓨터가 스스로 계산식을 찾아냅니다. 제가 '계산식'이란 말을 처음 썼는데요, 그리 어려운 개념이 아닙니다. 곱하기, 더하기 과정과 결과를 나타낸 수식이에요. 앞서 보여 드린 딥러닝 구조가 바로 계산식이에요. 수많은 데이터를 계산식으로 학습한 인공지능은 요즘 어떤 분야에서는 웬만한 의사보다 암 판별을 더 잘한다고 합니다.

딥러닝 구조를 '블랙박스'라고 부르는 사람도 있어요. 도대체 인공지능이 특정 문제에 대해서 어떤 경로를 통해서 왜 그런 결론을 내리는지 모르기 때문이에요. 맞는 말이에요. "챗GPT가 왜 이렇게 말을 잘해요?" 정확하게 몰라요. 만든 사람도 몰라요. "이 강아지가 어떻게 텀블링을 하게 됐어요?"라고 물어보면 제가 설명을 못하죠. "우리 집 강아지가 어느 날 갑자기 하더라고요. 제가 훈련할 때마다 맛있는 걸 많이 줬더니 그런 것 같아요." 이런 이야기밖에 못하는 거죠. 제대로 된 답을 알려면 강아지한테 물어봐야겠죠. "넌 어떻게 갑자기 뒤로 텀블링을 했니?"라고 물어보면, 정작 강아지는 못 알아들어요. 인공지능 블랙박스도 똑같아요. 알파고도 챗GPT도 자율주행도 어떻게 해서 결론에 도달했는지 그 경로가 보이지 않아요.

여기에서 여러분이 약간 오해할 소지가 있습니다. 사실 딥러닝이 어떻게 계산하는지는 다 보여요. 엄청나게 많은 곱하기와 더하기를 해요. 뭘 곱하고 더하고 있는지 다 보여요. 그런데 그게 어떤 의미가 있는지를 모르는 거죠. 그래서 블랙박스라고 이야기하는 겁니다.

여기 레고 블록이 있다고 가정해 보세요. 어떤 사람이 레고 블록을 보면서 이런저런 생각을 하다가 문득 이런 아이디어가 떠올랐어요. '레고 블록에 날개를 달아 보면 어떨까?' 그래서 비행기를 본떠서 레고 블록에 프로펠러와 엔진을 달아 줬어요. 하늘을 나는 레고 블록을 만든 거죠. 이게 이전에 컴퓨터 프로그래밍하는 방식입니다. 그런데 딥러닝 컴퓨터한테는 "야, 내가 레고 블록을 줄 테니까 날 때까지 조립해 봐." 이렇게 말하면 됩니다. 그러면 컴퓨터가 "제가 1년 동안 조립해 봤는데 이렇게 하니까 나는 것 같아요." 이러면서 하늘을 나는 레고 블록을 만들어 냅니다. 좀 과장된 비유지만 인공지능은 정말로 그렇게 해요. 제가 컴퓨터한테 "레고 블록이 비행기처럼 날 때까지 조립하는 거를 그려 줘."라고 요청해 봤어요. 그랬더니 5초 만에 그림을 그려 주었어요. 바로 오른쪽 그림입니다. 스스로 이미지를 창조해 냈어요. 창작은 오직 인간만이 할 수 있는 영역이라고 믿어 왔는데 말이에요.

이처럼 이미지나 음악, 텍스트를 스스로 만들어 내는 인공지능을 '생성형 AI'라고 해요. 우리가 앞서 이야기했던 수노도 음악 생성형 AI입니다. '생성형'이라고 하니까 뭔가 특별해 보이죠. 사실 원리는 똑같은 딥러닝입니다. 다만 생성형 AI는 학습 방법이 조금 다릅니다. 지금까지 딥러닝은 사진 데이터를 엄청나게 넣어서 고양이인지 개인지 맞힐 때까지 반복해서 학습하는 방식이었잖아요. 숫자를 많이 넣어서 어떤 하나의 숫자가 나오도록 프로그래밍한 거예요. 그랬더니 정확한 원리는 잘 모르지만 딥러닝이 텀블링을

생성형 AI가 레고 블록이 비행기처럼 날 때까지 조립하는 것을 그려 달라는 요청을 받고 그린 그림이다.

한 거예요.

 사람들은 반대로 해 보면 인공지능이 어떤 결과를 내오는지 알고 싶었어요. 적은 숫자를 넣은 다음 많은 숫자가 나오게 해 본 거죠. 어차피 정확하게 원리를 알지 못하고 시작한 거니까 딥러닝이 어떤 결과를 만들지 알 수 없었습니다. 사실 80억 명 인구 중에 극소수의 몇 명을 제외하고는 인공지능이 많은 숫자를 만들어 낼 거라고 생각하지 않았어요. 컴퓨터 연구하는 사람도 인공지능 연구하는 사람도 "세상에 그런 게 가능하냐? 말도 안 돼." 이러면서 거의 다 부정적인 반응을 보였어요.

 여러분, 인스타그램에 하루에 사진이 몇 장이나 올라올까요? 정확한 정답은 저도 몰라요. 10년 전에 하루에 5억 장쯤 올라왔다고 해요. 지금은 하루에 10억 장이 넘겠죠. 하루에 한 50억 장이 올라올 수도 있어요. 인스타그램만 해도 그 정도니까 인터넷에는 사진이 넘쳐납니다. 그러니까 사진 데이터 구하는 건 일도 아니에요. 여러분이 "맛있는 케이크 먹었어." 하면서 인스타그램에 사진 하나 올리면 인공지능이 학습하는 데이터가 하나 생기는 거예요. 인공지능은 '맛있다' '케이크' 같은 단어를 엄청난 숫자로 반복 학습합니다.

 그런데 이번에는 사람들이 사진에서 케이크를 반쯤 지운 다음 인공지능에게 보여 줬어요. 그러고는 "맛있는 케이크의 나머지 반쪽 모습을 그려 줘." 하고 요청했어요. 그랬더니 인공지능이 그걸 해내더란 말이죠. 이걸 생성형 AI라고 합니다.

 자, 인공지능이 뭔가 사물의 모습을 그렸다는 건 무슨 뜻일까요? 앞서 컴퓨터 프로그래머들이 그토록 만들고 싶어 했던 프로그램이

뭐였죠? 개와 고양이를 구별하는 프로그램, 사람이 쓴 '1' '2' '3'을 구별하는 코딩 플로우 차트였잖아요. 그런데 생성형 AI가 그걸 찾아낸 거예요. 사물을 창조해서 그렸다는 건, 그 결괏값에 이르는 함수가 있다는 뜻이에요. 여기서 '함수'는 계산식, 플로우 차트를 말해요. 어떤 함수에 숫자를 넣어서 계산했더니 케이크가 나온 거죠. 말

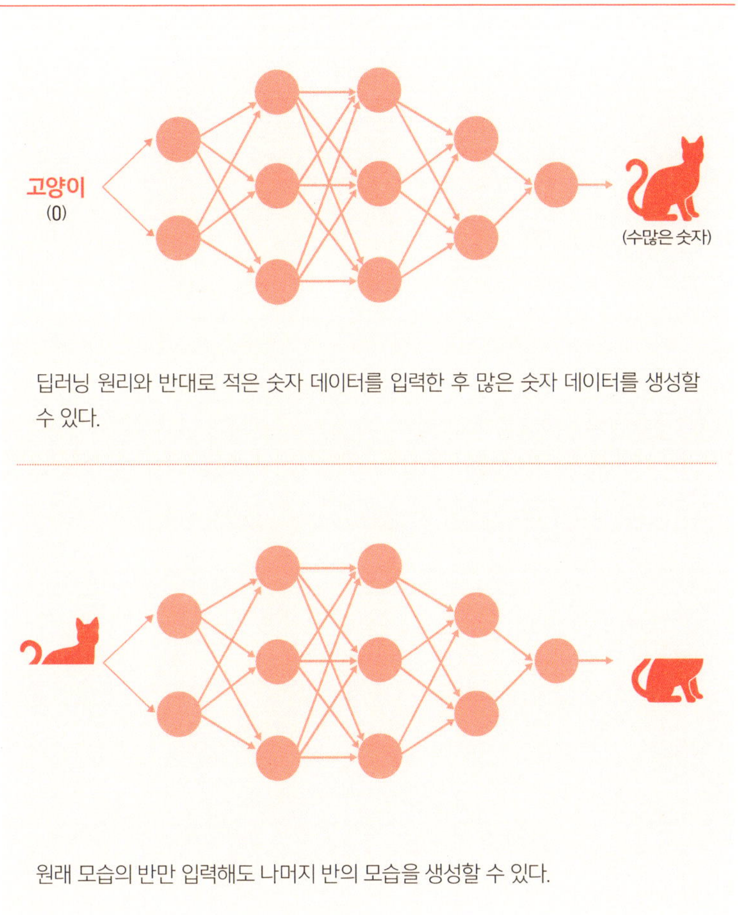

딥러닝 원리와 반대로 적은 숫자 데이터를 입력한 후 많은 숫자 데이터를 생성할 수 있다.

원래 모습의 반만 입력해도 나머지 반의 모습을 생성할 수 있다.

하자면 사람이 못 찾은 플로우 차트를 딥러닝이 찾은 거예요. 물론 딥러닝은 굉장히 단순 무식하게 더하기와 곱하기로 이뤄진 계산식을 이용했을 뿐입니다.

언어 생성형 AI도 마찬가지입니다. 인터넷상에는 엄청난 양의 텍스트가 떠돌아다닙니다. 사진보다 더 많아요. 여러분이 메모장에 글을 쓰는 순간, 카카오톡으로 문자를 보내는 순간, 숫자로 저장됩니다. 딥러닝의 훌륭한 학습 데이터입니다. 이렇게 학습을 시켰더니, 딥러닝이 함수를 만들었어요. 챗GPT에게 "원숭이가 ( )를 먹는다."라는 문장을 주고 빈칸을 채우라고 하면 챗GPT는 함수 계산식의 결괏값으로 빈칸에 '바나나'를 채워 넣어요. '세상에 그런 함수가 있느냐고요?' 그게 뭔지는 모르지만 있더라는 거죠.

인공지능을 접하다 보면 '멀티모달Multimodal'이라는 단어도 자주 등장합니다. '멀티모달'에서 모달은 '모드'의 다른 말이에요. 여러분도 '음성 모드' '이미지 모드' '텍스트 모드' 이런 말 많이 들어봤죠? 모드란 어떤 기능을 수행하는 상태를 나타내는 말입니다. 원인은 모르지만 딥러닝으로 생성형 AI까지 등장했잖아요. 그래서 이번에는 텍스트를 넣어서 이미지가 나오게 하거나, 이미지를 넣어서 영상이 나오게 해 봤어요. 그랬더니 딥러닝이 그 어려운 걸 또 해냅니다. 우리가 "시리야" 하고 부르면 시리가 대답하잖아요. 이게 음성 인식 기능인데, 목소리(음파)를 넣으면 숫자로 바꿔 계산해서 1이 나오면 자기를 부르는 신호라고 인식한 다음에 다시 숫자로 음파를 만들어서 대답하는 거죠. 시리를 부르지도 않았는데 자꾸 대답해서 좀 짜증 나긴 합니다만, 아무튼 이게 음성 인식 기능입니다.

얼마 전에 챗GPT 업데이트 버전이 나왔는데요. 이전까지만 해

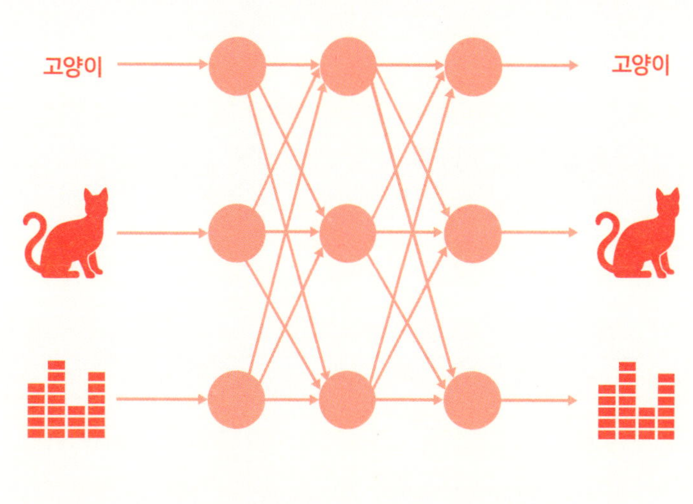

다양한 형식의 데이터를 함께 처리하는 능력을 멀티모달이라고 한다.

도 챗GPT가 어떻게 우리와 대화했느냐 하면, 사람이 말을 걸면(음파를 넣으면) 이걸 텍스트 숫자로 바꾸고 숫자를 가지고 계산하여, 다음 대답할 내용을 텍스트 숫자로 만든 후, 다시 음파로 바꿔서 내보냈어요. 그래서 챗GPT가 대답하는 데 2~3초가 걸렸어요. 그런데 이번에 나온 버전업 챗GPT는 0.5초 만에 대답합니다. 멀티모달 기능이 한 단계 더 발전했기 때문이에요. 사람이 눈·귀·입·손 등으로 여러 가지 감각을 한꺼번에 받아들이듯이 인공지능도 여러 가지 모드를 한꺼번에 처리합니다. 예를 들어, 여러분이 수학 문제를 풀다가 챗GPT한테 물어봐요. "내가 문제를 잘 풀고 있어?" 그러면 바로 대답해 줘요. "아, 거기 방정식을 잘못 풀고 있네." 그리고 챗GPT가 말하는 도중에 끊을 수도 있어요. 이전 인공지능은 말하는

도중에 못 끊었죠. "야, 이제 그만 대답해." 이래도 자기가 말할 때
는 못 알아들었어요. 이제는 "그만!" 하면 정말 멈춰요.

✦ 인공지능 세계, 어디까지 상상해 봤니

저는 인공지능을 이해하는 키워드로 '패턴'을 자주 이야기해요.
과학·수학이란 결국 자연 속 패턴을 배우는 학문이라고 생각해요.
또한 모든 수식은 패턴 그 자체이죠. 만유인력의 법칙, 상대성이론
도 자연 속 패턴을 찾아낸 것입니다. 우리가 공을 던지면 어디에 떨
어질지 예측되는 이유는 자연이 패턴을 충실히 따르기 때문입니다.
수학·과학만 그럴까요? 음악 시간에 화음을 배우죠? 화음은 완전
히 패턴에 대한 이야기입니다. 국어 시간에 배우는 문법이나 기승전
결도 패턴이죠. 여러분이 교과서에서 배우는 내용은 모두 일종의 패
턴입니다. 자연계와 인간계는 수많은 패턴으로 이뤄져 있습니다. 패
턴이라는 키워드로 인공지능을 표현해 보자면 딥러닝은 인공신경망
으로 숫자에서 패턴, 즉 계산식을 찾는 기술입니다. 단순 무식한 방
법으로, 동그라미와 화살표로 된 단순 무식한 계산식을 굉장히 잘
찾아냅니다.

어쨌거나 인공지능은 정말 엄청난 변화를 가져오고 있어요. 인공
지능이 앞으로 어떤 기능까지 갖추게 될까요? 몇 가지 사례를 보면
서 상상의 나래를 펼쳐 봅시다.

여러분, 게임할 때 키보드를 치면서 마이크로 대화하면 타이핑하
는 소리가 마이크에 들어가서 방해되잖아요. 카페나 공공장소에서

통화하면 옆 사람들 목소리나 소음이 자꾸 스피커로 들어갑니다. 이 잡음을 없애고 싶은데, 이전에는 그걸 해결하지 못했어요. 알고리즘을 찾지 못한 거죠. 그러다가 저희가 2020년에 딥러닝으로 알고리즘을 찾아서 잡음을 제거하는 프로그램을 만들어 냈답니다.

다음으로, 생명공학·생물학계에서 성배 같은 문제가 있어요. 단백질 접힘 문제입니다. 단백질은 우리가 반드시 섭취해야 하는 영양소로, 우리 몸이 살아 움직이는 데 핵심적인 역할을 수행해요. 단백질은 기본적으로 구슬이 꿰어진 목걸이 같은 선 구조로 되어 있는데 이게 접히면서 다양한 3차원 구조를 만듭니다. 단백질이 접히는 패턴을 찾기란 거의 불가능했어요. 경우의 수가 하늘의 별만큼이나 많았거든요. 이전에는 사람이 이 알고리즘을 찾을 엄두도 내지 못했습니다. 인공지능은 이 문제를 해결했을까요? 딥러닝이 아닌 머신러닝으로 시도한 결과 40점밖에 안 됐어요. 그러다가 알파고를 만든 회사에서 딥러닝으로 만든 알파폴드로 시도해 봤더니 60점, 2020년에 나온 알파폴드 버전 2로는 거의 90점까지 나왔습니다. 바로 얼마 전에 알파폴드 버전 3이 나왔는데, 신약을 만드는 데 쓰이고 있다고 합니다. 인공지능한테 "감기약 만들어 줘." 하면 환자의 상태에 따른 감기약을 만들어 주는 시대가 멀지 않았다고 봅니다.

2022년에 인공지능에게 메사추세츠공과대학MIT 1학년 교양 수학 문제를 여러 개 풀어 보라고 시켰어요. 그랬더니 코딩으로 그래프까지 그려서 정답을 맞혔어요. 만약 인공지능에게 우리나라 대학 입시 문제를 풀어 보라고 시키면 몇 점이나 맞을까요? 저는 당장 내년에 인공지능이 국어·영어·수학 모두 100점 맞아도 안 놀랄 거예요. 아무리 길게 봐도 5년도 안 남았다고 봅니다.

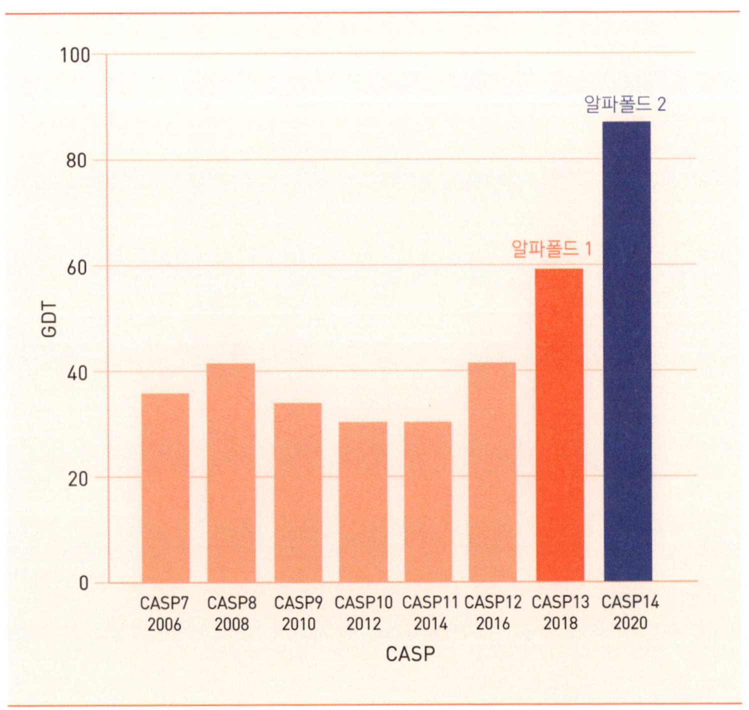

마지막으로, 한 가지만 더 이야기할게요. 사람의 능력은 정말 놀랍습니다. 원자·양자 세계를 이해하고 과학기술을 발전시킵니다. 거대한 공장도 만들고, 반도체도 만들고 우주에 로켓도 쏘아 올립니다. 이처럼 엄청난 기술력을 가졌으면서 그동안 왜 집안일을 돕는 로봇을 만들지 못했을까요? 인공지능이 없어서 그랬어요. 보고 듣고 판단하고 움직이는 로봇의 머리가 없었던 거죠. 그런데 최근에 가사 노동을 대신할 인공지능 로봇의 프로토타입들이 속속 등장하고 있어요. 이들 로봇은 청소와 짐 정리는 기본이고, 창문을 열고 화분에 물을 주고 커피 머신에서 커피를 내리고 간단한 요리까지 척척 해냅니다. 심지어 어떤 대학 연구팀은 재료비 4000만 원으로 훌륭한 가사 노동 로봇의 프로토타입을 공개하기도 했습니다.

이들 사례에 여러분이 어떤 상상을 더하더라도 인공지능은 머지 않은 미래에 그걸 현실로 이뤄 낼 거예요. 반복해서 이야기했지만, 인공지능은 단순 무식한 계산식으로 움직이는 녀석입니다. 인공지능을 여러분의 상상력으로 가득 채워 주기를 바랍니다. 고맙습니다.

Q. 01

인공지능이 함수랑 숫자를 너무 잘 찾아서 사람이 생각하지 못한 것도 하고 있잖아요. 그러면 프로그래밍하는 게 의미가 있을까요? 인공지능이 프로그래밍도 많이 대체하지 않을까요?

요즘에 보면 우리 회사 개발자뿐만 아니라 마이크로소프트·구글 개발자들도 기본적으로 모니터를 두 개 써요. 그중 하나에는 인공지능을 켜놨어요. 이미 코드의 상당 부분은 인공지능이 해 주는 느낌이에요. 5년, 10년 지나면 과연 사람이 코딩을 할 필요가 있을까 싶긴 합니다. 프로그래머뿐만 아니라 현재 직업별 작업의 90퍼센트는 인공지능이 할 거예요. 그러면 사람이 할 일이 뭘까요? 사실 저도 딱히 이렇다 할 답이 떠오르지 않습니다. 어쨌거나 우리가 같이 고민해 봐야 할 지점입니다.

Q. 02

인공지능이 나날이 발전하고 있다고 하는데, 그러면 인공지능이 올해 안에는 어디까지 발전할까요?

그 질문에는 제가 답을 드리기 어렵겠습니다. 그렇게 구체적으로는 못 맞히겠어요. 다른 이야기를 조금 드리면, 저는 앞으로 무언가 바뀌는 걸 예측할 때 늘 '5년 뒤'라고 이야기합니다. 이렇게 이야기했더니, 챗GPT가 나오기 전까지는 좀 과격하게 들렸나 봐요. 그러니까 너무 과하게 빠른 것 아니냐는 반응이 많았어요. 그런데 지나고 보면 늘 제가 이야기한 것보다 두세 배 빨리 일어났어요. 제가 여러분에게 '5년 이내로 일어날 거다.'라고 이야기한 내용들은 올해 일어날 수도 있고 내년에 일어날 수도 있어요. 그래도 저는 놀라지 않을 겁니다. 평균적으로 그래 왔으니까요.

Q. 03
인공지능과 공존하는 인류 첫 세대인 지금 학생들이 AI를 올바르게 활용하기 위해서 마음가짐이든 공부든 무엇이든 어떻게 하는 것이 좋을까요?

굉장히 철학적인 질문이네요. 제가 질문 수준에 맞는 대답을 할 수 있을지 모르겠네요. 일단 인공지능과 딥러닝에 대한 기초적인 공부를 해 두는 게 좋겠습니다. 예를 들면, 코로나 시대에 백신이 뭔지는 알고 있는 것과 백신이 뭔지 모르고 있는 것은 다르잖아요. 딥러닝이 무엇을 할 줄 알고, 인공지능이 어떻게 만들어지는지 어느 정도 수준까지는 공부해야 합니다. 그래야 인공지능이 어떤 한계가 있고, 어디까지 가능한지 이해할 수 있으니까요.

사실 인공지능에 대한 기본적인 지식은 그리 어렵지 않아요. 오늘 제가 이야기한 정도를 하루이틀 정도 더 공부하면 될 거예요. 아까 이야기한 대로 저는 인공지능이 세상을 엄청나게 바꿀 거라고 생각하거든요. 그래서 여러분이 반드시 대비해야 한다고 생각합니다.

FUN&
LEARN

꿈을 가득 싣고 태평양을 함께 항해하자

박길성

강릉에서 태어나 동해를 보며 성장했다. 고려대학교 사회학과를 졸업하고 동 대학원에서 석사, 미국 위스콘신대학교에서 박사 학위를 받았다. 고려대학교 사회학과 교수로 재직하며 문과대학장, 대학원장, 교육부 총장을 역임했다. 미국 유타주립대학교 겸임교수, 세계한류학회 회장, 한국사회학회 회장으로 활동했다. 현재 고려대학교 사회학과 명예교수이며, 푸른나무재단 이사장, 삼성호암상 위원을 맡고 있다. 쓴 책으로는 《태평양 항해: 한산도함 오디세이》《한 사회학자의 어떤 처음》《사회는 갈등을 만들고 갈등은 사회를 만든다》《한국사회의 재구조화: 강요된 조정과 갈등적 조율》《세계화: 자본과 문화의 구조변동》 등이 있다.

미래를 바다에서 찾아보자.

한반도에 머무르지 말고

바다를 통해 세계로 나아가는 꿈을 꾸자.

바다는 그 자체로 문화적·경제적·정치적으로

무궁무진한 가능성을 품고 있으며,

모든 세상을 연결한다.

✦ 해군 생도들과 함께 한산도함에 몸을 싣고

태평양은 무한히 넓고 무한히 깊습니다. 넓으면 따르게 하고 깊으면 감동케 합니다. 우리는 늘 삼면이 바다로 둘러싸여 있다고 말합니다. 언어가 사고를 형성합니다. 대한민국은 삼면이 무한히 넓고 깊은 바다로 활짝 열려 있다고 사고하고 이야기해야 합니다. 지금부터 시야를 반대로 돌리면 우리가 나아가야 할 영역이 무한대로 넓다는 사실을 알 수 있습니다.

제가 얼마 전에 태평양 항해를 했습니다. 태평양을 항해했다고 그러면 많은 사람이 "아, 크루즈 타셨어요?" 하고 묻습니다. 제가 "아니요." 그러면은, "요트 타셨어요?" 이렇게 묻습니다. 또다시 "아니요." 하면, "그럼 혹시 참치잡이 원양어선 타셨습니까?" 하면서 궁금해합니다. 물론 그것도 아닙니다. 여러분에게 제가 태평양을 항해했던 이야기를 들려줄게요. 또 그 과정에서 품었던 꿈과 대한민국의 미래에 대한 생각을 여러분과 한번 나눠 보려고 합니다.

제가 태평양을 항해한 과정은 이렇습니다. 해군사관학교 4학년들은 장교에 임관하기 전에 약 넉 달 동안 해양 순항 훈련을 받습니다. 이번에는 태평양과 인도양을 가로지르는 4만 킬로미터를 항해했어요. 아홉 개 나라 열 개 항구에 정박했고요. 4만 킬로미터면 거의 지구를 한 바퀴 도는 거리입니다. 대양을 항해하며, 해군 생도들은 그동안에 배웠던 교육을 총정리함과 동시에 글로벌 마인드를 가진 해군 장교로 성장하고 군사 외교적 시야도 키웁니다.

그런데 제가 운 좋게도 순항 훈련에 참여하는 기회를 가졌습니다. 저는 전체 순항 일정 중에 일부 구간을 생도들과 함께했습니다.

호주 시드니에서 함정에 올라, 뉴질랜드 오클랜드를 지나고 피지를 거쳐서 하와이 진주만에 정박하기까지의 구간이었습니다. 한 달 동안 약 1만 킬로미터를 항해했습니다.

군함 이름은 임진왜란 때 충무공 이순신의 삶이 그대로 녹아 있는 '한산도'입니다. 군함 '한산도'는 한국 최초의 훈련 전용 군함입니다. 길이 142미터, 무게 4500톤 규모이며, 생도 164명을 포함한 승무원 460명이 탑승했습니다. 민간인으로는 제가 유일했고요.

대한민국 해군의 첫 훈련함인 한산도함. 이 배를 타고 태평양을 항해했다.

잠시 제가 참여했던 순항 훈련 경로를 간단히 살펴볼까요? 저는 호주의 상징이라 해도 과언이 아닌 시드니에서 한산도함에 올랐습니다. 그러고는 뉴질랜드 북섬의 오클랜드로 항해했어요. 오클랜드는 예로부터 남태평양을 항해할 때 거치는 해상 관문이자 뉴질랜드 상공업의 중심 도시입니다. 뒤이어 한산도함은 북쪽으로 올라가 피지에 다다랐습니다. 330여 개 섬으로 이루어진 피지 제도는 아름다운 경관을 자랑하는 여행지로도 이름 높습니다. 피지에서 다시 적도를

참여했던 순항 훈련 경로
호주 시드니 → 뉴질랜드 오클랜드 → 피지 수바 → 미국 하와이

지나고 날짜변경선을 건너며 하와이 진주만에 정박했습니다. 하와이는 미국 영토이기는 하지만 아메리카 대륙과 멀리 떨어져 있으며, 태평양 한가운데 위치한 섬으로서 독자적인 정체성이 뚜렷합니다.

✦ 태평양의 넓은 품에 안기다

세계지도를 보면 태평양은 지구 표면적의 3분의 1을 차지할 정도로 어마어마한 규모이고, 오대양 중에서 가장 넓고 가장 깊습니다. 제가 다닌 경로는 주로 남태평양입니다. 태평양 전체에서 일부분이지만 그야말로 망망대해였어요. 가도 가도 끝없이 펼쳐진 바다뿐이고, 며칠을 내달려야 가끔 사람 사는 섬에 다다르는 곳입니다. 한 달 남짓, 1만 킬로미터를 항해하면서 제가 경험한 이야기를 좀 더 자세히 들려줄게요.

제가 갖고 온 첫 번째 큰 주제는 자연이 주는 감동, 자연이 지닌 지혜와 품에 관한 것입니다. 태평양은 범접할 수 없는 '아우라'가 있어요. 아우라란 어떤 사람이나 사물이 고유하게 지닌 흉내 낼 수 없는 분위기, 탁월하고 독보적이고 압도적이고 흡입력 있고 폭발적인 이미지를 일컫는 말입니다. 그래서 "아우라가 있어 보여요."라는 표현은 그 대상에 대한 굉장한 극찬입니다.

오른쪽 위 사진은 아침에 떠오르는 해를 향해 항진하는 뱃머리 모습입니다. 바다에는 중심이 없습니다. 그런데 이 사진을 보면서 저는 마치 우리가 어떤 중심을 향해 달려가고 있다는 느낌을 받았어요. 항해는 마치 광대한 자연의 품에 안기려는, 미약하지만 굳센 인간의 의지를 나타내는 듯합니다.

아래 사진은 제가 오늘 준비한 사진 중에서 가장 마음에 드는 사진입니다. 육지에서 보면 수평선은 그냥 직선으로 보입니다. 저는 고향이 강릉이라서 어린 시절을 바다와 함께 성장했는데요. 육지에서 바라보는 수평선은 일직선이었습니다. 그런데 태평양 한가운데 가서 보니 수평선이 나를 가운데에 두고 360도로 동그랗게 모이고 있었습니다. 사진은 그 모습의 극히 일부를 보여 줍니다. 동그란 수평선에 둘러싸여 있으면 넓고 깊은 대자연에 그냥 압도됩니다. 하늘에 떠 있는 구름이 바다에 비치는 모습은 더 큰 감동입니다. 화창한 날 맑고 잔잔한 바닷물에 반사되는 하얀 구름은 손을 뻗으면 잡힐 듯 선명해요. 바다에 비친 구름은 한동안 함정을 따라옵니다. 마치 구름과 함께 바다를 여행하는 것처럼 즐겁고 흥겨웠답니다.

어쩌다 바다에 소나기라도 한번 내리면 멋진 무지개가 수평선 이쪽 끝에서 저쪽 끝까지 커다랗게 나타나고는 합니다. 바다 위에 뜬

함정에서 맞이하는 태평양의 아침. 중심이 없는 바다이지만 마치 배가 중심을 향해 달려가는 듯한 느낌을 준다.

둥근 수평선을 품은 태평양의 한낮. 일직선이 아닌 동그란 수평선이 나를 둘러싸는 듯한 느낌을 준다.

무지개는 유난히 크고 선명해요. 자연이 만들어 낸 화려한 개선문을 지나가는 경험은 무엇과도 바꿀 수 없는 감동이었습니다. 항해 도중에 돌고래 떼도 만났어요. 돌고래 떼는 느닷없이 나타나서 마치 함께 바다를 여행이라도 하자는 듯이 한참 동안 우리 항해와 속도를 맞춰서 헤엄쳤어요. 돌고래의 생동감 넘치는 모습은 우리 모두를 춤추게 했답니다. 그러다가 어느 순간 인사도 없이 훌쩍 사라지곤 했는데, 그럴 때면 우리는 못내 아쉬워하고 섭섭해했답니다.

항해를 시작한 지 며칠이 지난 어느 날, 함장이 "지금 우리는 적도를 지나고 있습니다." 하고 알려 줬어요. 적도는 지구의 중심을 지나는 자전축에 수직인 평면과 지표가 교차하는 선으로, 위도 0도의 선을 말합니다. 남극과 북극에서 똑같은 거리에 있는 지구의 허리입니다. 적도 바다는 어떤 모습일까요? 적도는 1년 사시사철 낮과 밤의 시간이 똑같고 바람이 불지 않아요. 무풍입니다. 적도에서는 북반구에서 부는 북동 무역풍과 남반구에서 부는 남동 무역풍이 겹치면서 기압이 제로 상태로 수렴됩니다. 바람은 기압 차이 때문에 나타나는데, 적도에서는 기압이 거의 0이 됩니다. 따라서 기본적으로는 바람이 불지 않죠. 물론 아주 가끔 바람이 약하게 불기는 하지만요. 대항해 시대에 바람의 힘으로 움직이는 범선들은 적도에 들어가는 것을 아주 무서워했습니다. 범선은 바람이 불면 어떤 형태로든 움직일 수 있어요. 가고자 하는 방향과 바람이 반대로 불어도 돛을 잘 조절해서 배를 원하는 방향으로 움직일 수 있습니다. 하지만 바람이 전혀 없는 무풍지대에 들어가게 되면 배를 움직일 방법이 없어요. 바람이 없으면 바닷물 표면도 흐름을 멈추기 때문에 꼼짝없이 갇혀 있어야 합니다. 적도에 갇힌 범선은 바람이 불기만

비단 바닷길로 불리는 적도의 바다

을 기다려야 했고, 심지어 너무 오래 표류하다가 생명을 잃기도 했답니다. 물론 오늘날의 배들은 엔진으로 움직이기 때문에 적도 바다에서도 자유롭습니다.

적도 바다는 고요하고 장엄하기 그지없었어요. 제가 어릴 때 가끔 어머니를 따라 포목점에 가곤 했는데요. 그 당시 포목점에서 가장 고급스러운 옷감이 바로 비단이었습니다. 비단은 윤기가 흐르고 촉감이 아주 부드럽습니다. 호수 수면처럼 물결이 잔잔하게 일렁이는 적도 바다는 마치 비단을 보는 듯했어요. 그래서 적도 바다를 비단 바닷길이라고 부르기도 합니다.

적도 바다에서 해가 서쪽으로 저무는 광경은 황홀 그 자체였습니다. 장엄하지 않은 석양이 어디 있겠습니까만, 하루를 가로지른 태양이 태평양 바다를 점차 붉게 물들이는 모습은 으뜸이었습니다. 해가 수평선 아래로 내려가는 순간까지 저는 연이어 사진을 찍으며 한없이 감탄했습니다. 해가 바닷속으로 들어가고 난 뒤, 어느 순간 모든 세상은 단 두 개로 나뉩니다. 오른쪽 사진이 이 순간의 광경입니다. 붉디붉은 하늘과 검디검은 바다. 이를테면 유명한 추상표현주의 화가 마크 로스코나 한국의 박서보 화백이 그린 단색화를 보는 듯했습니다. 어쩌면 두 화가도 이곳 적도 바다에서 영감을 얻지 않았을까 하는 생각도 들었어요.

붉은 노을이 모두 사라지고 태평양은 어둠에 잠깁니다. 밤하늘에 별들이 하나둘 불을 밝히더니 어느새 가득 들어찼습니다. 우리가 알고 있는 별자리는 다 북반구 별자리입니다. 북두칠성, 오리온자리, 사자자리, 물병자리 같은 별자리는 모두 북반구 밤하늘에서 반짝입니다. 이곳 남반구 밤하늘에는 우리한테 익숙한 별자리가 하나도 없습니다. 저도 남십자성 이외의 남반구 별자리에 대해 전혀 알지 못했어요.

그래서 저는 생도들과 이런 이야기를 나누었습니다. "서양 사람들이 만든 별자리가 북반구의 별자리라고 한다면 남반구에는 주인이 없다. 여러분이 한번 남반구 밤하늘의 주인이 돼 보면 어떨까. 남반구 밤하늘의 별 모양을 보면서 별주부전이나 단군신화와 같은 우리의 고전이나 전래 동화 또는 신화를 연상해서 이름을 지어 보자. 그러면 남반구 밤하늘은 우리 것이 된다."

적도에서 바라보는 석양. 해가 보이지 않게 되면 붉은색의 하늘과 검은색의 바다만 보인다.

✦ 바다의 철학, 산의 철학

이 밖에도 저는 태평양을 순항하면서 갖가지 소중한 경험을 했어요. 그러면서 바다가 지닌 어떤 지혜, 바다가 지닌 어떤 품, 이런 것들에 대해 깊이 생각해 보는 시간을 가졌습니다. 바다는 어쩌면 이렇게 광활하고 경계를 가늠할 수 없을 만큼 드넓을까요? 바다는 어쩌면 이렇게 고요하고 넉넉하면서도 경외의 대상이 되는 걸까요?

여러분, 바다가 왜 바다인지 혹시 아세요? 문무학 시인은 〈바다〉라는 시조에서 "'바다'가 '바다'라는 이름을 갖게 된 것은/이것저것 가리지 않고 다 '받아' 주기 때문이다."고 풀이합니다. 어찌 보면 당연한 말인 것 같지만, 곰곰이 생각해 보면 굉장히 깊은 뜻이 담겨 있습니다. 제가 이 부분에서 한자를 한번 쓸게요. '해납백천'이라는 사자성어가 있어요. '바다 해(海)', '받아들일 납(納)', '많을 백(百)', '물줄기 천(川)' 이렇게 네 글자가 모여서 이루어졌습니다. 한자를 알았으니 뜻을 짐작하겠죠? '모든 물줄기는 바다를 향하고, 바다는 이를 거부하지 않고 모두 받아들인다.'는 뜻입니다.

해 납 백 천
海 納 百 川

모든 물줄기는 바다를 향하고, 바다는 이를 거부하지 않고 모두 받아들인다.

바다는 세상 모든 물줄기를 넉넉히 품습니다. 그래서 세상 무엇보다 넓고 깊습니다. 만약 바다를 닮은 사람이 있다면 어떨까요? 아마도 모든 사람이 존경하며 따를 것입니다. 동양의 많은 현인들은 '해납백천'을 삶의 좌표로 삼았으며, 오늘날에도 액자로 만들어서 걸어 둔 사무실이나 집도 많아요.

태평양은 무한히 넓고 무한히 깊습니다. 넓으면 따르게 하고 깊으면 감동케 합니다. 사람들이 여러분을 따르게 하고 싶다면, 먼저 여러분 스스로 품이 넓어야 합니다. 여러분이 사람들에게 감동을 주고 싶다면 여러분의 말과 행동이 깊어야 합니다. 선현들은 종종 사람의 성품을 바다와 산에 비유했습니다.

《논어》는 공자와 제자들의 대화를 기록한 책으로 유교에서 최고의 경전 중 하나입니다.《논어》에는 "지자요수知者樂水 인자요산仁者樂山"이라는 글귀가 나옵니다. 의미를 풀이하면, '지혜로운 사람은 물을 좋아하고, 어진 사람은 산을 좋아한다.'는 뜻입니다. 이게 무슨 뜻일까요? 왜 이런 말을 했을까요? 물은 부드럽고 유연하며 늘 어디로든 흘러가 스며듭니다. 어진 사람은 산처럼 한결같이 제자리를 지키면서 듬직하게 모든 걸 품 안에 받아들입니다. 지혜로운 사람은 물처럼 동적이고 활발하게 어울리고, 어진 사람은 산처럼 정적이고 어떤 사람이라도 포용하면서도 자기 정체성을 유지합니다. 고등학교 때 이 사자성어를 처음 배우고서는 친구들하고 "야, 너는 산이 좋아, 바다가 좋아?" "너는 산을 좋아하니까 인자형이네." "나는 바다를 좋아하니까 지자형이네." 이런 어설픈 농담을 주고받은 적이 있어요. 그러면서 산과 바다가 우리에게 건네주는 어떤 의미, 가치에 대해 잠시 생각해 보았던 기억이 납니다.

제가 보기에 바다는 흐름의 철학이고 산은 오름의 철학이에요. 사람들은 대부분 오름의 철학을 좋아합니다. 어떤 목표를 잡은 다음 열심히 노력하고 경쟁해서 목표를 이루는 삶 말입니다. 산을 오르 듯 공부하고 일하고 사람과의 관계를 맺는 데 익숙하죠. 사실 사람들이 산의 철학을 받아들이고 행동해야 우리 사회도 좀 더 빠르게 발전하겠지요.

그런데 저는 언제부터인가 바다의 철학에 더 마음이 갑니다. 이번에 태평양을 항해하면서 더 깊이 빠졌습니다. 우리 삶은 바다의 물결이나 파도와 같아요. 우리가 한때 오르려 했던 높은 산도 지나고 나서 보면 사실 한번 크게 일렁인 파도였을 뿐이죠. 파도는 시간이 흐르면 다시 잦아들고 평탄해집니다. 누구나 살면서 높낮이는 있겠지만 파도처럼 흘러가는 것이 아닐까요? 인생은 오르막도 있고 내리막도 있지만, 거기에만 매달려 애쓰지 않아도 됩니다. 문제는 '지금 내가 어떻게 하면 행복할까?'입니다. 대게 행복이란 높은 곳보다는 넓은 곳에 자리합니다. 사람들은 높은 곳에 오르면 행복할 거라 생각해요. 하지만 행복은 높은 곳보다는 넓은 곳에 있는 경우가 많습니다. 여러분도 바다의 지혜와 바다의 품을 닮은 사람으로 살아가기를 바랍니다.

✦ 시드니의 한국전쟁 참전 기념비와 국가의 품격

이제 이야기 주제를 좀 바꿔 보겠습니다. 한산도함은 바다를 순항하는 중간중간 항구 도시에 며칠씩 정박했어요. 이때 해군 생도들은 그 나라의 해군과 만나 군사 외교도 하고, 또 선원들은 항해에 필요한 신선한 식재료도 구입합니다.

저는 그 시간을 이용해서 항구 도시 일대를 찬찬히 둘러봤습니다. 제가 들른 도시는 호주 시드니, 뉴질랜드 오클랜드, 피지 수바, 하와이 호놀룰루 네 군데예요. 네 도시는 제각각 생동감 넘치고 멋진 특색을 띠었고, 제게 많은 영감과 가르침을 건네주었습니다. 그중에서 시드니 이야기를 여러분에게 들려줄게요.

여러분은 호주 하면 무엇이 가장 먼저 떠오르나요? 아마도 많은 사람이 시드니 오페라하우스를 첫 번째로 떠올릴 거예요. 오늘 주요하게 다룰 대상은 아니지만, 시드니 오페라하우스는 꼭 한번 가볼 만한 가치가 있습니다. 이 오페라하우스는 흥미로운 스토리를 갖고 있습니다. 건축 공모에서 파격적으로 덴마크 건축가 예른 웃손의 출품작이 선정되었어요. 당시 예른 웃손은 그야말로 무명의 젊

호주 시드니 오페라하우스. 1973년에 설립되었으며, 2007년에 유네스코 세계 문화유산으로 지정되었다.

은 건축가였고, 출품한 설계도도 아주 기초적인 아이디어 상태였어요. 그런데 심사위원들은 쟁쟁한 기성 건축가들의 출품작을 물리치고 오직 예른 웃손의 상상력 하나만을 보고 선정했다고 해요. 이후 건축 과정에서 최초 설계도는 수없이 변경되고, 공사 기간과 비용도 크게 늘어났어요. 그 와중에 예른 웃손이 물러나고 다른 건축가가 그 자리를 대신하는 해프닝이 벌어지기도 했지요.

우여곡절 끝에 완성된 시드니 오페라하우스는 시드니 항구 쪽으로 삐져나온 곳에 자리하고 있으며, 마치 돛에 한가득 바람을 품고 바다를 항해하는 범선처럼 보입니다. 이렇게 부드럽고 생동감 넘치는 거대 건축물을 지으려면 당연히 공학적으로 적확한 계산과 실험을 거쳐야 합니다. 오페라하우스는 유네스코 세계 문화유산으로 선정될 만큼 건축 미학과 현대 공학이 잘 어우러진 걸작으로 평가받습니다. 무엇보다 저는 구태의연한 관습에 얽매이지 않고 실패를 두려워하지 않으며 파격적인 혁신을 시도한 도전 정신에 감동했습니다.

물론 오페라하우스도 커다란 감흥을 주었지만, 제가 여러분에게 소개하고 싶은 시드니는 따로 있습니다. 시드니 시내에서 자동차로 40분 정도 거리에 있는 무어파크입니다. 무어파크는 시드니 시민들이 산책하고 여가를 즐기는 아주 평범한 공원입니다. 그런데 무어파크 한쪽에는 우리에게 남다른 감회를 불러일으키는 기념비가 있습니다. 바로 호주의 한국전쟁 참전 기념비예요.

호주는 한국전쟁 때 미국과 영국 다음으로 많은 군인을 보냈습니다. 육군·해군·공군을 통틀어 약 1만 7000명을 보냈습니다. 그리고 그중에 339명의 군인이 우리나라 땅에서 전사합니다. 이 기념비는 한국전쟁에서 전사한 호주 군인들을 기리기 위해 세워졌습니다. 무어파크의 참전 기념비는 우리가 일반적으로 떠올리는 참전 기념비 모습하고는 사뭇 다릅니다. 보통 참전 기념비는 탑과 군인 동상을 우뚝 세워 놓고 거기다가 국기 문양과 글자를 큼지막하게 새겨 넣습니다.

그런데 무어파크의 참전 기념비는 원형 공간에 제각각인 돌덩이가 여기저기 놓여 있고, 꽃잎 모양을 단 작고 가느다란 막대가 질서 있게 꽂혀 있습니다. 그 막대에는 호주군이 참전했던 전쟁터 이름이 적혀 있어요. 이를테면 가평, 화천, 양구 이런 지역 이름을 영어로 써 놓았어요.

시드니 무어파크에 있는 한국전쟁 참전 기념비. 태극 문양의 원 안에 깃대 모양의 석재 136개를 세워 제작되었다.

한번 생각해 보세요. 호주 군인들은 왜 지구 반대편 나라의 전쟁에 참전해서 몸을 사리지 않고 용감하게 싸웠을까요? 당시 호주 군인들은 대부분 한국에 대해 아무것도 몰랐을 거예요. 오늘날 한국은 경제와 문화 전반에 걸쳐 세계적으로 그 위상을 떨치고 있지만, 1950년도의 한국은 이제 막 일제 강점기에서 벗어난 작고 가난한 나라였어요. 게다가 당시에는 세계의 소식을 빠르게 알려 줄 만한 언론 매체도 없던 때였으니까요. 그런데도 호주의 젊은 군인들은 낯선 이국땅에서 기꺼이 목숨을 바쳤습니다. 그들의 희생 덕분에 지금 우리는 이 땅에서 민주주의를 꽃피우며 자유를 누리고 있습니다. 그들 덕분에 메이드 인 코리아 상품이 세계로 팔려 나가고, K-팝이 세계인의 사랑을 받고 있어요.

참전 기념비 공간 한가운데에는 화강암 두 개가 일정한 거리를 두고 놓여 있습니다. 참배할 때 꽃을 올려놓는 헌화대입니다. 저와 해군 생도들도 헌화대에 꽃을 올리고 참배했답니다. 그런데 왜 이렇게 화강암 두 개를 떨어뜨려 놓은 형태로 헌화대를 만들었을까요? 제가 궁금해서 관계자에게 물어보았어요. 그분 대답이 이렇습니다. "저 화강암은 경기도 가평에서 가져왔습니다. 호주군의 한국전쟁 참전사에서 가평은 매우 뜻깊은 지역입니다. 호주·캐나다·뉴질랜드·영국군으로 이루어진 유엔군은 1951년 4월 22일부터 25일까지 중국인민지원군과 가평에서 치열하게 전투를 벌입니다. 유엔군은 수적으로 열세였지만 한 치도 물러서지 않으며 중국군을 물리칩니다. 가평전투는 중국군의 매서운 공세를 저지해서 한국전쟁의 흐름을 바꾸는 데 결정적인 역할을 했습니다. 여기에서 특히 호주군의 용맹은 대단했습니다. 이 가평전투를 기념하기 위해 헌화대를 가평에서 가져온 화강암으로 만든 것입니다." 관계자는 두 개로 나뉘어 떨어져 있는 화강암이 한반도의 분단을 상징한다고 말했습니다. 언젠가 한반도가 통일되면 화강암을 하나로 붙여 놓겠다고 했어요.

그분 말을 들으면서 마음이 뭉클해졌습니다. 한 국가의 품격은 자고로 이 정도는 되어야 합니다. 호주는 국제적 평화와 연대를 위해 자기네 젊은이들을 기꺼이 타국의 전쟁터에 보냈습니다. 그리고 그 전쟁터에서 목숨을 바친 군인들의 희생을 진심으로 기억하고 추모하고 있었습니다. 나아가 호주는 한국의 현재 분단 상황을 함께 가슴 아파하고 있었습니다. 어찌 보면 자기 나라의 이익과 전혀 관계 없는 일인데도 인도주의적 차원에서 한반도의 통일을 기원했습니다. 자국 중심주의가 판치는 현대 국제 관계에서 아무 조건 없이 타국의 아픔에 공감하고 연대를 보내기란 매우 쉽지 않은 일입니다. 호주가 지닌 품격에 저는 감격했습니다. 여러분도 혹시 나중에 호주 시드니에 가게 되면 꼭 무어파크의 한국전쟁 참전 기념비를 한 번 둘러보세요.

✦ 해양의 상상력을 품고 세계로

이제 제 이야기를 마무리할 시간입니다. 우리는 아주 일상적으로 바다의 언어를 사용하고 있습니다. 무슨 이야기냐고요? 우리는 다 같이 어떤 위기 상황에 빠졌거나 무언가에 도전할 때 이런 표현을 씁니다. "우리는 한배를 탔다." 또 무슨 일을 새로 시작할 때 "자, 출항이다." 이런 표현도 씁니다. 그리고 어떤 조직의 최고 책임자를

'선장'이라고 칭합니다. 지난 연말에 한 방송국의 뉴스 앵커가 이런 마무리 말을 남겼습니다. 제가 그대로 옮겨 보겠습니다.

앵커의 짧은 마무리 말에 바다와 관련된 용어가 무려 열한 번이나 쓰였습니다. 사실 '앵커'도 배를 고정하는 닻을 일컫는 단어이며, 이게 '뉴스 진행자'라는 의미로 확대되었답니다. 이렇게 우리는 일상적으로 바다의 언어를 사용하고 있어요. 그런데 안타깝게도 바다에 대한 우리의 정서는 그리 적극적이거나 능동적이지 않습니다. 대단히 수세적이고 소극적이고 회피적이고 방어적입니다.

왜 이럴까요? 까닭은 많습니다. 우리 역사에서 바다는 좋은 기억보다 안 좋은 기억이 더 많습니다. 왜군도, 서양 열강도 배를 타고 바다를 통해 들어왔습니다. 또 오랜 역사의 노정에서 중국과의 관계를 최우선으로 삼은 탓에 해상으로 진출하는 데 적극적이지 않았습니다. 심지어 어업에 종사하는 사람과 바닷가 지역 사람들을 천시하기도 했습니다.

물론 우리나라도 해양 국가로서 어떤 가능성을 내보이던 시기가 없지 않았습니다. 삼국시대에는 바다 건너 일본에 선진 문화를 전파했고, 장보고는 중국과 일본을 잇는 해상무역의 주인공으로 활약했고, 이순신은 수많은 해전을 승리로 이끌며 조선을 구했습니다. 이 시기에 바다의 가능성을 발견하고 더 확장해 갔더라면 바다에 대한 우리의 인식이 좀 더 긍정적이고 적극적으로 바뀌지 않았을까 생각합니다.

하지만 안타깝게도 역사의 소용돌이는 우리를 저 드넓은 바다로 나아가지 못하게 막았습니다. 우리는 이상하리만큼 바다에 관심을 기울이지 않아요. 문화적이건 경제적이건 정치적이건 바다의 가능성을 상상하고 도전하는 데 인색합니다. 달리 보자면, 저는 이런 상황이야말로 기회라고 생각해요. 바다는 블루오션입니다. 그러고 보니 '블루오션'이라는 단어도 바다의 언어군요. 바다는 아직도 1퍼센트밖에 개발이 안 된 영역입니다. 바다는 지구를 구할 히어로입니다. 그리고 바다는 누구의 것도 아닙니다.

대한민국 한반도를 지정학적으로 이야기할 때 늘 등장하는 표현이 있습니다. "우리나라는 삼면이 바다로 둘러싸여 있다."라는 표현은 수세적이고 피동적인 느낌을 담고 있어서 들을 때마다 상당히 불편합니다. 이제는 "삼면이 바다로 활짝 열려 있다." "우리나라는 전체가 대양과 연결되어 있다." 이렇게 표현했으면 합니다. 언어가 사고를 형성합니다. 부정적인 언어를 쓰면 의식도 부정적으로 작동하고, 긍정적인 언어를 쓰면 의식도 긍정적으로 변화합니다.

여러분, 혹시 세계지도를 거꾸로 뒤집어서 본 적 있나요? 우리가 익숙하게 보는 세계지도는 서구 문명의 관점에서 만들었어요. 이 지도를 기준으로 보면 한국은 유라시아 대륙의 한구석에 짓눌려 있

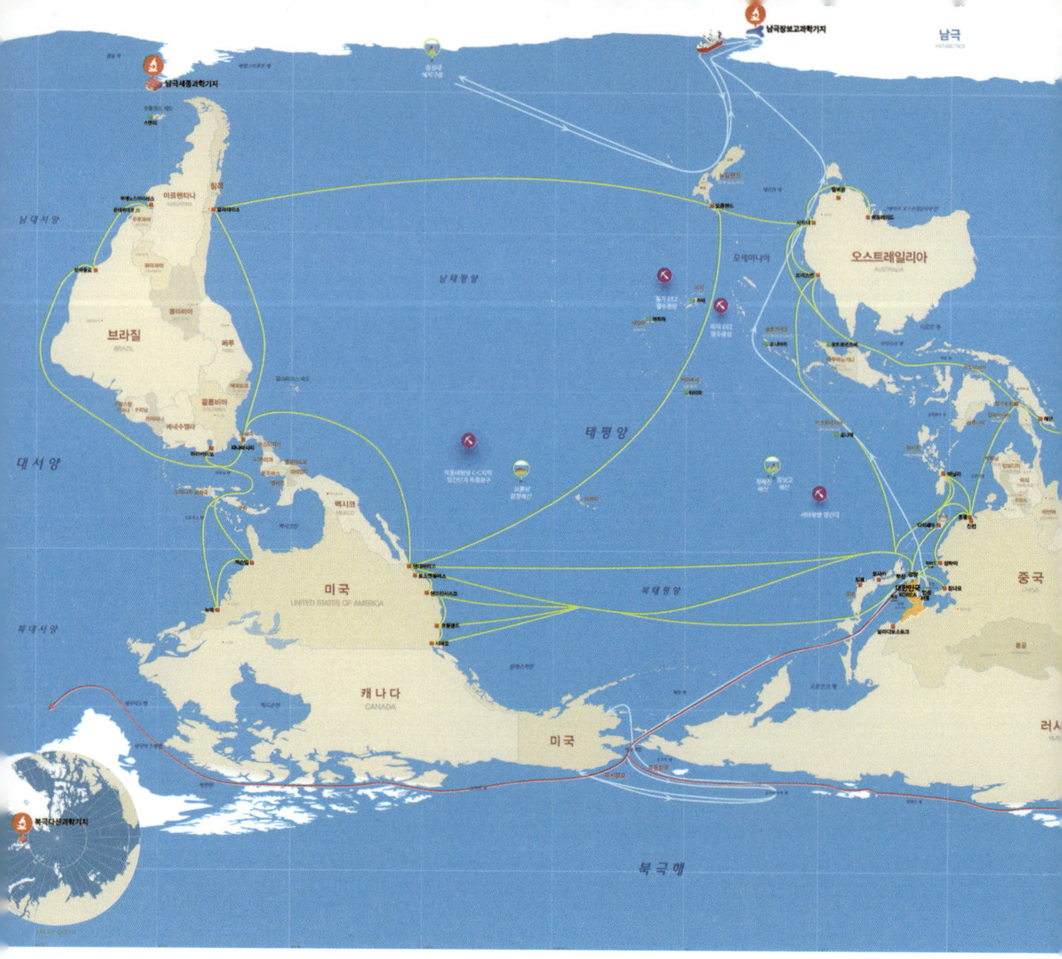

는 느낌이에요. 그런데 이걸 뒤집어 놓고 보면, 우리나라는 유라시아 대륙을 발판 삼아 바다를 향해 확 도약하는 모습입니다.

이제까지 대륙의 문화를 축적했다면, 앞으로는 이걸 바탕으로 해양의 문화로 나아가야 합니다. 이재용 삼성전자 회장 집무실에도 이렇게 거꾸로 뒤집어 놓은 세계지도가 걸려 있다고 해요. 기업의 활동 영역이 유라시아 한구석이 아니라 세계라는 생각, 의지, 태도를 상징적으로 표현했다고 생각해요.

삼면이 활짝 열린 바다로 나아가는 모습을 상상해 보세요. 그동안

146

남반구가 위쪽에 위치한 세계지도
대륙 지향에서 해양 지향으로 인식과 관점의 전환을 이끌기 위해 2017년 해양수산부에서 배포한 '거꾸로 세계지도'이다. 동원그룹의 김재철 회장이 창안한 세계지도이기도 하다.

우리 바다가 방어의 바다였다면, 이제부터는 확장의 바다, 대항해의 바다가 되어야 합니다. 여러분의 미래를 바다에서 찾아보세요. 한반도에 머무르지 말고 바다를 통해 세계로 나아가는 꿈을 꾸세요. 바다는 그 자체로 문화적·경제적·정치적으로 무궁무진한 가능성을 품고 있으며, 모든 세상을 연결합니다. 그런 것들을 함께 아울러서 저는 '해양의 상상력'이라고 이름 붙이고 싶습니다. 해양의 상상력을 품은 청소년 여러분이 그 바다에서 멋지게 활약할 미래 모습을 기대합니다.

Q. 01

청소년에게 들려주고 싶은 태평양 항해의 가장 큰 가치는 무엇인가요? 그리고 청소년이 바다와 자연에 대해 가졌으면 하는 태도나 생각은 무엇인가요?

이번 항해 중에 피지에서 하와이 진주만까지 한산도함이 최대 속도 시속 40킬로미터로 달리는데도 9박 10일이 걸렸어요. 그 기간에 피지 수바항 근처에서 배 한 번 보고 나서는 지나가는 배를 한 대도 못 봤습니다. 넓고 깊은 태평양 한가운데서 길이 142미터, 무게 4500톤 규모의 한산도함이 그야말로 바닷가 모래알처럼 작게만 느껴졌어요. 자연의 거대함에 비하면 인간은 정말로 미미한 존재입니다. 이 압도적이고 광활한 자연 속에서 인간은 어떻게 살아남았을까요?

저는 공동체의 힘이라고 생각합니다. 거대한 태평양 한가운데를 항해하는 한산도함은 승조원, 생도, 수병들이 함께 힘과 지혜를 모으지 않았다면 순식간에 가라앉았을 것입니다. 함정을 움직이기 위해서는 수많은 구성원이 저마다의 자리에서 맡은 임무를 정교하게 완수해야 합니다. 그래서인지 아무리 자그마한 업무를 맡은 승조원이라도 자긍심과 소속감이 어마어마합니다. 그리고 지휘관들은 어떤 일을 결정할 때 가장 낮은 계급의 수병이 하는 이야기에도 귀를 기울입니다. 모두의 이야기를 경청하고 신중하게 뜻을 모읍니다. 그렇게 해야 생존할 수 있으니까요. 저는 한산도함에서 오늘날 우리 사회에서 가장 바람직한 공동체의 모습을 봤습니다.

태평양을 혼자서 항해하는 건 불가능해요. 여럿이 함께 힘을 모아야 합니다. 그래야 살아남을 수 있고, 그래야 앞으로 나아갈 수 있습니다. 우리 사회도 마찬가지입니다. 그냥 같이 모여 있다고 공동체가 아닙니다. 공동체는 자기 앞에 놓인 문제에 대해 공유하고 공감하고 함께 해결해야 합니다. 공동체 안에서 선의의 경쟁을 펼치기도 하지만, 그게 배타적이거나 파괴적이지 않아야 합니다. 경쟁하는 상대에 대한 존중과 배려가 없다면, 함께 힘을 모아야 할 때 오히려 분열하고 싸우게 됩니다. 그러면 그 공동체는 퇴보하고 생존하지 못합니다. 이게 제가 한산도함에서 배운 가장 큰 교훈입니다.

Q. 02
한 달 동안 항해하면서 가장 후회되고 안타까웠던 점은 무엇이었나요?

정말 아쉬운 점은 항해 기간이 너무 짧았다는 것입니다. 항해를 다녀온 지 꽤 지났는데도 여전히 항해 때 기억이 생생하고 그립습니다. 기회가 된다면 좀 더 바다를 몸으로 느끼고 싶고, 다양한 해양 문화를 체험하고 싶습니다. 바다의 넓고 깊은 품을 더 많이 느끼지 못한 점도 아쉽고, 더 많은 항구에 정박해서 각 도시의 특색을 경험하지 못한 점도 아쉽습니다. 오늘 자세히 이야기하지 못했지만, 피지는 정말이지 평온하고 아름다웠어요. 눈 가는 곳마다 에메랄드빛 바다와 하얀 모래밭과 멋들어진 야자수가 늘어선 풍광이 펼쳐졌어요. 놀랍게도 피지에는 '천국'이라는 단어가 열다섯 개나 있답니다. 정말로 천국이 있다면 이곳을 닮았겠다 싶었어요. 남태평양 사람들은 느긋하게 움직이며 늘 환하게 웃었습니다. 서두르거나 화낼 이유가 없으니까요. 시간이 가는 대로, 자연이 주는 대로, 욕심내지 않고 인생을 즐기며 살았습니다. 문득 한국에서 살아가는 우리 모습과 비교해 보았어요. 남태평양의 오두막 원주민과 쉼 없이 일하고 돈을 좇는 우리 중에 과연 누가 더 행복할까요?

그리고 하와이 진주만은 제2차 세계대전 당시 일본이 기습적으로 공격했던 바로 그 장소입니다. 수많은 전함과 병사를 잃은 미국은 곧바로 반격했으며, 태평양전쟁이 시작되었습니다. 하와이 진주만에는 세계의 운명을 결정하던 역사적 현장이 생생하고 촘촘하게 재현되어 있습니다. 전쟁의 참혹함에 대한 세밀한 기록은 역설적으로 평화가 얼마나 소중한지 말해 줍니다. 하와이 진주만은 살아 있는 역사 교실입니다.

이 밖에도 항구와 도시는 저마다 수천수만 가지의 이야기를 담고 있습니다. 가는 곳마다 보고 듣고 느낄 수 있는 가르침으로 가득합니다. 제 짧은 경험담에 이어서 여러분이 천일야화를 완성해 주기 바랍니다.

Q. 03
최근 해양오염이 심해지고 있습니다. 이에 대한 교수님의 생각과 우리가 할 수 있는 일을 알려 주세요.

제가 다녀온 항로가 남태평양에서 적도를 지나 북태평양으로, 서쪽에서 날짜변경선을 지나 동쪽으로 가는 여정이었습니다. 우리는 남태평양 하면 환한 햇살을 배경으로 바닷가에 야자수가 흐드러지고 잔잔한 배가 지나가는 평화로운 모습을 떠올립니다. 실제로 남태평양은 문명의 발길이 닿지 않은 덕분에 태곳적 자연 상태를 유지하고, 인류의 원시 생활을 유지하고 있는 곳도 많아요. 인류 최후의 낙원이지요.

하지만 최근 들어 남태평양은 큰 위기에 빠졌어요. 바로 지구온난화 때문에 해수면이 빠르게 올라가서 20~30년 안에 사라질 섬이 아주 많다고 해요. 그곳 원주민에게는 삶의 터전, 자신의 나라가 통째로 사라지는 거죠. 많은 원주민이 이미 섬을 떠나 다른 곳으로 이주하기 시작했어요. 원주민들은 정체성을 기억하고 지키기 위해 '디지털 국가' 프로젝트를 구상하고 있답니다. 휴대폰 안에서 국가 모습을 복원해서 함께 공동체를 유지하려는 것입니다. 굉장히 가슴 아픈 이야기입니다.

해양오염 문제도 심각합니다. 이 문제는 전 세계 국가가 뜻을 모아 해결해 가는 수밖에 없습니다. 물론 저와 여러분도 이 문제로부터 자유로울 수 없습니다. 바다가 죽으면 인류는 절대로 살아남지 못할 테니까요. 그 연장선상에서 여러분에게 당부하고 싶은 게 있습니다.

첫 번째, 해양에 대한 공부를 많이 했으면 좋겠어요. 앞에서 이야기했습니다만, 저는 고향이 강릉인데도 이번 항해 전에는 바다의 존재와 가치에 대해 한 번도 깊이 생각해 보지 못했습니다. 왜 이렇게 바다에 관심을 가지지 못했나, 뒤늦게 후회하고 있어요. 여러분은 좀 더 관심을 가졌으면 좋겠고, 실제로 경험도 했으면 좋겠습니다. 바다의 99퍼센트는 여전히 미지의 영역으로 남아 있습니다.

두 번째, 우리가 환경친화적으로 생활해야겠습니다. 지구의 자연은 특히나 청소년 여러분이 앞으로 오래 살아가야 할 터전입니다. 이곳이 쓰레기로 뒤덮이고 이상기후로 몸살을 앓는다면 여러분의 미래가 사라지는 것이나 마찬가지입니다. 친환경적인 생활이 아주 거창하거나 무거울 필요는 없습니다. 여러분이 듣고 있는 강연의 큰 주제가 'Fun & Learn'이잖아요. 저는 'Fun'이 아주 중요하다고 생각해요. 배울 때도 즐겁게, 실천할 때도 즐겁게 해야 해요. 친환경적인 생활은 우리 모두를 살아가게 만드는 일인데 얼마나 행복하고 즐거운 일이에요. 나아가 여러분 가운데 해양오염 문제를 해결하는 전문 연구자가 나오기를 바랍니다. 다시 한번 말하지만, 해양오염을 해결해야 지구가 살 수 있습니다. 남태평양 지상 낙원이 제 모습을 간직하고, 여러분이 언젠가 그곳을 행복하게 여행할 수 있기를 진심으로 바랍니다.

FUN&
LEARN

사라진 중성미자를 찾아서

박인규

프랑스 파리 11대학에서 입자물리학 전공으로 박사 학위를 받았다. 유럽입자물리연구소CERN의 다양한 실험에 참여했고, 미국 예일대학교와 로체스터대학교에서 박사후연구원으로 근무했다. 현재는 서울시립대학교 물리학과 교수로 재직 중이다. 거대강입자충돌기 LHCLarge Hadron Collider를 사용한 CMSCompact Muon Solenoid 국제공동연구를 수행 중이고, 서울시립대학교 자연과학연구소 소장으로 활발한 활동을 펼치고 있다. 쓴 책으로는 《사라진 중성미자를 찾아서》가 있으며, 옮긴 책으로는 《물리로 이루어진 세상》《일상 속의 물리학》《이토록 아름다운 물리학이라니》가 있다.

중성미자는 유령 입자이고,

카멜레온 같으며, 반쪽만 존재한다.

하지만 알고 보면 이 중성미자는

우주를 지배하는 입자이다.

현대 물리학의 미스터리인 중성미자 분야에

관심을 갖고 미스터리를 해결해 주기를 기대해 본다.

✦ 중성미자란 무엇일까

여러분, 안녕하세요. 만나서 밥갑습니다. 여러분 가운데 '중성미자'가 무엇인지 아는 사람 있나요? 아마 낯설 거예요. 오늘 여러분과 중성미자라는 입자가 무엇인지를 이야기해 보려고 합니다. 중성미자는 '중성'과 '미자'가 합쳐진 이름인데 둘 다 어려운 개념이에요. 중성은 '뉴트럴neutral하다' '중립적이다' '전하가 없다'는 뜻입니다. 그리고 미자는 '작은 입자'라는 뜻이에요. 그러니까 미자의 '미'는 '아름다울 미(美)' 자가 아니고 '작을 미(微)' 자예요.

중성미자가 뭔지 좀 더 구체적으로 알아볼까요? 뒤쪽을 보면 크리스마스트리가 있습니다. 여기에 매달려 있는 것들은 입자들이에요. 옛날에 제가 공부할 때는 주기율표에 있는 원소들을 차례대로 외웠어요. 이제는 더 이상 그렇게 할 필요가 없어요. 예전에는 주기율표의 원소들이 물질의 가장 작은 단위라고 여겼는데, 나중에 보니까 이게 더 쪼개졌어요. 원소 안에는 경입자와 쿼크라는 게 들어 있는데, 그건 열두 가지밖에 안 돼요. 즉 이 세상을 만들고 있는 가장 기본 물질은, 페르미온fermion이라 부르는 열두 가지 입자들입니다. 크리스마스트리의 회색 입자 안에 그리스 글자로 'ν(뉴)'라고 표기되어 있는 게 중성미자예요. 중성미자는 'ν_e(전자중성미자)' 'ν_μ(뮤온중성미자)' 'ν_τ(타우중성미자)' 이렇게 세 가지가 있어요.

중성미자의 세계로 들어가려면 먼저 방사선이라는 관문을 지나야 합니다. 방사선은 알파선, 베타선, 감마선 이렇게 세 가지가 있습니다. 우리는 방사선 하면 일단 두려워해요. 방사선이 인체에 치명적인 문제를 일으킨다는 사실을 알고 있기 때문이죠. 그런데 사실

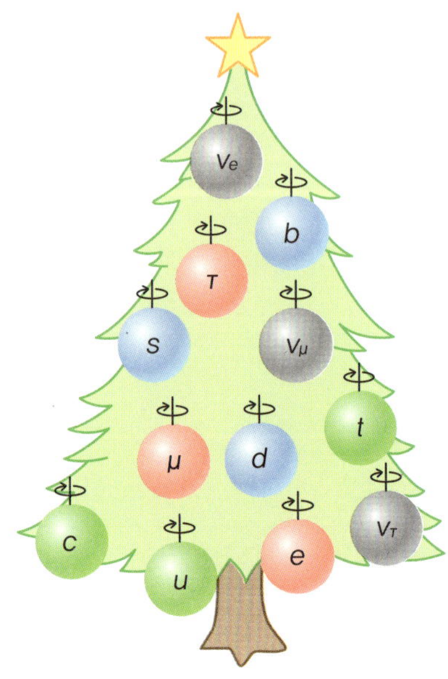

열두 가지 페르미온을 나타낸 그림으로,
회색으로 표현된 세 개의 입자가 중성미자
이다.

방사선을 잘 활용하면 우리에게 매우 유익한 도움을 줍니다. 엑스
레이도 방사선이고요. 양전자를 써서 암 진단용 사진을 찍는 PET도
방사선을 이용한 것이에요. 우리는 평상시에 보이지 않지만 환경방
사선에 노출되어 있어요. 지금 이 순간에도 우리는 방사선에 두들
겨 맞고 있습니다.

 방사선 가운데 알파선은 헬륨의 핵이고, 베타선은 전자일 뿐이
에요. 그리고 감마선은 빛입니다. 방사선이 두려움의 대상이 된 이
유는 알파선, 베타선, 감마선이 워낙 높은 에너지를 가지고 있기
때문입니다. 하지만 평상시에는 사실 그렇게 두려워할 필요가 없
어요. 알파선은 공기 중에서 5센티미터도 날아가지 못해요. 2~3센
티미터 정도 이동하면 멈춰요. 왜냐하면 공기가 차단하니까. 따라
서 알파선은 일반적으로 안전합니다. 물론 알파입자가 몸속에 들
어가면 위험합니다. 베타선은 전자인데 이것도 그렇게 두려워하지

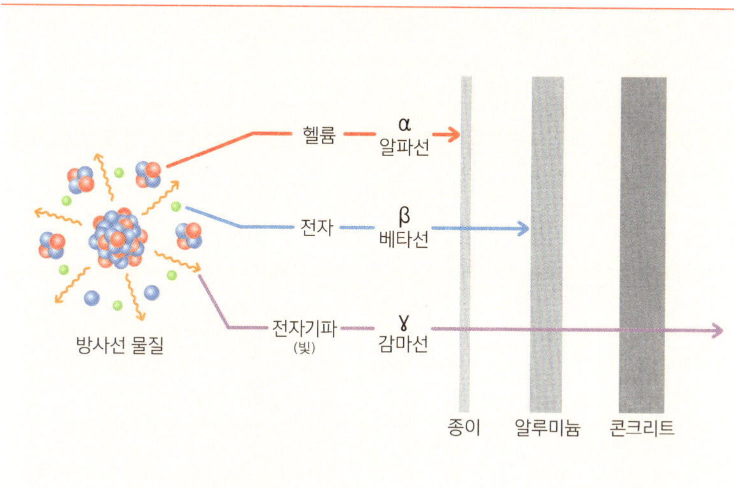

않아도 돼요. 집에서 쓰는 알루미늄포일로 딱 막으면 돼요. 그러나 감마선은 문제가 됩니다. 감마선은 알루미늄포일로 가려도 벽돌로 막아도 그냥 뚫고 지나가요. 그런데 뚫고 지나간다는 말은, 다른 말로 하면 우리한테 영향을 안 미친다는 이야기잖아요. 그냥 뚫고 지나갔으니까. 우리가 감마선에 실제로 쪼이더라도 많은 양은 몸을 뚫고 지나갑니다. 하지만 관통하는 과정에서 극소수의 감마선이 우리 몸에 반응을 일으켜서 문제를 일으켜요.

사실 방사선에는 알파선, 베타선, 감마선 세 가지만 있는 게 아니라 중성 방사선 두 가지가 더 있습니다. 그중 하나가 중성자예요. 여러분, 원자핵 안에 양성자와 중성자가 들어 있다는 이야기 들어 봤죠? 그 중성자를 이야기하는 거예요. 간단한 사고실험을 하나 해 볼게요. 방사선이 쏟아져 나오는 곳에 전기를 흐르게 하면 어떤 현상이 일어날까요? 플러스 전하를 가진 알파선은 마이너스 극으로, 마이너스 전하를 가진 베타선은 플러스 극으로 꺾어져 나갑니다. 감마선은 빛이니까 전기에 영향을 받지 않고 똑바로 튀어 올라갑니다. 그런데 이때 제4의 방사선인 중성자가 등장합니다. 전하 성질이 없는 중성자는 감마선처럼 똑바로 튀어 올라갑니다. 참고로, 중성자는 1932년에 영국 물리학자 제임스 채드윅이 처음 발견했어요.

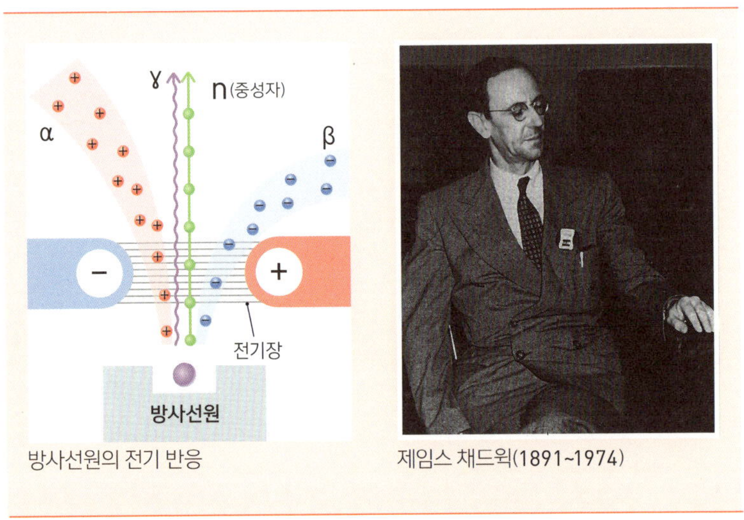

방사선원의 전기 반응 · 제임스 채드윅(1891~1974)

자, 이제부터 바로 제5의 방사선, 중성미자가 등장합니다. 중성미자는 우주가 생겨나는 순간부터 늘 우리 주변에 있었습니다. 우리가 그동안 그 사실을 몰랐던 것뿐이에요. 예를 들어, 바나나에는 칼륨 성분이 들어 있어요. 그게 칼슘으로 변하는 과정에서 중성미자를 내놓습니다. 어느 정도 내놓느냐면 하루에 100만 개 정도를 쏟아냅니다. '바나나가 방사선을 쏟아 낸다고? 위험한 거 아니야?' 이렇게 겁먹을 필요는 없어요. 100만 개의 중성미자는 우리에게 아무런 영향을 미치지 않아요.

심지어 중성미자는 우리 몸에서도 쏟아져 나와요. 우리 몸에서도 칼륨이 칼슘으로 바뀌는 현상이 일어나니까요. 어느 정도로 나오냐 하면, 하루에 3억 개씩 중성미자가 쏟아져 나오고 있어요. 어떤 공간에 100명이 있으면, 그 공간은 하루 만에 300억 개의 중성미자가 생겨나는 셈입니다. 좀 과장되게 말하자면 우리 몸은 방사선을 만들어 내는 소스예요. 여러분은 지금 옆 친구에게 방사선을 쏘고 있는 거예요.

이게 끝이 아닙니다. 우리는 사실 훨씬 엄청난 양의 중성미자에 노출되어 있어요. 지금 이 순간, 태양에서 분출된 중성미자가 1초에 약 100조 개가 여러분 몸을 뚫고 지나가고 있어요. 이렇게나 많은 방사선이 우리 몸을 통과해 지나가고 있는데 아프기는커녕 왜 아무런 느낌도 들지 않을까요?

여러분, 태양을 향해서 엄지손가락을 쭉 펴 보세요. 엄지로 태양을 가린 다음, 손톱을 한번 보세요. 이때 태양에서부터 손톱을 통과해서 여러분 눈으로 지나가는 중성미자가 자그마치 1초에 700억 개 정도 됩니다. 그런데 안 보이죠. 여러분 중에 중성미자를 본 사람 있나요? 안 보이는 이유는 우리 망막을 그대로 통과해서 지나가기 때문이에요. 망막에 상이 맺히지 않는다는 뜻입니다. 앞서 이야기했듯이 중성미자는 우주를 이루는 가장 작은 물질이에요. 어떤 현미경으로도 볼 수 없고 특수한 실험을 통해서만 그 존재를 확인할 수 있을 뿐이죠. 즉 중성미자는 수많은 양이 들어오지만, 우리 몸을 이루는 모든 물질을 통과해서 우주 바깥으로 나가기 때문에 아무런 영향도 미치지 않아요.

✦ 중성미자는 왜 존재할까

이 중성미자의 존재 가능성을
처음 제시한 사람은 1930년 볼프
강 파울리 박사예요. 이분이 어
떻게 중성미자의 존재를 알게 됐
을까요? 여러분, 대포를 쏘면 포
탄이 굉음을 내면서 빠르게 날아
가잖아요. 박물관 같은 데 전시
해 놓은 대포를 보면 엄청 덩치
가 큽니다. 이 대포를 움직이려
면, 바퀴가 달려 있더라도, 수많

볼프강 파울리(1900~1958)

은 사람이 함께 힘을 합쳐야 해요. 좀 가볍게 만들면 움직이기 쉬울
텐데 왜 무겁게 만들까요? 이유는 간단합니다. 포신이 무거워야 포
탄이 폭발 에너지를 많이 가져가 멀리 날아갈 수 있거든요. 여기에
적용되는 물리법칙은 굉장히 간단합니다. 만약에 포탄에 비해서 대
포의 질량이 가볍다면 어떤 일이 벌어질까요? 포탄을 발사하는 순
간 대포는 포탄이 발사되는 반대 방향으로 날아가고, 포탄도 멀리
날아가지 못할 거예요. 폭발 에너지를 전부 포탄에 싣지 못하죠. 이
처럼 상호작용하는 두 물체의 운동을 다루는 문제를 물리학에서는
이체二體, two-body 문제라고 해요. 방사선의 운동도 이체 문제로 설명
할 수 있어요.

플루토늄(Pu)이 우라늄(U)으로 바뀌면서 생겨나는 알파입자를 예
로 들어 볼게요. 플루토늄이 우라늄과 알파입자로 붕괴하면서 생기

는 질량 차이가 곧 알파입자가 가져가는 운동에너지이므로 이는 항상 일정합니다. 마치 질량이 무거운 대포가 포탄을 쏘는 것과 똑같아요.

베타입자는 라듐(Ra)이 악티늄(Ac)으로 바뀌면서 생겨납니다. 그런데 베타입자 에너지는 알파입자처럼 일정하지 않고 제멋대로예요. 폭발 에너지는 똑같은데, 포탄이 어떨 때는 빨리 날아가고 어떨 때는 늦게 날아가는 식이죠. 이건 이체 법칙을 벗어나는 현상이

알파 붕괴와 베타 붕괴

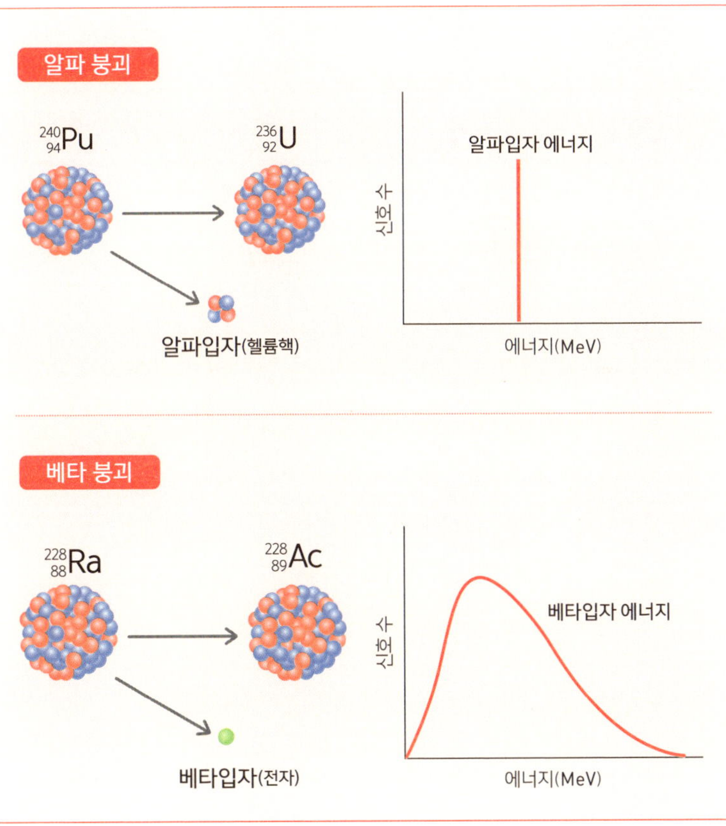

에요. 에너지보존법칙이 적용되지 않는 것처럼 보입니다.

이런 현상을 알게 된 볼프강 파울리는 무척 당황했어요. 세상에 어떤 현상도 물리법칙에서 벗어나면 안 되는 거잖아요. 그러다가 문득 한 가지 생각이 떠올랐어요. '아마도 이 베타 폭탄이 발사될 때 폭탄의 일부 에너지를 가지고 도망가는 어떤 눈에 보이지 않는 입자가 있지 않을까?' 아직 눈으로 발견하지는 못했지만, 에너지가 사라지는 현상을 설명하려면 그 방법밖에 없었죠. 파울리는 가볍고 중성적인 어떤 입자가 에너지를 가져간다고 가정했습니다. 그러고는 이렇게 고백했어요. "나는 골치 아픈 일을 하나 만들었다. 발견될 수 없는 입자를 가정한 것이다." 이 가상의 입자에 훗날 엔리코 페르미는 '중성미자'라는 이름을 붙였습니다.

✦ 유령 입자를 찾아라

중성미자의 존재 가능성이 알려졌으니, 이제 그 실체를 찾아 나설 차례입니다. 파울리의 말처럼 중성미자를 찾는 일은 매우 어렵습니다. 왜냐하면 중성미자가 너무 작아서 어떤 실험에도 반응하지 않았거든요. 도무지 실체를 확인할 수 없어서 '유령 입자'라고 불렸습니다. 프레더릭 라이너스와 클라이드 코원이라는 두 과학자가 이 문제를 해결하기 위해 도전했습니다. 두 과학자는 중성미자가 많이 발생하는 환경을 만들기 위해 핵폭탄을 터트리기로 했습니다. 중성미자가 많이 쏟아져 나와야 조금이라도 더 관찰하기 쉽지 않을까 생각한 거죠.

두 과학자의 실험은 1950년대에 이뤄졌어요. 그러니까 원자력을 발견해서 이용한 지 얼마 되지 않던 시기예요. 당시에는 방사능 오염 물질이 얼마나 심각한 환경문제를 일으키는지, 방사능에 노출되면 얼마나 위험한지 몰랐어요. 심지어는 '이번 주말에 원자폭탄 터트립니다. 단돈 3달러만 내면 버스 타고 가서 안경 쓰고 원자폭탄 터지는 장면을 구경할 수 있어요.' 이렇게 홍보하는 포스터도 있었습니다. 그러니까 두 과학자는 핵폭탄 실험이 그냥 평범한 물리 실험과 비슷하다고 생각한 거죠. 물론 지금은 이런 실험이 절대 불가능합니다. 원자폭탄을 터트리면 환경이 파괴되고 많은 사람과 생명체가 목숨을 잃을 수 있다는 사실이 잘 알려져 있으니까요.

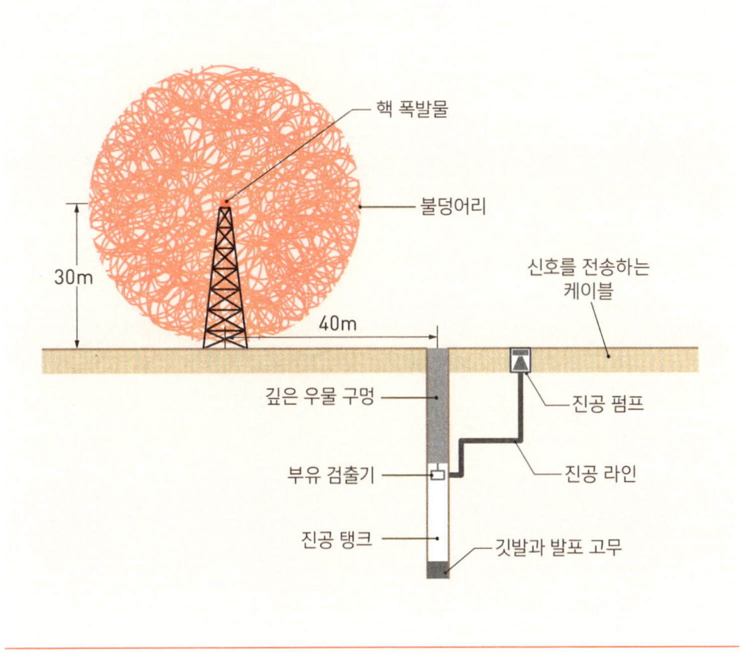

핵폭탄 실험 계획도

두 과학자가 계획한 실험을 좀 더 자세히 알아볼까요? 먼저 핵폭탄을 터트릴 탑에서 40미터쯤 떨어진 지하에 검출기를 매달아 설치합니다. 물이 채워진 검출기에는 여러 가지 광센서가 달려 있습니다. 이제 30미터 높이 탑에서 원자탄을 터트려요. 그러면 이 충격으로 지하에 설치한 검출기가 자유낙하를 시작해서 스펀지가 깔린 바닥까지 떨어집니다. 이 과정에서 검출기에 담긴 물에서 중성미자가 독특한 반응을 일으킵니다. 두 과학자는 이 과정을 사진으로 촬영해서 중성미자의 존재를 확인하려 했습니다.

그러나 이 실험 계획은 실제로 진행되지 않았고, 원자폭탄을 쏘는 대신에 원자로에서 실험하게 됩니다. 간단히 설명하자면, 원자로

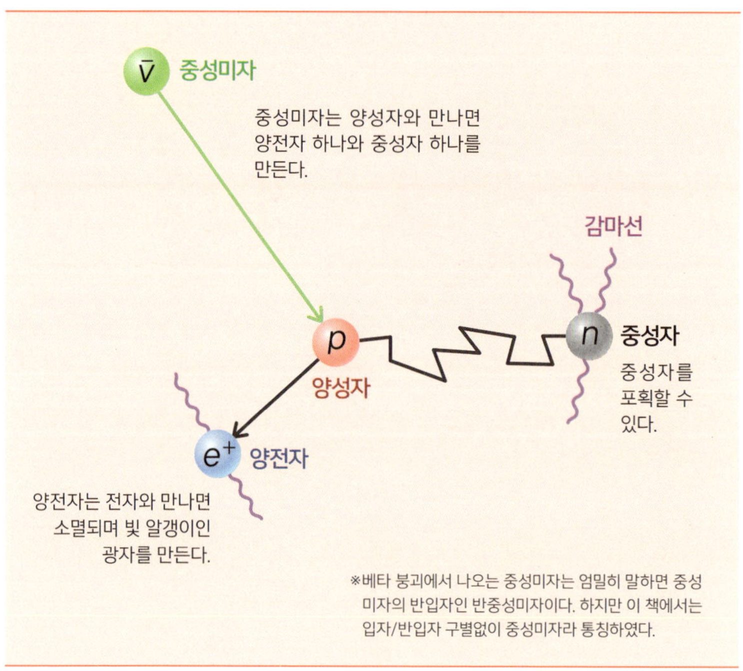

중성미자 발견 과정

옆에 물탱크 검출기를 만들어 놓고, 원자로에서 나오는 중성미자를 검출하기로 했던 것이지요. 다만, 원자탄처럼 한꺼번에 중성미자가 많이 쏟아져 나오지 않기 때문에 오랜 시간 실험을 해야 하는 단점은 있었습니다. 중성미자는 물탱크를 통과하면서 물속 양성자(수소의 핵)와 반응할 수 있습니다. 그러면 광자들이 만들어지면서 감마선 두 개가 발사되고, 잠시 뒤에 중성미자가 핵에 잡히면서 번쩍번쩍 빛이 발생합니다. 두 과학자는 바로 이 특정한 신호를 관찰해 낸 것이었죠. 우리 주변에 가득 차 있는 제5의 방사선, 곧 중성미자의 존재를 증명한 순간이었습니다. 당시에 실험에 참여했던 연구팀을 찍은 사진이 하나 있어요. 아래 사진 속 원반에 'Project Poltergeist(프로젝트 폴터가이스트)'라고 쓰여 있습니다. '유령 탐험대'쯤으로 해석할 수 있겠네요.

프로젝트 폴터가이스트 회원들. 맨 오른쪽이 프레더릭 라이너스이고, 맨 왼쪽이 클라이드 코원이다.

✦ 카멜레온처럼 사라지다

중성미자의 존재를 확인한 과학자들은 이번에는 우리 주변에 중성미자가 얼마나 많은지 알아보려 했습니다. 중성미자를 압도적으로 가장 많이 쏟아 내는 건 당연히 태양입니다. 태양에서 나오는 중성미자 개수를 알 수 있다면 우리 주변의 중성미자 개수를 짐작할 수 있습니다.

존 바콜과 레이먼드 데이비스 두 물리학자가 이 문제에 도전했어요. 존 바콜은 1960년대 말에 중성미자가 태양에서 얼마나 많이 나오는지를 이론적으로 계산했어요. 간단히 정리하자면, 태양이 쏟아 내는 총 에너지를 산출하고, 핵융합 반응에서 얻을 수 있는 에너지를 계산하여, 그로부터 지구로 쏟아져 내려오는 중성미자의 개수를 알 수 있었던 것이죠.

레이먼드 데이비스는 실험 장치를 만들어서 실제 중성미자 개수를 측정해 보려 했어요. 미국 사우스다코다주의 한 광산 지하 1500미터에 땅을 파서 커다란 실험실을 만들고, 그 안에 거대한 탱크를 만들어서 세탁 세제로 쓰이는 염소(Cl)가 든 액체를 가득 채웠어요. 존 바콜의 이론이 맞다면, 확률적으로 하루에 염소 원자 가운데 하나 정도가 중성미자와 만나서 아르곤(Ar)과 전자로 바뀝니다. 레이먼드 데이비스 연구팀은 1970년대부터 1994년까지 24년에 걸쳐 실험을 계속했습니다. 과연 이론과 측정값이 맞아떨어졌을까요? 측정 결과를 보여 주는 오른쪽 그래프를 볼까요?

빨간 선은 이론적인 계산치고 파란 점은 실제 측정치예요. 둘이 안 맞죠. 태양 중성미자 단위계SNU, Solar Neutrino Unit를 기준으로 존 바콜

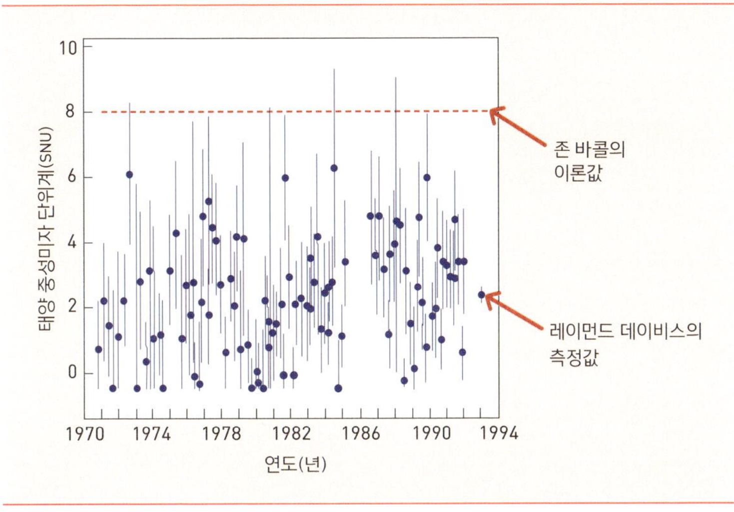

의 이론치는 8인데, 실제 측정치는 2.5밖에 안 나와요. 즉, 중성미자가 이론보다 3분의 1 정도만 측정된 거예요. 존 바콜의 이론이 잘못된 걸까요, 레이먼드 데이비스의 측정 장치가 문제가 있는 걸까요?

과학자들은 오랜 연구 끝에 하나의 결론에 다다랐습니다. 태양에서 출발하는 중성미자는 존 바콜의 이론값처럼 8이 틀림없습니다. 그리고 지구를 지나가는 중성미자는 레이먼드 데이비스의 측정값처럼 2.5입니다. 그렇다면 결론은 하나, 태양에서 지구까지 오는 동안 중성미자가 5.5만큼 사라진다는 이야기입니다. 하지만 앞서 이야기했듯이 중성미자는 어떤 물질에도 반응하지 않고 뚫고 지나갑니다. 태양과 지구 사이에 블랙홀이라도 있다면 모를까, 중성미자가 우주 공간 어디로 사라진다는 건 말이 안 됩니다. 대체 중성미자는 어디로 사라진 걸까요? '태양 중성미자의 수수께끼'라고 알려진 이 문제 때문에 과학자들은 한동안 혼란에 빠졌습니다.

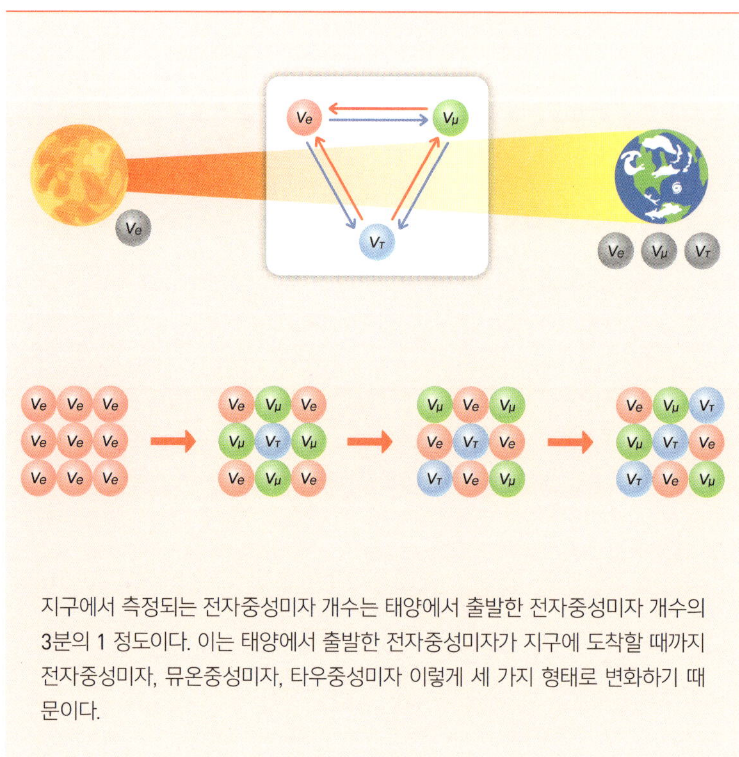

지구에서 측정되는 전자중성미자 개수는 태양에서 출발한 전자중성미자 개수의 3분의 1 정도이다. 이는 태양에서 출발한 전자중성미자가 지구에 도착할 때까지 전자중성미자, 뮤온중성미자, 타우중성미자 이렇게 세 가지 형태로 변화하기 때문이다.

여러분, 제가 앞서 중성미자는 세 가지가 있다고 했잖아요. 전자중성미자, 뮤온중성미자, 타우중성미자. 이 세 가지 중성미자는 카멜레온처럼 자기 모습을 바꿉니다. 즉 처음에 태양에서 출발할 때는 8이 만들어져요. 그런데 지구를 향해 오면서 다른 중성미자로 변해요. 태양에서 출발한 전자중성미자가 뮤온중성미자나 타우중성미자 가운데 하나로 바뀌는 것이죠. 그러니까 지구에서 측정할 때는 3분의 1만 잡히고 3분의 2는 다른 모습으로 지구를 지나쳤던 거예요.

✦ 외로운 모태 솔로 입자

여러분, 이런 상상을 해 보세요. 미래에 우주인하고 통신할 수 있는 시대가 열렸어요. 그래서 우주인 친구한테 전화를 해요. "나는 지구인인데, 지구에서 보면 안드로메다가 오른쪽으로 회전해." 그런데 그 우주인은 안드로메다를 사이에 두고 반대쪽에 살아요. 따라서 우주인 친구는 이렇게 대답할 거예요. "아니야. 내가 보니까 안드로메다는 왼쪽으로 돌아."

이처럼 왼쪽으로 도느냐 오른쪽으로 도느냐는 순전히 관측자의 시선에 따라 결정됩니다. 내가 봤을 때 어떤 물체가 오른쪽으로 돌지만, 거꾸로 선 사람이 볼 때는 왼쪽으로 돌거든요. 그러니까 절대적인 왼쪽과 오른쪽은 존재하지 않아요. 상대적인 개념일 뿐입니다. 그런데 입자 세계에서는 그렇지 않습니다. 입자는 달리는 방향이 있기 때문에 왼쪽과 오른쪽이 확연히 구별돼요. 여러분, 꽈배기 좋아하죠? 꽈배기 먹기 전에 잠깐 살펴보세요. 꽈배기는 왼쪽이나 오른쪽으로 꼬여 있어요. 오른손잡이가 만들면 오른쪽으로 꼬인 꽈배기, 왼손잡이가 만들면 왼쪽으로 꼬인 꽈배기가 만들어집니다. 그런데 이 꽈배기를 어떤 방향으로 돌려 보아도 오른쪽 꽈배기는 왼쪽 꽈배기가 되지 않아요. 왼쪽 꽈배기도 오른쪽 꽈배기로 바뀌지 않습니다.

입자들도 마찬가지 원리입니다. 입자들은 태어나는 순간부터 왼쪽으로 도는 입자와 오른쪽으로 도는 입자가 반반씩 존재해요. 입자는 태어날 때 정해진 방향으로 한결같이 돌아갑니다. 스핀spin 현상은 입자가 가진 고유한 성질이에요. 그러니까 입자는 고유한 성

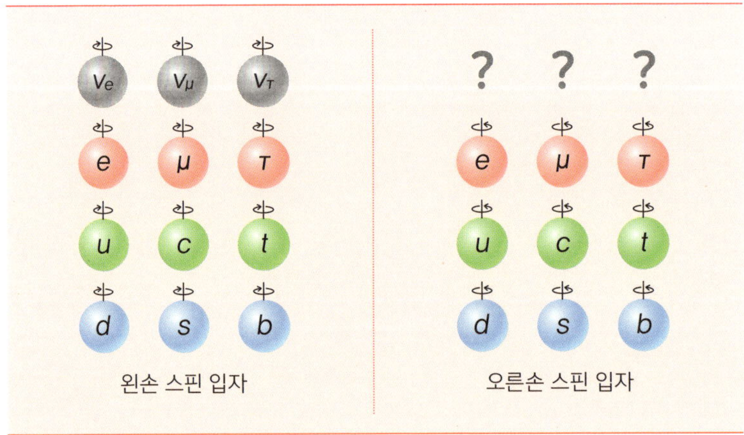

질로서 질량을 가지고 있고, 전하를 가지고 있고, 스핀을 가지고 있습니다.

앞서 이야기했듯이, 오늘날 물리학자들이 밝혀낸 우주를 이루는 기본 물질은 열두 가지의 입자입니다. 위 그림을 한번 볼까요? 첫 줄에 우리가 이야기하고 있는 중성미자 세 개가 있고요. 빨간색으로 표시된 세 가지 입자는 경입자입니다. 초록색 입자는 업up 쿼크, 참charm 쿼크, 톱top 쿼크입니다. 그리고 맨 아랫줄의 파란색 입자는 다운down 쿼크, 스트레인지strange 쿼크, 바텀bottom 쿼크입니다.

이렇게 열두 가지 입자가 존재합니다. 그런데 여기에서 아주 흥미로운 문제가 생겨났어요. 그림을 보면 왼쪽 스핀 입자들은 열두 개 세트가 다 있어요. 그런데 오른쪽 스핀 입자들은 중성미자가 없어요. 다른 입자들은 오른쪽 스핀 입자가 다 있는데, 중성미자만 없어요. 왜 이럴까요? 다른 입자들은 완벽한 쌍을 이루는데 왜 중성미자만 솔로일까요? 우주는 완벽한 균형을 이룬다고 생각했는데, 뭔가 빈구석이 있는 듯한 느낌이잖아요.

안타깝게도 아직 우리는 그 이유를 모릅니다. 여러분이 "왜 오른쪽으로 회전하는 중성미자가 없습니까?" 이렇게 물어보면 저는 할 말이 없어요. 잘 모르거든요. 저뿐만 아니라 세계 어떤 물리학자도 그 이유를 몰라요. 물리학자들이 갖가지 정밀한 장치로 실험해 봤는데도 오른손으로 회전하는 중성미자를 발견하지 못했어요. 그러니까 현재로서는 존재하지 않는다고 결론을 내릴 수밖에 없어요. 정말 신기하죠. 우리가 알고 있는 자연계의 모든 입자는 왼손 입자와 오른손 입자가 있습니다. 거울상이 있는 거죠. 하지만 중성미자는 거울상이 존재하지 않는 입자입니다.

정리하자면 중성미자는 유령이에요. 모든 물질을 통과하고 지나가도 아무 반응도 안 해요. 존재감이 없어요. 중성미자는 이동하면서 카멜레온처럼 성격이 바뀌어요. 게다가 중성미자는 거울상이 없어요. 오직 왼쪽으로 도는 입자만 있어요. 짝이 없어서 왠지 부족한 듯한, 도대체 해석할 수 없는 존재예요. 도대체 중성미자는 왜 이러는 걸까요?

✦ 보이지 않는 우주의 지배자

존재감도 없고 정체성도 없고 짝도 없는 중성미자는 왜 존재할까요? 이 우주를 이루는 데 어떤 역할을 하기는 할까요? 여러분, 놀라지 마세요. 저는 중성미자에 대해 공부하다가 어느 순간 이런 결론에 이르렀어요. '중성미자는 우주의 지배자다!'

왜 그런 결론에 이르렀는지 이제부터 이야기해 드릴게요. 여러분, 태양이 왜 빛나는지 알아요? 태양이 빛에너지를 내뿜는 이유는 내부의 핵융합 때문입니다. 태양 내부 구조를 보면, 가장 바깥에 광구(표면)가 있어요. 그 안쪽에 대류층, 복사층이 차례로 있고, 가장 내부에 핵융합이 일어나는 핵이 자리합니다. 중성미자는 핵융합 과정에서 쏟아져 나옵니다. 좀 복잡하기는 하지만, 핵융합에서 중성미자가 나오는 과정을 잠깐 살펴볼까요?

태양 핵융합은 수소 원자핵인 양성자가 서로 충돌해서 헬륨 원자핵으로 바뀌는 과정입니다. 양성자와 양성자는 같은 양전하를 가지고 있기 때문에 일반적으로는 서로 부딪힐 일이 없어요. 그런데 압력과 온도가 엄청나게 높아지면 양성자가 미친 듯이 움직이다가 두 양성자가 서로 꽝 하고 부딪히는 경우가 생겨요. 이때 흥미로운 현상이 일어납니다. 두 양성자가 달라붙으려면 어느 한쪽이 중성자로 바뀌어야 합니다. 그러기 위해서는 양성자 하나가 양전자와 중성미자를 내놓으면서 중성자로 바뀌면 됩니다. 그러면 양성자 하나와 중성자 하나가 합쳐져서 중양성자가 됩니다. 중양성자는 다시 새로운 양성자와 부딪혀서 양성자 두 개와 중성자 한 개로 이루어진 헬륨-3(He-3)을 만들어요. 헬륨-3이 또 다른 헬륨-3을 만나면 양성자 두 개를 방출하고, 양성자 두 개와 중성자 두 개로 이루어진 헬륨-4(He-4), 그러니까 가장 일반적인 헬륨을 만들어 냅니다.

전체 핵융합 과정을 정리하자면, 양성자 네 개가 합쳐져서 헬륨을 만들고, 양전자 두 개와 중성미자 두 개를 내놓고, 2670만 전자볼트(eV)라는 거대한 에너지를 내뿜습니다.

이런 핵융합 반응은 엄청나게 쉽게 일어날 것 같지만, 실제로는

태양의 내부 구조와 핵융합 과정

태양의 내부 구조

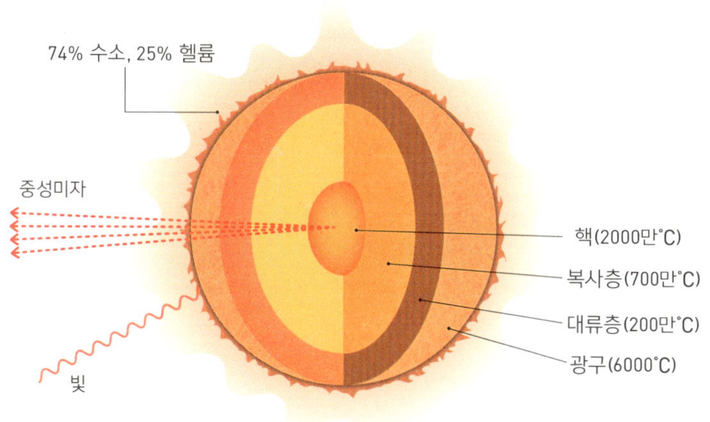

핵융합 과정

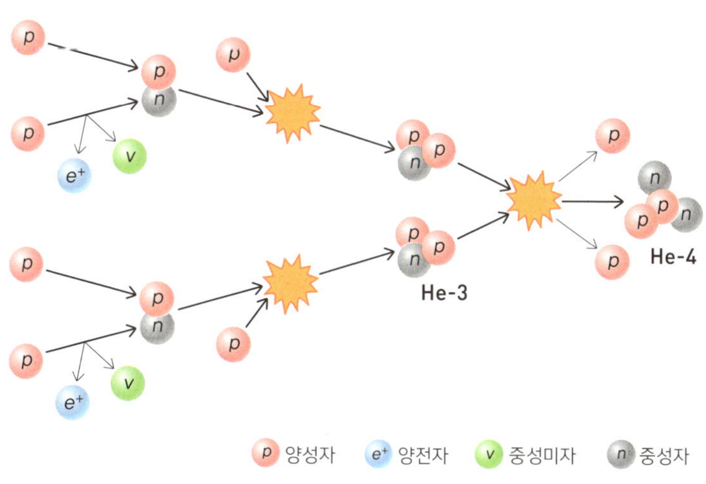

그렇지 않습니다. 왜냐하면 이 핵융합 반응 속에 중성미자가 관여하는 반응이 들어 있고, 기본적으로 중성미자가 끼어 있는 반응은 잘 일어나지 않습니다. 중성미자는 아주 약한 상호작용만 하여 거의 반응을 하지 않는 유령 같은 존재니까요. 그러니까 중성미자라는 유령 입자 때문에 양성자가 중성자가 되기는 굉장히 힘들고, 그래서 전체 핵융합 반응은 더디게 일어나게 됩니다.

만약 중성미자가 존재감이 높아서 반응을 잘하게 되면 어떤 일이 벌어질까요? 양성자가 쉽사리 중성자가 되겠죠. 그러면 핵융합 반응이 훨씬 빠르고 과격하게 진행될 테고요. 연쇄적으로 한꺼번에 핵융합이 벌어지면, 태양은 곧바로 꽝 하고 터져 버릴 거예요. 초신성이 돼서 한순간에 엄청난 빛을 내뿜고는 사라지는 거죠.

여러분, 빅뱅 이론에 대해 어느 정도 알고 있죠? 빅뱅으로 처음 생겨난 우주가 현재 이런 모습을 보이기까지의 과정을 잠시 살펴볼까요? 138억 년 전, 우주는 거대한 폭발과 함께 팽창하기 시작합니다. 잠시 뒤 수소 가스가 만들어지고, 그 수소 가스가 뭉쳐서 은하도 만들고 별도 만듭니다. 그리고 별에서 핵융합이 시작되면서부터 2~3억 년쯤 지나면 별들이 빛나기 시작합니다.

이렇게 만들어진 별들이 지난 수십억 년 동안 빛나고 있어요. 물론 그사이에 핵융합을 다 마치고 차갑게 식은 별도 있고 한참 뒤에 새로 생겨난 별들도 있지만, 우주의 별들은 아주 오랜 시간 동안 천천히 빛을 내뿜고 있어요. 별들의 평균 수명은 수십에서 수백억 년이나 된답니다. 만약 별들이 원자폭탄처럼 한꺼번에 터진다면 지금의 우주는 존재하지 않겠죠. 오랫동안 조금씩 에너지를 만들어서 내뿜기 때문에 지구 같은 주변 행성들이 자원으로 쓸 수 있습니다.

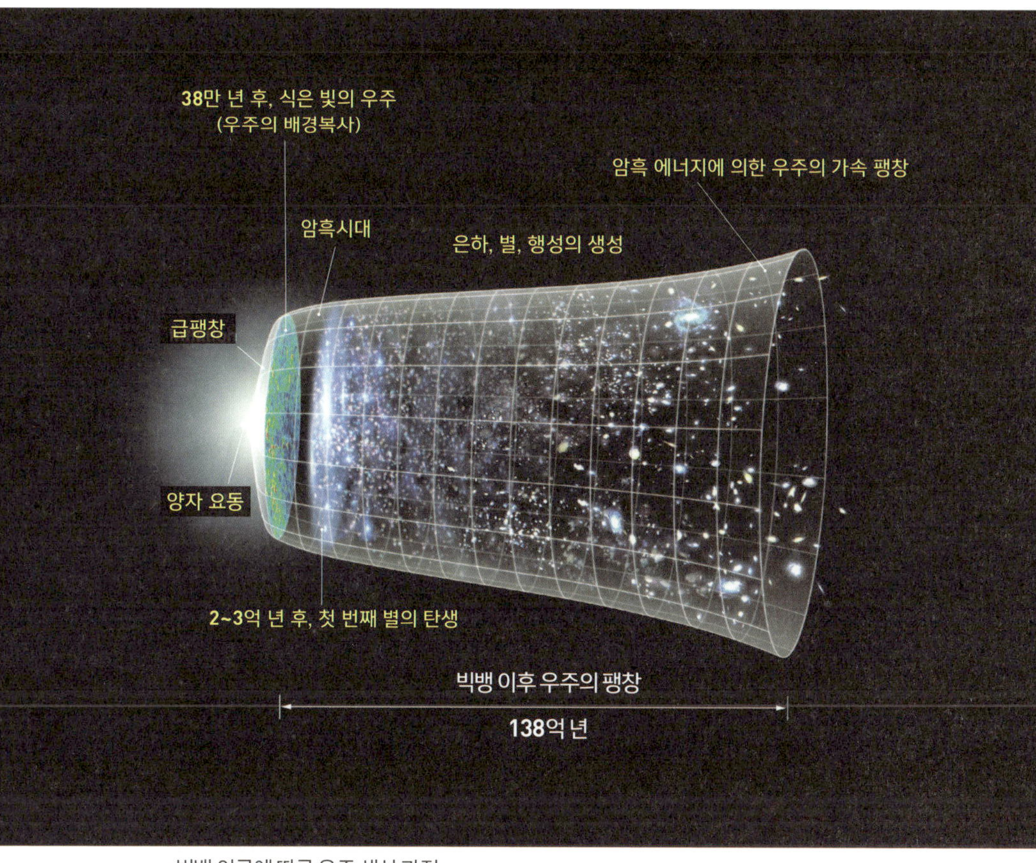

빅뱅 이론에 따른 우주 생성 과정

현대 표준 우주론 모델은 약 138억 년 전 대폭발을 통해 우주가 탄생해 팽창하고 있다는
'빅뱅 이론'을 중심으로 한다.

별이 수십억 년 동안 천천히 빛을 내게 하는 근원이 바로 약력입니다. 중성미자는 약력의 지배만 받기 때문에 거의 반응하지 않죠. 바로 이 중성미자 때문에 양성자가 중성자로 천천히 바뀌고, 그래서 별이 오랫동안 빛날 수 있답니다. 결국 제가 하고 싶은 이야기는, 유령 입자이자 반응을 잘 안 하는 중성미자 때문에 별이 오랫동안 천천히 핵융합을 일으킬 수 있다는 사실입니다. 우리는 중성미자에 엄청나게 고마워해야 해요. 만약에 중성미자와 약력이 없었다면 우주는 빅뱅에서 탄생하자마자 불꽃놀이하듯 모두 터지고 사라졌을 거예요.

✦ 중성미자와 암흑물질

마지막으로 제가 여러분한테 한 가지 과제를 내줄 거예요. 바로 암흑물질과 중성미자의 관계를 밝히는 일입니다. 여러분도 암흑물질에 대해서는 한 번쯤 들어 봤을 거예요. 암흑물질은 1930년대부터 그 존재가 알려지기 시작했어요. 천문학자 프리츠 츠비키는 코마 은하단을 연구하다, 코마 은하단을 붙잡고 있는 거대한 암흑물질이 존재해야 한다고 주장했어요. 실제로 허블 망원경이 찍은 코마 은하단 사진을 보면 빛이 동심원처럼 휘어져서 보이는 부분이 있어요. 빛이 휘어지는 이유는 상대성이론에 따르면 중력이 작용하기 때문이죠. 바로 눈에 보이지 않는 암흑물질의 중력 때문에 빛이 휘어져 보이는 것이죠.

1970년대에 천문학자 베라 루빈은 암흑물질이 존재해야 한다는

허블 망원경으로 찍은 코마 은하단

명확한 증거를 발견했어요. 베라 루빈은 안드로메다은하의 회전 곡선을 측정했어요. 눈에 보이는 물질의 중력을 바탕으로 계산하면 은하 중심에서 먼 곳일수록 별들의 공전 속도가 느려져야 해요. 그런데 실제로는 느려지지 않았어요. 그러기 위해서는 은하의 질량이 더 커야만 했어요. 그래야 은하 바깥쪽에서 빠르게 도는 별들이 밖으로 튀어 나가지 않을 수 있기 때문이죠. 베라 루빈은 은하 전체가 보이지 않는 암흑물질로 가득 차 있어야 안드로메다은하가 흩어지지 않고 유지된다는 사실을 알렸던 거예요.

이 암흑물질의 정체가 무엇인지는 아무도 몰라요. 수많은 암흑물질 탐색 실험이 수행되어 왔지만, 아직까지 암흑물질을 찾아낸 곳은 없어요. 암흑물질은 여전히 미지의 영역이에요.

이게 여러분이 앞으로 풀어야 할 과제예요. 암흑물질의 실체를 밝혀 주세요. 너무 앞뒤 없이 부탁하는 것 같아서, 암흑물질을 찾기 위한 과학계의 아이디어 가운데 하나를 잠깐 소개할게요. 여기 시소가 있다고 생각해 보세요. 왼쪽에는 무거운 사람이, 오른쪽에는 가벼운 사람이 앉아 있어요. 그러면 시소는 당연히 왼쪽이 내려가고 오른쪽이 올라갑니다. 앞서 제가 오른쪽으로 회전하는 중성미자가 없다고 이야기했잖아요. 그런데 오른쪽으로 회전하는 중성미자가 실제로 존재하고, 왼쪽으로 회전하는 중성미자보다 훨씬 무겁다고 가정해 보세요. 왼쪽으로 도는 중성미자는 현실 세계에 발견될 수 있는데, 오른쪽으로 도는 중성미자는 너무 무거워서 현실 속에 잘 나타나지 않는 거죠. 만약 그렇다면, 어쩌면 중성미자가 암흑물질일 수도 있습니다. 입자를 연구하는 물리학자들이 찾는 오른쪽 회전 중성미자가 우주를 연구하는 천문학자들이 찾는 암흑물질이라면 얼마나 멋진 일이에요? 만약 누군가 이 가설을 증명한다면 곧바로 노벨상을 탈 거예요.

자, 지금까지 한 이야기를 정리해 보겠습니다. 중성미자는 유령 입자예요. 반응을 하지 않아요. 존재감이 없어요. 있어도 있는 것 같지 않아요. 그런데 이 방에 가득 차 있고, 지금 이 순간 100조 개가 우리 몸을 지나가고 있습니다.

중성미자는 카멜레온이에요. 태양에서 만들어지는 전자중성미자는 3분의 1 정도만 지구에 도착하고 나머지는 다른 중성미자로 바뀌어서 빠져나가죠.

더욱더 재미있는 건, 중성미자는 다른 입자들과 달리 반쪽이에요. 자기 짝이 없어요. 한쪽 스핀만 가지고 태어났고 반대쪽 스핀의 중성미자는 있는지 없는지 몰라요. 현대 물리학의 미스터리입니다.

이렇게 이상한 중성미자가 사실은 우주를 지배해요. 왜냐하면 이 중성미자는 아주 약한 힘에만 영향을 받고, 그래서 반응을 잘 안 하는데, 그 약한 힘 때문에 양성자가 중성자로 바뀌는 과정이 느리게 진행됩니다. 만약 중성미자가 빠르게 반응한다면 별들은 순식간에 폭발할 거예요. 하지만 그 약한 힘, 즉 약력 때문에 별들은 수십억 년씩 에너지를 내뿜고 있으며, 나아가 이 아름다운 우주도 안정적으로 유지되고 있어요. 중성미자는 여전히 과학계의 뜨거운 관심 분야입니다. 이 뜨거운 연구 현장에 여러분이 참여해서 제가 앞서 내준 과제를 해결해 주기 바랍니다.

Q. 01

두 가지 질문을 드리고 싶은데요. 첫 번째는 의료용으로 쓰이는 감마나이프의 원리를 알고 싶습니다. 두 번째는 방사선에 피폭되더라도 극한의 확률로 운이 좋으면 뭔가 초능력 같은 것을 얻을 수 있지 않을까요?

첫 번째 감마나이프부터 말씀드릴게요. 우리 몸의 세포는 감마선이나 엑스선을 쪼이게 되면 타 죽어요. 이 원리를 이용한 게 감마나이프입니다. 예를 들어, 어떤 사람의 몸속에서 종양 세포가 발견됐어요. 만약 종양 세포를 죽이기 위해서 엑스선이나 감마선을 마구잡이로 쪼이면 어떻게 될까요? 그러면 주변에 있는 정상 세포도 함께 죽어요. 정상 세포가 죽으면 당연히 우리 몸에 문제가 생겨요. 엑스선이나 감마선으로 종양 세포를 죽였다고 해도 우리 몸은 또 다른 문제가 생기겠죠. 감마나이프는 종양 세포가 있는 부위를 집중적으로 360도 돌아가면서 감마선을 쏘는 장비입니다. 이렇게 하면 감마나이프가 종양 세포를 100번 쏘는 동안 주변 정상 세포는 돌아가면서 한두 번씩만 두들겨 맞게 되겠죠. 종양 세포는 100번을 두들겨 맞아서 죽는데, 정상 세포는 한두 번만 맞으니까 약간의 피해는 있겠지만 다시 회복됩니다.

두 번째, 방사능을 쪼이면 영화처럼 초능력을 갖지 않을까 하는 질문인데요. 그 질문에 대해서는 제가 연구해 보지 않아서 답변할 능력이 없어요. 다만 다른 생각을 해 볼 수 있을 것 같아요. 생명과학자인 친구 말에 따르면, 우리 몸속 단백질 구조는 한쪽 방향으로 꼬여 있다고 합니다. 저는 그 이야기를 듣고 무척 놀라웠어요. 자연계의 힘 중에도 특정 방향의 스핀을 가진 입자에만 작용하는 힘이 있어요. 바로 약력인데요, 왼쪽으로 돌면 힘이 작동하는데 오른쪽으로 돌면 힘이 작동하지 않습니다. 어쩌면 자연계가 진화하면서 특정 입자, 즉 왼쪽 스핀을 가진 입자들만 받아서 한쪽 방향으로 발전한 게 아닐까 하는 생각도 들었습니다. 이게 그냥 개인적인 상상만은 아닙니다. 과학계의 정설은 아니지만, 지구의 생명들이 우주선(우주에서 날아든 높은 에너지를 지닌 입자와 방사선)에 두들겨 맞아서 돌연변이가 일어나고 진화한다는 설도 있습니다. 실제로 방사선을 쪼여서 곡식들의 품종을 개량하는 연구는 전 세계적으로 많이 수행되고 있어요. 방사선을 쪼여 꽃잎의 색깔을 바꾸는 연구도 있고요. 만약 그렇다면 언젠가는 우주선을 맞아서 운 좋게 괴력을 가진 사람이 태어날 수도 있겠죠.

Q. 02

빛보다 빠른 중성미자가 발견됐다는 주장이 있는데, 중성미자의 속도에 대한 연구는 어느 정도 진행되었으며, 상대성이론과 어떤 관계가 있는지 궁금합니다.

한 10여 년 전에 유럽입자물리연구소에서 연구하던 이탈리아 학자들이 다음과 같은 발표를 했어요. "스위스 제네바의 실험실에서 이탈리아 중부의 산속 실험실까지 중성미자를 쐈더니 도착한 시간이 빛보다 더 빨랐다." 그래서 당시에 엄청나게 뉴스에 많이 올랐어요. 심지어는 '빛보다 빠른 중성미자' 이런 가사가 담긴 노래도 만들어졌어요. 그런데 나중에 다시 확인해 보니 잘못된 실험으로 판명이 났습니다. 한 연구생이 실험 장치를 잘못 설정해서 생긴 오차였어요. 다시 실험해 본 결과 중성미자는 빛보다 빠르지 않았어요. 그래서 해프닝으로 끝났습니다.

그보다 전에 벌어진 일인데요. 1987년에 초신성이 폭발하는 현상을 관찰했습니다. 이 초신성은 '1987A'라는 이름으로 불렸어요. 1987A는 대마젤란 성운의 독거미 성운 근처에 있었으며, 지구와 약 16만 8000광년 떨어진 비교적 가까운 거리였어요. 그런데 천문학자들이 1987A의 폭발을 관측한 날짜보다 중성미자가 며칠 더 빠르게 도착했다고 기록되어 있었어요. 중성미자가 빛보다 빠르다는 뜻일까요? 그렇지 않아요. 빛이 이동하는 우주 공간은 진공 상태가 아닙니다. 예를 들어, 우주 공간에는 1세제곱센티미터마다 수소 원자가 평균 하나씩 들어 있어요. 그것만으로도 굴절이 생겨요. 거기에다가 무거운 중력에 휘어지기도 하고, 당연히 우주 공간에 가득 찬 암흑물질의 영향을 받기도 하겠죠. 우주의 물질들과 만나면서 생기는 굴절률만큼 늦어집니다. 빛이 달리는 속도를 굴절률로 나눠야 해요. 반면 중성미자는 그야말로 빛에 가까운 속도로 이동해요. 더불어 초신성에서 중성미자가 만들어지는 시간과 빛이 발사되는 시간이 다릅니다. 이처럼 굉장히 복잡한 천문학적 과정을 거치기 때문에 단순히 도착하는 시간으로 속도를 판단할 수 없어요.

상대성이론으로도 중성미자와 빛의 속도를 설명할 수 있습니다. 수식 $E=mc^2$ 따르면 모든 입자는 질량(m)이 '0'이 되면 광속도로 움직입니다. 그런데 중성미자는 앞서 이야기했듯이 약간의 질량을 가지고 있습니다. 중성미자는 질량이 있기 때문에 빛보다 늦을 수밖에 없습니다.

Q. 03
교수님께서 중성미자를 연구하면서 가장 흥미롭게 느꼈던 현상은 무엇이었나요?

솔직히 고백하자면, 저는 입자물리학자이기는 하지만 엄밀하게는 중성미자를 전문으로 연구하지는 않습니다. 우리나라에는 중성미자를 전문으로 연구하는 물리학자들이 50여 명쯤 있습니다. 사실 저도 박사 학위

를 마친 다음에 중성미자 연구원으로 생활할 뻔했습니다.

중성미자 연구실은 거의 모두 지하에 있어요. 보통 지하 1000미터나 되는 깊은 곳에 있어요. 그곳에서 검출기를 설치하고 실험을 해요. 왜일까요? 지표면에는 우주선이 막 쏟아집니다. 그런 환경에서는 중성미자를 따로 골라서 검출하기 힘듭니다. 대부분 우주선은 땅속 깊은 곳까지 다다르지 못하지만, 중성미자는 어떤 물질도 통과합니다. 땅속 깊은 곳에서는 중성미자를 검출할 가능성이 높아지는 것이지요. 유럽의 어떤 과학자들은 지중해 바닷속 3000미터 정도 되는 곳에 중성미자 검출기를 설치하고 실험해요. 남극에 가면 거대한 얼음덩어리에 2킬로미터쯤 구멍을 파서 검출기를 설치해 놓고 실험하고 있어요. 그래서 중성미자 실험을 하는 물리학자들은 두더지처럼 살아요. 아주 재미난 사람들입니다. 뭔가 힘들고 외로운 연구 같은 느낌도 들고요. 멀리에서 구경하는 제 입장에서는 중성미자를 연구하는 과학자들이 가장 흥미롭습니다.

Q. 04
중성미자의 질량과 크기는 어떻게 되나요?

먼저 중성미자 크기부터 이야기할게요. 입자의 크기는 정의하기가 쉽지 않아요. 거시 세계에서는 농구공·축구공·탁구공 이게 다 눈에 보이잖아요. 우리가 만든 표준 잣대로 크기를 재서 표현할 수도 있고요. 그런데 미시 세계, 원자 세계로 들어가면 입자들은 파동함수라는 확률로 존재하거든요. 예를 들어, 전자를 딱딱한 공처럼 생각하면 안 돼요. 우리가 쉽게 인식하기 위해서 '전자가 어느 공간 좌표에 있다.'고 표현하지만, 사실상 전자는 공간에 확률상 분포로 존재해요. 따라서 전자의 크기와 좌표를 이야기하는 게 의미가 없죠. 다만 "어떤 과녁에 전자를 많이

쏜 다음, 과녁에 나타난 반응 횟수를 보았더니 전자의 확률분포가 많거
나 적다." 이렇게 표현할 수는 있어요.

중성미자도 똑같습니다. 중성미자의 단면적을 10의 마이너스 44제곱 제
곱센티미터($10^{-44} cm^2$)라 생각해 보면 전자보다 100만분의 1 정도 크기라
볼 수 있겠네요. 하지만 앞서 이야기했듯이 전자의 크기를 재는 게 무의
미한데 중성미자 크기는 더 말할 게 없죠. '중성미자는 크기가 없는 물
질이다.'라고 표현해도 틀린 말이 아니에요.

중성미자는 빛을 제외하고 어떤 입자의 질량보다 가볍습니다. 빛은 질
량이 0이니까 그것보단 무겁지만, 1전자볼트보다 가볍습니다. 1전자
볼트는 어느 정도의 에너지일까요? 우리가 일반적으로 쓰는 건전지가
1.5볼트예요. 이 1.5볼트 건전지의 음극과 양극에 전선을 연결하면 전자
가 에너지를 갖게 되는데 그때 한 개의 전자가 얻을 수 있는 에너지가
1.5전자볼트예요. 굉장히 작은 에너지죠. 참고로 전자는 그 자체로 50만
전자볼트 정도의 질량에너지를 가지고 있습니다. 그런데 중성미자의 질
량에너지가 1전자볼트보다 작으니까, 전자와 비교해도 매우 가벼운 입
자입니다.

Q. 05
인류가 중성미자를 이용해서 우주를 탐사·통신·관측 등을 하는 것이 가능
할까요?

재미난 질문인데요. 앞서 이야기했듯이, 1930년 중성미자의 존재가 처
음으로 예측되었고, 그로부터 25년이 지난 후 그 존재가 확인되었습니
다. 미 국방성에서 아주 비밀스러운 프로젝트를 진행했다고 해요. 잠수
함과 관련된 프로젝트인데요. 영화 같은 데서 보면 심해 잠수함에서 지

상과 통신하면서 작전을 주거니 받거니 하잖아요. 그거 다 거짓말이에요. 물속을 항해하는 잠수함은 바깥과 통신할 수 없어요. 왜냐하면 물은 전파를 차단하는 성질이 있거든요. 잠수함에서 통신을 하려면 반드시물 밖으로 올라와 안테나를 올린 다음 통신해야 합니다. 그러니까 잠수함이 물속에 들어가면 통신할 방법이 없어요. 미국은 잠수함을 전 세계 바다에 퍼뜨려 놨는데 이 잠수함과 통신하려 해도 방법이 없었어요.

그런데 중성미자는 무엇이라도 뚫고 지나가잖아요. 미 국방성은 중성미자를 통신수단으로 활용해 보기로 하고 비밀리에 연구를 했다고 합니다. 중성미자 검출기를 잠수함과 지상 통제실에 각각 설치하고, 모스부호처럼 보내면 통신이 되지 않을까 생각한 거죠. 그런데 한쪽에서 중성미자를 많이 쏘아 보내고, 다른 쪽에서 그걸 검출하는 데 성공했다고 하더라도 결정적인 문제가 남았어요. 통신 속도가 한없이 느렸던 거예요. 엄청나게 많은 중성미자를 쏘아 보내도 10초 만에 겨우 기호 하나를 검출할 만큼의 속도였어요. 이러다가는 "잠수함 어디로 이동해." 이런 명령을 전달하는 데 하세월이 걸릴 거예요. 그러면 "11시 방향에서 미사일!" 이런 위험을 알리기도 전에 잠수함은 파괴되고 없을 거예요. 결과적으로 중성미자를 이용한 통신은 실용적인 가치가 없다고 결론지어졌어요. 그렇지만 미래에 우주 비행선에서는 중성미자를 통신 장비로 사용할 수 있지 않을까요? 중성미자는 우주 공간을 아주 쉽게 날아갈 수 있으니까요.

FUN&
LEARN

인생 게임에서 성공하는 치트키

조용민

주로 미국과 한국에서 AI 딥테크, 커머스 AI 초기 스타트업과 상장사 투자를 진행하는 언바운드랩의 투자 총괄 담당자이다. 액센츄어, IBM, 삼성전자, 구글을 거쳐 다양한 기업의 고민을 해결함과 동시에 실제 기술 및 마케팅 파트너십을 성공적으로 이끌어 왔다는 평을 받아 대한민국 CEO들이 가장 만나고 싶어 하는 이공계 출신 투자자로 자리매김 중이다. 현재는 AI 트랜스포메이션을 통한 효율화 및 생산성 증대를 통해, 재무적 투자자들이 단행하는 구조조정 수준을 뛰어넘는 놀라운 성과의 AI 볼트온, 롤업 투자 및 AI향 조직 구조 개편 프로젝트를 진행하고 있다.

내가 생각하는 인생의 치트키는 진정성이다.

진정성 있는 사람은 때로는 남들보다 느리고

바보처럼 보이기도 한다.

하지만 결국 진정성이 우리 개개인과

모두를 구원할 것이다.

✦ 프롬프팅이 결과를 결정한다

저는 8년 넘게 구글을 다니다가 이번에 퇴사해서 투자 펀드 회사를 운영하고 있습니다. 제가 타임머신을 타고 여러분 또래의 저에게 갈 수 있다면, 귓속말을 할 수 있는 기회가 생긴다면, 꼭 해 주고 싶은 이야기가 있어요. 그 이야기를 여러분에게 좀 들려줄 생각입니다. AI 이야기가 어쩔 수 없이 나오기는 할 거예요. 왜냐하면 제가 해 왔고 또 지금 하는 일이 AI 관련 분야니까요. 하지만 제가 하려는 이야기의 주제는 AI가 아닙니다. 제 생각에는 그보다 훨씬 중요한 내용입니다. 여러분, 이제 같이 출발해 봅시다.

일단 퀴즈를 하나 낼 테니까 맞혀 보세요. 아래 사진은 어느 도시일까요? 네, 일본 도쿄입니다. 그런데 일어 잘하는 학생은 뭔가 이상한 점을 눈치챘을 거예요. 가게 간판을 읽을 수가 없어요. 일본어로 쓰인 것 같지만 사실 일본어 흉내를 낸 외계어거든요. 왜냐하면

AI가 그린 그림 1

AI가 휘갈겨 쓴 간판이기 때문이에요. 제가 AI한테 "눈 내리는 도쿄 모습을 그려 줘." 이렇게 요청해서 만든 사진이거든요. 다시 한번 꼼꼼히 보니 좀 이상합니다. 길에 눈이 쌓였는데, 벚꽃이 활짝 피어 있습니다. '눈 내리는 도쿄'라는 요구 사항을 따르려고, 눈이 내리는 모습과 도쿄를 상징하는 벚꽃을 동시에 그려 넣은 거예요. AI는 여전히 이런 실수를 합니다. 그런데 이게 사실 실수가 아니고, 피처feature의 문제입니다. 피처란 AI가 패턴을 학습하고, 예측이나 분류를 수행하는 데 필요한 입력 데이터를 말해요. 무슨 이야기냐, AI는 사람이 컨트롤할 수 있습니다. AI는 어떤 식으로 프롬프팅하느냐에 따라서 결과물이 달라집니다. 만약 "눈 내리는 도쿄 모습을 그려 줘."라는 내용에 몇 가지 내용을 추가했다면 얼마든지 도쿄의 진짜 모습에 가깝게 그렸을 거예요.

자, 다음 퀴즈를 풀어 볼까요? 이번에는 AI에게 "뉴욕에 비가 내리는 날 비옷을 입고 막 뛰어가는 여성의 얼굴을 클로즈업해서 그려 줘." 하고 요청했어요. 그랬더니 오른쪽과 같이 그려 냈습니다. 두 사진 중에 어느 쪽이 AI가 그린 걸까요?

사실 둘 다 AI가 그린 겁니다. 둘 다 스테이블 디퓨전Stable Diffusion이라는 딥러닝 모델이 그렸어요. 여기서 중요한 게 뭘까요? 왜 두 사진은 퀄리티 차이가 나죠? 한 플랫폼에서 똑같은 기술과 데이터를 바탕으로 그림을 그렸는데, 뭐가 달랐을까요? 프롬프팅한 내용이 달랐습니다. 즉, AI에 제공한 요청 내용이 달랐고, AI와 상호작용하는 전체 과정이 달랐습니다.

AI에게 '이렇게 그려 달라, 저렇게 그려 달라.' 잔소리를 많이 한 사진은 어느 쪽일까요? 그림 2일까요, 그림 3일까요? 사실 요청한

AI가 그린 그림 2

AI가 그린 그림 3

텍스트 분량은 똑같았어요. 그럼, 남는 게 뭘까요? 바로 요청 내용의 질이 달랐습니다. 그림 2는 포토샵에 있는 메뉴를 보고 거기 있는 단어와 표현을 익힌 상태에서 프롬프팅한 겁니다. 그림 3은 그림 기법을 잘 모르는 일반인의 언어로 대충 요청한 겁니다.

여러분은 AI한테 요청할 때 어떤 식으로 프롬프팅하나요? 그림 2가 나오게 프롬프팅하나요, 그림 3이 나오게 프롬프팅하나요? '포토샵 메뉴에 있는 표현을 조금이라도 눈에 익혀서 쓰면 AI가 조금 더 잘 그려 주겠구나.' 이런 생각으로 부지런하게 움직이는 편인가요? AI에게 프롬프팅하기 위해 캐주얼하게 어떤 분야의 전문 지식을 익힌 적이 있나요?

좀 더 시선을 넓혀 봅시다. 여러분은 어떤 사람이 질문하면, 어떤 스타일로 대답하나요? 조금 더 좋은 대답을 내보려고 약간의 정보를 찾아보는 편인가요? 아니면 별로 중요한 질문이 아니니까 대충 대답하고 넘어가는 편인가요?

이게 되게 중요한 상황이에요. 그 선택이 여러분 인생의 진폭을 만듭니다. 작은 습관을 어떻게 디자인하느냐에 따라서 나중에 많은 문제를 해결하는 사람이 되거나 굉장히 협소한 범주의 문제를 해결하는 사람이 되거든요. 앞의 상황을 제 언어로 정리하자면, 사용자 친화적인 사람이 되어야 합니다. 앞서 상황으로 잠깐 돌아가 볼까요? 우리가 AI에게 그림을 그려 달라고 프롬프팅할 때, 사용자가 누구죠? AI예요. 이 순간만큼은 우리는 공급자예요. 따라서 우리는 사용자 AI에 친화적인 사람이 되어야 해요. 사용자 AI가 조금 더 잘 알아듣게 하려면 공급자인 내가 그만큼 노력해야 해요. 그래야 문제를 더 나은 방향으로 해결할 수 있어요. 조금 더 좋은 결과물을 내올 수 있는 거죠.

✦ 능력자 AI를 어떻게 이용할까

여러분, 힙합 좋아하나요? 요즘 어떤 래퍼가 랩을 잘해요? 뛰어난 래퍼는 어떤 특징을 갖고 있나요? 일단 랩 스킬은 기본 중의 기본이죠. 그리고 라임을 잘 짜야 해요. 래퍼가 라임을 잘 짜기 위해서는 단어를 많이 알아야 해요. 책 많이 읽는 건 당연하고, 대화를 많이 해야 합니다. 제가 얼마 전에 다이내믹 듀오의 개코를 만났어요. "어떻게 라임을 그렇게 잘 짜냐?" 물었더니, 자기는 AI 전문가나 아니면 전혀 다른 분야의 전문가들이랑 논쟁을 많이 한대요. 전문가들한테 상대가 되지 않을 걸 알면서도 막 덤빈다는 거예요. 그러면서 전문가들이 쓰는 말을 배우고, 자기 언어로 쌓아 가는 거죠. 멋지지 않나요?

그런데 제가 얼마 전에 개코에게 보내 준 영상이 있어요. 미국의 유명한 래퍼가 AI한테 특정 단어로 라임 옵션을 100가지쯤 만들어 달라고 프롬프트한 과정을 담은 영상이에요. AI가 만들어 낸 라임 옵션은 정말 놀라운 수준이에요. 어떤 뛰어난 래퍼보다 라임을 기가 막히게 잘 짜낸 겁니다. 무슨 이야기냐면, 어떤 래퍼도 AI보다 책을 많이 읽을 수는 없어요. 전문적인 지식이나 정보도 마찬가지죠. 그러니까 라임을 짜는 것도 인간보다 훨씬 빠르고 다양합니다.

AI가 랩을 한다, 그림을 그린다, 소설을 쓴다 이런 건 이미 2년 전 이야기잖아요. 그걸 보고 놀라거나 신기해하던 시기는 이미 지났어요. 그러면 이제 래퍼나 화가나 소설가라는 직업은 사라지는 걸까요? 전혀요. 오히려 그 반대입니다. 정말로 뛰어난 래퍼라면, 또는 최고의 래퍼가 되고 싶다면 AI의 도움을 받아서 진짜 세련되게 라임을 짜면 됩니다. 지드래곤이나 지코보다 AI가 라임을 더 잘 짜고 랩을 잘할 수 있겠죠. 근데 랩을 아무리 잘하고 라임을 아무리 잘 짜도 결국에 듣는 사람의 마음을 울리는 건 랩 딜리버리입니다. 정말로 중요한 건, '내가 멋진 라임을 만드는 데 AI를 도구로 삼을 수 있겠네.'라고 생각할 수 있느냐는 거예요.

화가도 소설가도 AI를 잘 활용하면 훨씬 더 뛰어난 작품을 만들 수 있습니다. 래퍼와 화가와 소설가가 AI의 도움을 받아서 작품을 만들면 다 똑같은 결과물이 나오지 않을까 염려된다고요? 앞서 살펴보았잖아요. 관건은 AI에게 얼마나 구체적이고 전문적으로 프롬프팅하느냐에 달려 있어요. 저는 작품의 완성도와 성패는 누가 더 사용자 친화적인가에 달려 있다고 봐요. 래퍼는 음악을 듣는 사람, 화가는 그림을 감상하는 사람, 소설가는 문학을 읽는 사람과 교감해야 합니다. 그들이 어떤 작품을 원하는지, 무엇으로 위안을 삼는지, 무슨 이야기를 나누고 싶은지 파악해야 합니다.

현재 세계에서 가장 실력이 좋은 디제이로 인정받는 사람은 데이비드 게타입니다. 그런데 데이비드 게타가 무대에서 디제잉을 하면서 자기 목소리 대신 에미넴의 목소리를 썼어요. 에미넴은 미국의 래퍼로, 힙합 역사상 가장 큰 성공을 거둔 래퍼 중 한 명입니다. 데이비드 게타는 왜 자기 목소리 대신 에미넴 목소리를 썼을까요? 그동안 디제이가 자기 목소리를 들려주지 않은 경우는 없었어요. 하지만 청중들을 더 집중하게 만드는 방법을 고민하던 게타가 발상을 뒤집어 버린 거죠. 이게 바로 사용자 친화적인 태도입니다.

✦ 사용자 친화적으로 생각하고 행동하자

레이드 호프먼이라는 미국의 AI 관련 기업가가 있습니다. 유튜브에서 레이드 호프먼을 검색하면 사람 레이드와 AI 레이드가 인터뷰하는 영상을 확인할 수 있어요. 이 영상을 보고 있으면 깜짝 놀랄 거예요. 둘은 아주 자연스럽게 대화를 나눕니다. 둘 중에 누가 사람인지 헷갈릴 정도입니다. 이런 AI 기술을 보면 어떤 생각이 드나요? 뉴스에서 페이크 영상을 다루는 기사가 가끔 나오죠. 그래서 좀 걱정되고 무서운가요? 그건 페이크 영상을 제어할 기술을 갖추면 해결될 거예요. 막연한 선입관 때문에 이 멋진 기술을 이용하지 못한다면 우리는 세상의 발전에 발맞추지 못해요. 여기서 중요한 건 여러분이 이 기술을 어디에 쓸지 상상할 수 있느냐, 없느냐예요.

예를 들어, 일타강사 현우진 AI를 만들어 보면 어떨까요? 지방에서 공부하는 모든 학생이 현우진 AI에게 개인 과외를 받을 수 있을 거예요. 지금처럼 일방적으로 강의 내용만 전달하는 인터넷 강의와는 전혀 달라요. 내가 모르는 것, 내가 궁금한 것을 직접 물어보면, 현우진 AI가 친절하고 명쾌하게 곧바로 답해 줍니다. 쌍방향 플랫폼이 탄생하는 거예요. 만약 여러분을 닮은 AI를 만들어 보면 어떨까요? 그 AI로 무엇을 해 보고 싶나요? 모든 멋진 생각을 떠올려 보세요. 수많은 가능성을 미리 재단하거나 움츠러들지 마세요.

2023년 10월 국립중앙도서관 '열린마당 실감체험관'에서 딥페이크 기술로 살아난 작가 이상. 작가 이상과 그의 삶, 작품 세계를 생생하게 느낄 수 있다.

여러분이 정말 사회에 큰 발자취를 남기고 싶다면, 사회의 변화를 이끌어 가고 싶다면 지금 당장 무엇을 해야 할까요? 방금 제가 보여 준 사례는 그런 생각을 가졌던 사람들이 만들어 낸 결과물입니다. 여러분은 지금 무엇에 몰두해야 할까요? '왜?'라고 의문을 갖는 거예요. '저 사람은 내게 왜 이런 말을 할까?' '저 사람은 왜 자꾸 사용자 친화성을 이야기하지?' 이렇게 자꾸 '왜?'를 떠올려야 합니다.

최근에 AI가 기념비적인 기술을 장착했어요. 그게 뭐냐면, AI가 기억을 하기 시작했습니다. AI가 문자를 해석하고 코딩을 만드는 건 이미 옛날이야기예요. AI가 풍경을 보면서 묘사할 수 있는 것도 오래전에 갖춘 능력입니다. 그런데 AI와 함께 텍스트를 분석하는 도중에, 어, 문득 안경이 어디로 사라져 버렸어요. 분명히 책상에 놓아 둔 것 같은데 없는 거예요. 우리에게 이런 일은 아주 흔하게 일어납니다. 그럴 때마다 안경을 찾느라 온 책상과 사무실을 뒤져야 해요. 그런데 이제는 AI에게 물어보면 됩니다. "AI, 내가 안경 어디에 뒀지?" 그러면 AI가 "안경을 아까 서랍에 넣어 뒀어요." 이렇게 찾아 줍니다. 이게 무슨 기술이냐면, AI가 카메라에 잡힌 영상을 잘게 쪼개서 사물의 이미지를 분석해서 저장합니다. 그러고는 그걸 사용자가 요청하면 언제든지 추출해서 알려 줍니다.

자, 이 기능은 어디에 쓰면 좋을까요? 그렇죠. 시각적으로 불편한 사람에게 큰 도움을 줄 수 있고요. 당연히 건망증이 심한 사람도 잘 활용할 수 있을 테고요. 나아가 기억하는 AI는 우리 일상생활에 엄청난 변화를 가져올 거예요. 이런 기술은 결국 AI를 어떻게 사용자 친화적으로 더 발전시킬 거냐, 하는 고민에서 시작됐어요.

✦ 실패의 무덤에서 피어난 가치

'사용자 친화적'이라는 말이 사용자의 기존 경험치만을 강조하는 뜻은 아니에요. 그러면 변화와 발전을 이룰 수 없어요. 여러분이 친구들과 이야기하거나 토론할 때 기존에 늘상 해 오던 일반적인 내용만을 되풀이하면 친구들은 지겨워해요. 아무리 친구들에게 좋은 이야기를 해도 흥미를 잃고 따분한 표정을 짓죠. 사용자의 경험을 넘어서는 새로운 화젯거리를 꺼내야 합니다. 어떻게 하면 새로운 아이디어로 친구들 관심을 끌어들이고, 친구들 생각을 바꿀 수 있을지 고민해야 해요. 이게 진정한 사용자 친화적 발상입니다.

이처럼 혁신하고 변화하려면 자꾸 부딪히고 실험해 봐야 해요. 실패를 두려워하지 않고 계속 도전해 봐야 해요. 제가 구글에서 일했으니까, 구글의 실패담을 몇 가지 이야기해 줄게요.

첫째, 구글 룬Loon 프로젝트입니다. 전 세계 인구의 40퍼센트가량은 아직 인터넷을 사용해 보지 못했습니다. 인터넷 통신 인프라가 아직 구축되지 않은 곳이 그만큼 많다는 뜻이에요. 구글에서는 2011년부터 인터넷 중계기가 설치된 풍선을 성층권까지 띄워 올려서 인터넷이 터지지 않는 오지에 와이파이를 공급하려고 했어요. 하지만 룬 프로젝트는 비용 문제 때문에 사실상 10년 만에 막을 내렸습니다.

다음으로, 구글 글래스Glass 개발입니다. 이 스마트 안경을 쓰면 필요에 따라 눈앞에 모니터가 펼쳐지고 필요한 정보를 제공받을 수 있습니다. 구글 글래스는 초기에 웨어러블 기기의 혁명이라고 분위기가 한껏 치솟았지만, 효율성이나 기술적 완성도가 떨어져서 사용

구글 룬 프로젝트 세계 곳곳에 안정적인 인터넷을 제공하기 위해 인터넷 연결 전원을 실은 풍선을 성층권에 띄웠으나 비용 문제로 중단되었다.

구글 글래스 구글이 개발한 착용 컴퓨터로 헤드업디스플레이[HUD]를 사용해 눈앞에 정보를 표시하는 기능을 갖췄으나 현재는 효율성 및 완성도 문제로 판매가 중단되었다.

하는 사람들이 극히 드물었습니다.

마지막으로 소개할 구글 랩스Labs는 일종의 실험실 놀이터입니다. 프로그래머나 엔지니어들이 새로운 아이디어나 프로젝트를 공유하면서 함께 실험하고 서로 의견을 나누는 인큐베이터였습니다. 구글 랩스는 지난 2011년에 실험실 문을 닫았는데요, 재미있는 건 구글은 그 뒤로도 여전히 중단된 랩스 도구에 대한 많은 링크를 걸어 놓았고, 검색을 통해 쉽게 액세스할 수 있게 했어요. 그리고 구글 랩스는 최근에 다시 부활했습니다. 이전에 비록 문을 닫았지만, 랩스가 가진 지향점이나 가치는 실패가 아니었던 거죠. 실패를 통해서 보완할 점을 찾고 새로운 시도의 디딤판으로 사용한 거예요.

이 밖에도 구글은 바깥에서 보면 실패한 프로젝트들이 엄청나게 많아요. 여러분도 혹시 구글 공동묘지 사이트에 가 봤나요? 구글에서 공식적으로 실패했다고 인정한 프로젝트를 모아 놓은 곳이에요. 이 공동묘지에 묻힌 프로젝트가 무려 296개입니다. 물론 앞으로 이곳에는 더 많은 묘비가 들어서겠죠. 구글러들은 이게 부끄럽지 않아요. 왜 그러냐면 이 프로젝트들이 없었다면 현재의 구글은 없었을 테니까요. 여러분도 이렇게 해야 해요. 매일매일 도전하고 실패하세요. 그래야 새로워지고 그래야 발전합니다.

✦ AI는 질문한 만큼만 답한다

이제 기업들은 AI를 이용해서 기업의 전략을 짜고 제품을 홍보합니다. 세계적인 신발 브랜드 나이키에서 AI를 이용해서 만든 광고를 본 적 있나요? 감독의 상상력과 기술적인 완성도가 결합해서 놀라운 영상을 만들어 냈어요. 사실 AI가 만든 광고는 아직 뭔가 어색해서 불쾌감을 느낀다는 소비자들의 반응도 있어서 선뜻 시도하지 못하는 기업들도 있어요. 그런데 업계 1위 기업이 과감하게 AI 광고를 시도한 거죠. 나이키가 새로운 도전을 멈추지 않으면서 그 업계를 주도한다는 이미지와 잘 맞아떨어집니다.

햄버거를 만드는 맥도날드도 AI를 이용해서 홍보 전략을 짰어요. 맥도날드에서 챗GPT한테 물어봤대요. "가장 상징적인 햄버거는 어떤 브랜드의 어떤 햄버거니?" 그랬더니 챗GPT가 "빅맥이죠. 빅맥은 1967년부터 만들어졌고……." 이런 내용을 줄줄이 늘어놨어요. 그래서 맥도날드는 이 내용을 그대로 광고에 내걸었어요. 이 광고를 본 경쟁사 버거킹에서 가만있겠어요? 버거킹에서 AI한테 물

AI를 활용한 햄버거 광고 사례

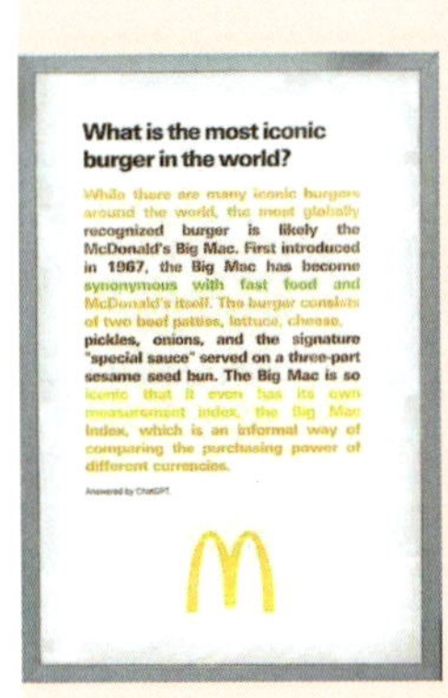

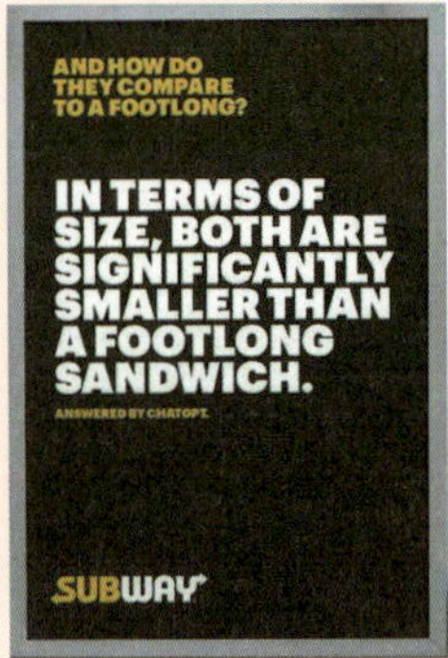

챗GPT의 답변을 활용하여 만든 세 기업의 옥외 광고판. 왼쪽부터 차례로 맥도날드, 버거킹, 서브웨이이다.

어봤어요. "세상에서 가장 큰 햄버거가 뭐니?" 그랬더니 AI가 "버거킹에서 만든 와퍼가 제일 커요. 와퍼에는 재료가 엄청 많이 들어가거든요." 이런 식으로 답했어요. 버거킹은 또 이 내용을 그대로 광고로 내걸었습니다. 그랬더니 신흥 강자로 떠오른 서브웨이가 여기에 참전했어요. "두 회사는 신발 크기만 한 우리 샌드위치를 보면서 감히 크기 타령이냐." 이런 식의 광고를 내놓았어요.

세 기업의 광고 경쟁을 보고 있으면 AI가 마치 정보와 지식의 절대 기준이 되는 것처럼 보이지만, 사실 그렇지 않아요. AI는 어떤 질문을 하느냐에 따라서 그 질문에 가장 근사치인 정보를 내놓을 뿐이에요. 각 기업은 자기 입맛에 맞는 프롬프트를 작성해서 AI에게 건넸습니다. 여러분, 가만히 생각해 보면 AI는 도구예요. 문제 해결을 위해 우리가 유용하게 사용할 수 있는 아이템일 뿐이에요. AI에 매몰되면 안 됩니다.

✦ AI라는 거대한 파도에서 서핑하기

제가 구글을 그만두고 이번에 펀드 회사를 차렸는데요. 챗GPT한테 우리 회사가 어떤 회사이고, 앞으로 어떤 비전을 가지고 있는지 알려 주고는 회사 이름을 지어 달라고 요청했어요. 그랬더니 챗GPT가 몇 가지 이름 후보를 쭉 보여 줬어요. 그 가운데 하나가 '언바운드랩'입니다. 우리 회사 이름을 챗GPT가 지어 준 겁니다. 제가 신나서 로고도 만들어 달라고 했어요. 처음 만들어 준 로고는 보고 실망했어요. 왜냐하면 로고를 너무 복잡하게 만든 거예요. 그래서

챗GPT가 만든 언바운드랩 로고

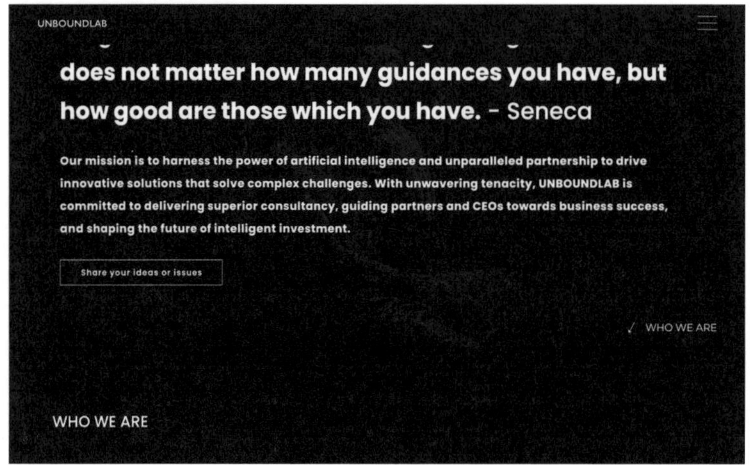

언바운드랩 홈페이지 화면. 홈페이지에서 회사를 소개하는 글 또한 챗GPT가 만들었다.

다시 프롬프팅했습니다. "이 로고는 너무 복잡해. 우리 회사는 말이야, 어쩌고저쩌고……, 이걸 가장 심플하게 만들어 줘. 이것보다 잘할 수 있잖아." 이런 과정을 거쳐서 우리 회사 로고도 챗GPT가 만들어 줬어요. 그리고 또 있어요. 회사 홈페이지도 챗GPT가 스스로 코딩해서 만들어 줬습니다. 15분 정도 걸렸어요. 우리 회사를 소개하는 문장도 제가 쓴 게 아니에요. 챗GPT가 만들어 준 겁니다. 마지막으로, 제가 이전에 책을 두 권 냈는데요. 이 책의 추천사를 유명한 CEO나 교수님들이 써 주셨어요. 그러다가 이번 가을에 AI 엔지니어링 관련한 책이 나오는데, 이 책의 추천사를 챗GPT님께 부탁했어요. 감사하게도 챗GPT님께서 추천사를 훌륭하게 써 주셨어요. 추천사를 써 달라고 할 때 제가 진짜 공손하게 부탁했거든요. "제발 한 단락만 예쁘게 써 주세요."

자, AI는 우리 회사의 전략기획팀·홍보팀 역할을 훌륭하게 해냈습니다. 유명한 AI 과학자 앤드류 응은 "AI는 모든 직업군에 임팩트를 주는 기술이다."라고 말했어요. 사실 이전에 나온 로봇이나 자동화 기술들은 모든 직업군에 광범위하게 임팩트를 주지 못했습니다. 사람들은 몇 년 전부터 우스갯소리로 "AI 시대에 살아남을 직업군은 신부님이나 스님뿐이다." 이런 이야기를 했어요. 좀 유치한 말이고요. 지금 중요한 건 뭐냐면, 이 문제를 정말로 진지하게 고민해야 합니다. 모든 직업군이 직접적인 영향을 받는다고 생각해야 합니다. 전체 직업군 가운데 80퍼센트는 부정적으로 작용하고 나머지 20퍼센트는 긍정적으로 작용할 거예요. 사람들이 그동안 전문적이고 안정적이라고 생각했던 직업은 대부분 AI가 차지할 겁니다. 여러분은 나머지 20퍼센트를 찾아야 해요. 그래야 살아남습니다.

그 20퍼센트를 어떻게 찾을 거냐? 저는 세 가지를 강조하고 싶어요. 첫째, 경계가 없어야 합니다. 래퍼가 되고 싶나요? AI 필요합니다. 화가가 되고 싶나요? 순수 미술 분야라도 AI가 필요합니다. 여러분이 꿈꾸는 어떤 직업이라도, 내가 계획을 세우고 일을 진행할 때 AI라는 도구를 다양하게 쓸 수 있어야 합니다.

얼마 전에 AI 로봇을 만드는 한 회사가 투자자들로부터 굉장히 주목을 받은 적이 있습니다. AI 로봇을 만드는 회사는 아주 많아요. 그런데 왜 이 회사가 투자를 많이 받았을까요? 이 회사의 연구실에

가 보면 그 이유를 알 수 있어요. 이 회사 연구자 책장에는요, 당연히 로봇 공학이나 AI 기술 관련된 전문 서적이 많이 꽂혀 있습니다. 그런데 나머지 절반이 의학 서적이었어요. 연구팀은 사람의 근육이나 혈관계 등을 공부한 거예요. 그래야 표정이나 행동을 사람에 가깝게 표현할 수 있다는 사실을 알았던 거죠. 이제는 로봇을 만들려면 의학 지식이 반드시 필요한 시대가 됐어요. 여러분이 어떤 분야의 전문가가 되려면 나머지 분야의 지식이나 정보를 폭넓게 받아들여야 해요. 경계를 두면 안 돼요. 자기 분야가 아니라고 관심을 꺼버리면 굉장히 위험할 수 있습니다.

둘째는 'Go the extra mile'이에요. 자기에게 주어진 과제를 넘어서 한 발짝 더 움직여야 합니다. 남들과 똑같이 생각하고 똑같이 행동하는 건 똑같은 결과를 가져올 뿐이에요.

셋째, 앞서 제가 강조한 사용자 친화적인 사람이 되어야 해요.

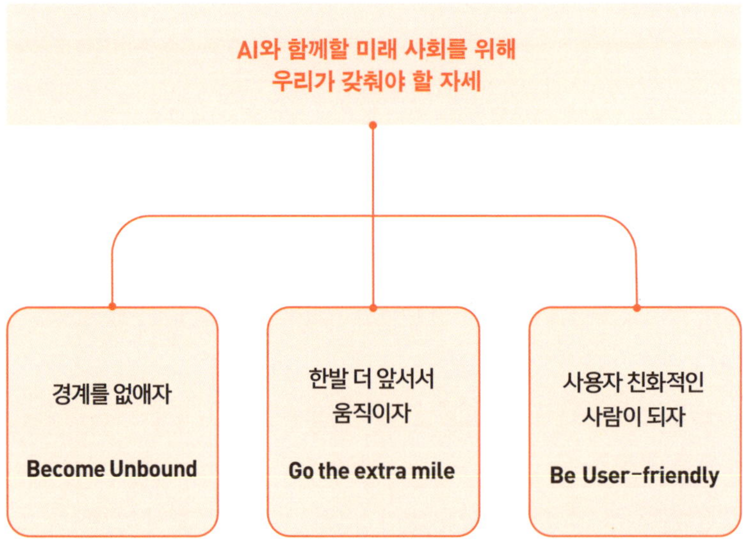

✦ 진정성이 우리를 구원할 거야

미국의 한 연회장에서 있었던 일인데요. 아마존 창립자 제프 베이조스 앞에 한 사람이 마술을 보여 주겠다며 등장합니다. 그런데 이 마술사가 시시껄렁한 카드 마술을 하나 보여 주는 거예요. 제프 베이조스가 누굽니까. 일분일초를 쪼개서 쓰는 사람이에요. 그런 사람 앞에서 그렇고 그런 카드 마술이 통할 리 없잖아요. 그래서 시큰둥한 표정을 지으니까 이 마술사가 갑자기 제프 베이조스가 든 와인 잔을 달라고 하더니 와드득 씹어 먹었어요. 사실 이 마술사가 준비한 진짜 트릭은 설탕으로 만든 와인 잔이었습니다. 이 정도 마술은 해 줘야지 제프 베이조스가 껄껄 웃으며 인정합니다. 이 마술사는 제프 베이조스를 웃게 만들기 위해서 치밀하게 준비했어요. 첫째, 약간의 관심을 끌 만큼의 카드 마술을 준비했어요. 그렇다고 아주 놀라운 마술이면 곤란해요. 다음 단계의 감흥이 줄어들 수도 있으니까요. 즉, 치밀한 전략을 세울 수 있어야 합니다. 둘째, 설탕으로 만든 와인 잔이 있다는 정보도 필요해요. 그걸 알아야 저 마술을 할 수 있습니다. 기술의 트렌드를 늘 파악하고 있어야 합니다. 셋째, 사전에 웨이터와 몇 번이고 예행 연습을 해서 설탕으로 만든 와인 잔을 제프 베이조스에게 잘 전달하게끔 설계해야 해요. 만약 잘못 전달되었다가는 유리잔을 씹을 수도 있으니까요.

무슨 이야기냐면, 나만 열심히 한다고 끝나는 게 아니고 주변 사람들과 대화를 잘해야 합니다. 어떤 일을 하건 동료들과 친구들과 함께 이야기하면서 같이 가야 해요. 소통의 중요성은 여러분이 나중에 사회생활을 할 때 더욱 절실하게 느낄 거예요. 지금부터 늘 훈련하고 대비해야 합니다.

　한 유명한 명품 핸드백 회사에서 최근에 새로운 가방을 선보이는 패션쇼가 열렸어요. 그동안에는 새로운 가방을 소개할 때 누가 들고 나왔죠? 유명한 모델이나 연예인이 예쁜 표정을 지으며 들고 나왔어요. 그런데 이 패션쇼 런웨이에는 드론이 가방을 매달고 등장했어요. 기존 관습을 한꺼번에 뒤집었습니다. 과연 우리가 이 회사의 대표라면 이런 파격적인 도전을 할 수 있을까요?

　여러분, 어른들은 여러분에게 늘 여러 가지 질문을 합니다. 그런데 질문을 자세히 생각해 보세요. 부모님이나 선생님은, 그분들에게 대단히 미안하지만, 틀에 박힌 질문을 합니다. 게다가 당신들이 그동안 살아온 경험을 바탕으로 허용치 안에서 답변을 듣기를 원합니다. 여러분은 그 질문을 뚫고 나와야 해요. 질문 밖에서 생각하고 행

이탈리아 밀라노 패션위크에서 열린 돌체앤가바나 패션쇼에서 드론이 가방을 달고 런웨이 위를 날고 있다.

동하고 답변해야 해요. 회사에서도 그렇거든요. 상사가 무슨 과제를 요구하면 그 안에서만 숙제처럼 해 오는 사람이 있어요. 그들은 한두 번은 상사에게 이쁨을 받을 수 있지만 결국에는 성장이 없어요.

다시 한번 이야기하지만, 저는 비즈니스든 엔지니어든 창조적인 사고는 결국 사용자 친화적인 태도에서 나온다고 생각해요. 사람들이 무엇을 필요로 하는지, 어떤 불편을 겪고 있는지 구체적으로 관찰하고 곰곰이 생각해 보세요.

인터넷 물류 기업 아마존에서 반품이 제일 많이 나오는 게 인테리어 소품이었습니다. 왜 그럴까요? 크기 때문이에요. 아무래도 제품을 확대해서 자세히 보여 주려다 보니 사진으로 볼 때 실제보다 크게 보이게 마련이었어요. 그래서 다른 가구와 비교해서 제품의 크기를 보여 주는 기능을 추가했어요. 그랬더니 반품이 줄고 물류 비용이 크게 절감됐습니다. 구매자의 만족도도 크게 올라갔습니다. 사용자 친화적인 태도가 지금의 아마존을 유지하는 힘입니다.

대구의 광명학교는 시각 장애 학생들이 다니는 학교인데요. 그동안 광명학교의 졸업 앨범은 다른 학교와 나를 게 없었어요. 사진을 찍어서 종이에 인쇄해서 만들었죠. 시각장애 학생들이 그 졸업 앨범을 볼 수 있을까요? 학생들에게는 그저 아무런 기억도 감흥도 떠올릴 수 없는 종이일 뿐이었어요. 그런데 한 선생님의 제안으로 광명학교와 경북대학 크리에이티브팩토리가 힘을 합쳐 특별한 졸업 앨범을 만들었어요. 실리콘으로 학생들 얼굴을 입체적으로 만들어서 손으로 만져 볼 수 있게 제작한 거죠. 사용자 친화적인 발상은 이처럼 놀라운 결과물을 이끌어 냅니다. 이 프로젝트를 주도한 선생님은 "학생들이 마땅히 누려야 할 권리를 이제야 찾아 줘서 미안할

대구 광명학교 초등학교 과정 졸업생이 3D 프린터 등으로 제작된 졸업 앨범 속 친구들의 얼굴을 만지고 있다.

따름이다."라고 말했어요. 대부분 사람이 관성적으로 지나쳤던 지점을 누군가는 그냥 지나치지 않고 사용자 친화적인 태도와 시선으로 바라봤고, 결국 변화를 이끌어 낸 거죠.

여러분, 우리 인생은 직선으로 이뤄지지 않아요. 구불구불합니다. 때로는 실패하고 후퇴하고 좌절하면서 앞으로 나아가야 해요. 이 길을 조금이라도 더 반듯하게 펴는 방법이 없을까요? 제가 앞서 이야기했던 여러 가지는 결국 진정성으로 귀결합니다. 사용자 친화적이고, 소통을 잘하고, 경계를 뛰어넘으려면 자기 일에 진정성을 담아야 합니다. 제가 생각하는 인생의 치트키는 진정성입니다. 물론 여러분은 타인에게, 스스로에게 진정성 있게 행동하라는 이야기를 많이 들어봤을 거예요. 그런데 왜 이 치트키를 제대로 쓰는 사람이 별로 없을까요? 너무 어렵기 때문이에요. 진정성 있는 사람은 때로는 남들보다 느려 보이고 심지어 바보처럼 보이기도 해요. 이 험난한 경쟁 사회에서 진정성은 거추장스럽고 무거운 짐처럼 느껴질 수도 있습니다. 하지만 결국 진정성이 우리 개개인과 모두를 구원할 거예요. 여러분이 오늘 하루 진정성에 대해 깊이 고민해 보기를 바랍니다.

마지막으로, 제가 늘 마음에 담고 있는 두 문장을 소개해 드릴게요. 첫 번째는 굉장히 유명한 분이 남긴 말씀인데요. '매일 겪는 문제들을 그냥 넘기지 말고 어떻게든 해결하려고 행동하라.' 두 번째 문장도 되게 유명한 분인데요. '매일 학습하는 내용이 중요한 게 아니고, 매일 학습하는 체질을 만드는 게 중요하다.'

이 두 문장에 담긴 뜻은 결국 똑같아요. 그렇죠? 앞의 문장은 450년 전에 율곡 이이가 한 말씀이고, 뒤의 문장은 2024년에 엔비디아 회사의 CEO 젠슨 황이 한 이야기예요. 당대의 리더들이 수백 년 사이를 두고 똑같은 이야기를 했어요. 그분들은 왜 이걸 거듭 강조했을까요? 여러분, 하루하루 순간순간 끊임없이 배우고 도전해야 합니다. 배움과 노선의 대상은 여러분을 둘러싼 모든 사람과 사건입니다. 그 경험을 바탕으로 여러분 모두가 멋진 래퍼가 되고 화가가 되기를 진심으로 바랍니다. 감사합니다.

Q. 01

개인적으로 삶의 모토가 무엇인가요? 그리고 스타트업 관련해서 관심이 많은 학생한테 이야기해 주고 싶은 말씀이 있을까요?

제 삶의 모토는 첫째, '제가 행복한 순간들을 많이 만들자.'입니다. 이기적이죠? 그래도 그게 중요하다고 생각하고요. 요즘 제가 언제 행복한가 봤더니, 전문적인 실력과 재능을 가진 친구들을 물심양면으로 도와줄 때더라고요. 그래서 스타트업을 도와주는 일이 지금 저는 가장 행복한 순간입니다.

둘째, 이타적인 목표는 '공부해서 남 주자.'입니다. 그러다 보니까 공부를 정말 열심히 합니다. 예를 들어, 제가 AI 분야에서 일해 왔으니까 그와 관련된 기술에 대해서 완전히 몰입해서 소화하는 편입니다. 이걸 내 것으로 만들어서, AI를 제대로 배우고 싶어 하는 사람들에게 나눠 줍니다. 결국에는 첫째 모토와 연결되는 거네요.

그리고 스타트업을 창업해서 일하고 싶다면, 정말로 사용자 친화적인 태도가 중요합니다. 저는 실제로 어떤 스타트업에 투자를 할지 말지를 결정할 때 대표가 사용자 친화적인지 아닌지만 확인할 때도 있습니다. 예를 들어, 모바일 금융 플랫폼 '토스'를 개발한 회사의 이승건 대표가 원래 치과의사였어요. 저는 그분이 치과의사 시절에 병원에서 환자들한테 얼마나 친절했는지 꼼꼼하게 확인했어요. 왜 그랬을까요? 사용자 친화적인 사람이 비즈니스를 해야 비즈니스 모델이 진짜 멋진 게 나옵니다. 메타의 최고경영자 마크 저커버그도 그렇고, 구글 파운더들도 저와 똑같은 기준을 가지고 스타트업을 찾아서 지원합니다. 사용자 친화적인 습관을 키우는 게 제일 중요하다고 생각합니다.

Q. 02

요즘 과학기술이 많이 발달하면서 이과 쪽 직업이 많이 떠오르고 있는데, 문과 쪽 직업은 어떻게 찾아야 할지 잘 모르겠습니다. 문과 쪽에서 AI 분야와 긍정적으로 연결되는 직업이 무엇인지도 궁금합니다.

제가 분명하게 꼭 말씀드리고 싶은 게 하나 있어요. 사용자 경험을 바꾸는 문제를 고민하고 해결하는 사람들은 문과냐 이과냐, 어떤 산업 직군이냐를 떠나서 엄청나게 잘나가고 있습니다. 전쟁터 같은 현실에서 실제로 벌어지고 있는 일이에요. 지금 여러분에게 중요한 건 이거예요. 여러분이 어떤 분야에 관심이 가고 흥미를 느끼는지 먼저 알아야 합니다. 그리고 그걸 선택했으면, 문과건 이과건 어떤 전공이건 간에 그 공부를 해서 나중에 뭘 하고 싶은지가 분명해야 합니다.

저는 구글에서 아시아·태평양 지역의 지원자들을 가장 많이 인터뷰했던 사람이거든요. 제가 지원자들을 면접 볼 때 제일 중요시했던 포인트도 이거예요.

예를 들어, "당신은 왜 구글에 지원했나요?" 이렇게 물어볼 때, "구글에 들어가고 싶어서요." 이러면 안 뽑아요. 구글에 와서 무슨 문제를 해결하고 싶은지, 내 인생에서 구글이라는 재료가 왜 필요한지에 대해서 명확한 답을 가지고 있는 사람을 뽑아요. 그래야 일을 잘합니다.

여러분이 수동적으로 공부하고 주어진 과제만 열심히 한다면, 시험 성적이 아무리 좋고 소위 상위 대학을 가더라도 AI 시대에 도태될 확률이 높습니다. 그에 비해 정말 진정성을 가지고 자신이 좋아하는 공부를 해서 어떤 문제를 해결하고 싶다는 목표를 세우잖아요? 그러고서 사회라는 전쟁터에 나오면 모두에게 환영받고 백전백승합니다. 한두 번 실패하더라도 다시 일어설 힘을 얻습니다. 너무 뜬구름 잡는 것 같아서 미안하지만, 저는 이 이야기가 가장 중요하다고 생각합니다.

어떻게 하면 여러 관점에서 생각하는 습관을 들일 수 있을까요?

손에 잡히는 구체적인 이야기를 하나 해 줄게요. 자기에게 필요한 정보를 습득하는 가장 효과적인 방법입니다. 바로 독서예요. 책을 많이 읽어 보세요. 그런데 저는 책만 읽어야 한다고는 생각하지 않아요. 유튜브도 봐야 합니다. 책이랑 유튜브는 같은 정보라도 자기 것으로 습득하는 방식과 내용이 달라요. 유튜브는 동영상이기 때문에 정보가 머릿속에 쏙쏙 들어오고, 기억에도 오래 남아요. 동영상도 분명 장점이 있습니다. 하지만 책처럼 논리력이나 추리력이 생기기는 좀 어렵거든요. 유튜브로 취득할 분야의 정보도 있지만 책으로 찬찬히 곱씹으면서 소화해 내야 할 정보도 있습니다. 따라서 어떤 정보를 찾을 때 유튜브로 볼지 책으로 볼지 먼저 고민해 봐야 해요.

여러 관점을 기르기 위해서 유튜브를 한 80퍼센트 이용하고, 책을 한 20퍼센트 이용해야겠다고 계획을 잡았다면, 그다음 단계도 아주 중요합니다. 유튜브의 1분짜리 요약 영상 이런 거 보면 아무런 의미도 없습니다. 아무 계획 없이 알고리즘이 보여 주는 대로 플레이 버튼을 누르면 머릿속에 아무것도 남지 않아요. 그렇게 하지 말고 플레이리스트를 만들어서 관리해 보세요.

제가 플레이리스트를 만드는 방법을 참고 삼아 소개할게요. 저는 크게 '테크놀로지' '비즈니스' '아이디어' 이렇게 범주를 나눴어요. 여기서 끝내면 안 돼요. 그러면 다 쓰레기통이 돼요. 저는 각 범주에 '와우 테크놀로지' '와우 비즈니스' '와우 아이디어' 폴더를 또 만들었어요. 영상을 보다가 정말 놀랍고 영감을 자극하는 영상을 여기에 저장하는 거죠. 여러분도 꼭 이렇게 하라는 말은 아닙니다. 그냥 제 방식일 뿐이니까 참고하세요. 여러분에 걸맞은 범주를 정해서 플레이리스트를 정리해 보세요.

그런 다음 여러분이 심사위원이 돼서 여러분을 자극하는 영상은 특별히 따로 관리해 보세요.

그리고 범주를 정할 때 여러분만의 제목을 정하는 것도 매우 중요해요. 이름을 어떻게 정하느냐에 따라서 거기 담긴 영상의 퀄리티가 달라집니다. 회사도 마찬가지예요. 기업에는 대부분 '마케팅팀'이 있어요. 그런데 '마케팅'이라는 이름은 사용자를 대상화하는 느낌이 들잖아요. 그래서 제가 몇몇 기업에 '마케팅팀'이라는 이름을 좀 바꿔 보자고 제안했어요. 한 그룹에서 마케팅 대신 '인게이지engage'로 바꿨어요. 고객 인게이지먼트는 기업과 소비자 사이에 직접적이고 의미 있는 관계를 맺는 활동을 뜻해요. 그랬더니 정말 직원들이 일하는 방식이 바뀐 거예요.

또 기업에는 사용자의 전화를 받아서 응대하는 '고객만족팀'도 있잖아요. '고객만족팀'이라는 이름은 주체와 객체가 뚜렷이 분리된 느낌이에요. 그래서인지 수동적으로 일하는 분들도 있었거든요. 그런데 이름을 '고객경험팀'으로 바꿨더니 전화를 받아서 문제를 해결하려는 태도가 바뀌었어요. 이처럼 어떻게 이름을 붙이느냐가 때로는 중요합니다. 어떤 분야를 여러분이 주체적으로 재정의했다는 뜻이잖아요. 여러분의 관심과 계획에 걸맞은 멋진 제목을 만들어 보세요.

FUN&
LEARN

컴퓨터가 양자를 만나면

채은미

도쿄대학교에서 학사 및 석사 학위를 받았고, 하버드대학교에서 이원자 분자의 레이저 냉각 연구로 박사 학위를 받았다. 졸업 후 교토대학교에서 초저온 원자의 양자 가스 현미경에 대한 박사 후 연구를 수행했으며, 도쿄대학교 조교수를 거쳐 현재는 고려대학교 물리학과 교수로 재직 중이다.

양자컴퓨터는 컴퓨터에 양자의 특성을 더한 것이다.

양자 중첩과 양자 얽힘 현상을 이용한 양자컴퓨터는

기존 컴퓨터보다 훨씬 빠르게 연산을 수행한다.

아직 걸음마 수준의 개발 단계이지만

다양한 가능성으로 빠르고 무한히 발전할 것이다.

✦ 컴퓨터, 어디까지 발전할까

안녕하세요. 여러분은 다 양자컴퓨터라는 말을 들어 봤을 거예요. 저는 양자컴퓨터가 왜 이렇게 주목받는지, 어떤 성능과 어떤 장점을 가졌고, 어떻게 만들고, 어디까지 왔으며, 어떤 과제가 남았는지에 대해서 여러분과 이야기해 보려고 합니다.

양자컴퓨터를 이야기할 때 지난 2022년 노벨 물리학상 이야기를 빼놓을 수 없을 것 같아요. 그해 알랭 아스페·존 클라우저·안톤 차일링거, 세 과학자가 양자 정보 과학이라는 새로운 분야를 개척한 공로를 인정받아서 노벨 물리학상을 수상했어요. 약간 낯설죠? 까다롭기로 유명한 노벨상 위원회가 이렇게 새로운 분야를 인정했다는 것은 그만큼 뭔가 주목할 만한 내용이 있기 때문이겠죠? 그러면 양자 정보 과학이 정확하게 어떤 분야인지 간단히 알아볼게요.

양자 정보 과학은 크게 네 갈래로 분류합니다. 양자 통신, 양자 암호, 양자 센싱, 양자컴퓨터. 사실 양자 과학은 시작 단계여서 기술 자체는 공통으로 겹치는 게 많습니다. 그런데 산업 분야가 통신, 센싱, 암호, 컴퓨터로 각각 나뉘어 개발되다 보니 양자 과학기술도 네 갈래로 분류하곤 합니다. 이 중에서 오늘은 양자컴퓨터에 대해 이야기해 볼 거예요.

양자컴퓨터가 뜨겁게 주목받게 된 계기는 다음 두 사건 때문입니다. 2019년에 구글이 논문을 한 편 발표했어요. 슈퍼컴퓨터로 1만 년이 걸리는 계산을 자기네가 개발한 양자컴퓨터로 3분 만에 해결했다는 내용이었습니다. 양자컴퓨터라는 개념 자체는 지난 몇십 년 동안 이야기되어 왔어요. 하지만 양자를 다루는 게 워낙 어려운 분야라서 그동안은 그냥 꿈같은 이야기였어요. '언젠가 개발이 되면 좋겠네.' 이런 분위기였죠. 그런데 구글이 양자컴퓨터를 실제로 만들어서 사용했다는 논문이 발표된 거예요. 1년 뒤, 중국에서는 한발 더 나아가 자기네가 만든 양자컴퓨터로 25억 년 걸릴 계산을 200초 만에 해결했다고 발표했어요. 이 두 사건에 사람들은 매우 흥분했어요. 꿈의 양자컴퓨터가 현실 세계에 등장했으니까요. 세계적인 기업들도 앞다투어 양자컴퓨터 개발에 뛰어들었습니다. 다만 여기서 한 가지 주의할 점은, 양자컴퓨터는 무슨 문제든 풀어내는 만능 재주꾼이 아니라는 점입니다. 지금 양자컴퓨터는 아직 걸음마 단계여서 몇몇 특정한 계산에서만 엄청난 능력을 발휘할 수 있어요. 앞으로 더욱 발전하면 더 많은 계산을 짧은 시간 내에 할 수 있겠지요?

양자컴퓨터는 말 그대로 컴퓨터에 양자의 특성을 더한 거죠. 양자가 들어갔기 때문에 양자역학 이야기를 안 할 수 없습니다. 그래서 조금 어려울 수도 있지만, 양자역학에 대해서 먼저 좀 짚어 봐야

2024년 11월 20일 송도 연세대학교 국제캠퍼스 양자컴퓨팅센터에서 국내 최초 상용 수준 양자컴퓨터 'IBM 퀀텀 시스템 원'이 공개되었다.

합니다. 마침 2025년은 과학자들이 양자의 존재를 알아내고 연구한 지 100년이 되는 해입니다. 학문치고는 젊은 학문이죠. 유엔에서는 이걸 기념해서 2025년을 '세계 양자 과학기술의 해International Year of Quantum Science and Technology'로 지정했어요. 여기에서 'Quantum'은 양자를 뜻하는 영어 단어입니다. 아마 이걸 기념하는 많은 행사가 있을 거예요. 이 시간을 계기로 여러분도 관심 있게 지켜보고, 또 가능하다면 행사에 직접 참여해 보기 바랍니다.

✦ 양자 중첩 현상

양자역학에 대해서 다 이야기하자면 한도 끝도 없어요. 여기에서는 양자컴퓨터를 운영하는 데 가장 중요한 양자역학의 두 가지 특징에 대해서만 살펴볼게요. 하나는 양자 중첩 현상, 또 하나는 양자 얽힘 현상입니다.

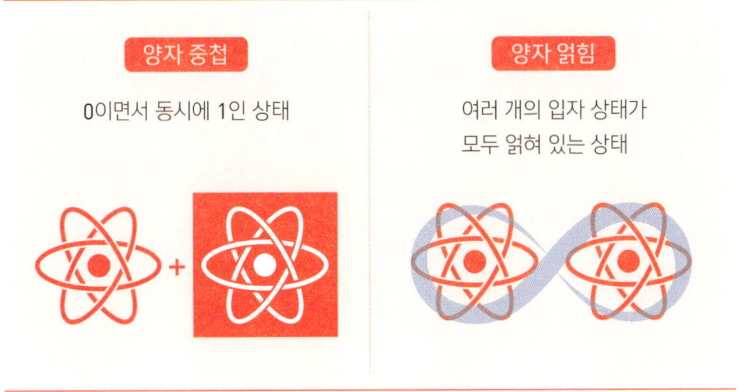

이 두 현상 모두 양자역학 고유의 특징이고, 또 우리가 가진 직관과 살짝 어긋나서 잘 이해가 안 됩니다. 여기서 알기 쉽게 이 두 양자 현상을 설명해 볼 텐데, 우리가 이야기할 또 다른 주제는 컴퓨터잖아요. 그래서 학문적으로 '고전컴퓨터'라고 부르는 기존 컴퓨터와 비교하면서 이 양자 현상을 이야기해 보겠습니다.

먼저, 양자 중첩 현상입니다. 고전컴퓨터에서 정보의 단위는 비트죠. 비트는 '0' 또는 '1'의 값을 가집니다. 고전컴퓨터는 그 외의 값을 가질 수 없어요. 오직 딱 두 가지로 정해져 있습니다. 양자컴퓨터에서도 정보의 단위는 비트입니다. 이걸 양자비트, 퀀텀비트, 또는 줄여서 큐비트라고 해요. 그런데 이 큐비트에는 재밌게도 0과 1 두 가지 값과 더불어서, '0이면서 동시에 1'인 값이 존재합니다. 0이면서 동시에 1인 비트라고 이야기하면, 사람들이 혼란스러워해요.

고전역학과 양자역학 비교 1(양자 중첩)

"세상에 그런 게 어디 있어요?" "그럼 0.5 아닌가요?" 그럴 수밖에 없죠. 거시 세계에서는 직관적으로 이해할 수 없는 현상이니까요.

0이면서 동시에 1인 비트는 바로 양자 중첩 현상 때문에 생겨난 상태입니다. 양자 중첩이란, 입자가 여러 상태에 동시에 존재할 수 있다는 개념으로, 모든 물질은 입자이면서 동시에 파동이라는 '파동-입자 이중설'과 깊은 연관이 있습니다. 여기서 양자란 더 이상 나눌 수 없는 에너지의 최소 단위를 지칭합니다. 좀 어렵죠? 그런데 더 나아가서, 우리가 실험을 한다고 가정해 보세요. 큐비트가 0인지 1인지 알아보기 위해서 사진을 찍어서 보면, 신기하게도 그 결괏값은 0이 나오거나 1이 나옵니다. 앞서 제가 양자 중첩은 여러 상태가 중첩되어 있다고 했지요? 큐비트는 0과 1이 중첩되어 있었는데, 우리가 사진을 찍어서 관측하는 순간 결괏값으로 0.5 같은 값이 나오는 게 아니라 0 아니면 1이 무작위로 나와요. 여러 번 반복해서 찍으면 무작위로 0과 1이 측정됩니다. 즉, 우리가 측정하는 순간 양자의 중첩 상태가 붕괴합니다. 나아가 한 번 0으로 측정되면 계속 0으로 존재하고, 1로 측정되면 계속 1로 존재합니다. 한 번 측정한 큐비트는 이전의 중첩 상태로 돌아가지 않아요. 이걸 '양자의 비가역성'이라고 합니다.

제가 관측한 결괏값은 무작위로 결정된다고 했잖아요. 어떤 규칙도 없고 예측도 불가능하죠. 하지만 알 수 있는 게 하나 있어요. 바로 확률입니다. 0이 나올지 1이 나올지 확률은 알 수가 있습니다. 양자역학에서 물질의 상태를 기술하는 수식을 '파동함수'라고 부르는데요. 우리가 관측했을 때 0이 나올지 1이 나올지 이 파동함수가 확률의 힌트를 줍니다.

$$\text{파동함수} = \sqrt{0\text{일 확률}} \times \text{"0"} + \sqrt{1\text{일 확률}} \times \text{"1"}$$

여러분의 이해를 돕기 위해 동전 실험을 해 볼까 해요. 우리 앞에 동전이 있다고 생각해 보세요. 동전에는 마치 0과 1처럼 앞면과 뒷면이 있습니다. 이 동전을 세워서 한번 돌려 볼까요? 이렇게 동전이 빙글빙글 도는 상태가 양자 중첩과 비슷해요. 빠르게 도는 동전은 앞면과 뒷면이 동시에 보여요. 앞면이면서 동시에 뒷면이 중첩되어 있어요. 자, 이제 동전이 앞면인지 뒷면인지 측정해 봅시다. 그러자면 돌고 있는 동전을 멈춰 세워야 해요. 빙글빙글 돌고 있는 동전을 손바닥으로 탁 쳐 보세요. 이게 관측 행위예요. 관측하는 순간, 우리가 동전의 양자 중첩 상태에 관여하는 거죠. 동전을 손바닥으로 탁 치면 동전은 움직임을 멈추고 바닥에 뉘여 앞면이 나오거나 뒷면이 나오겠죠. 한 번 관찰했을 때 앞면이 나올지 뒷면이 나올지는 예측할 수 없어요. 무작위로 나오죠. 하지만 돌고 있는 동전을 수백수천 번을 쳤을 때 앞면이 나올 확률과 뒷면이 나올 확률은 반반입니다. 한 번 관측할 때는 앞면이건 뒷면이건 무작위로 나오지만 여러 번 반복하면 50퍼센트 확률에 수렴합니다.

양자 중첩 상태도 마찬가지예요. 0과 1의 중첩 상태일 때 한 번 측정으로는 무엇이 나올지 알 수 없어요. 하지만 여러 번 측정해서 그 결괏값을 통계적으로 보면 큐비트가 원래 중첩이었다는 사실을 알게 됩니다.

✦ 양자 얽힘 현상

두 번째는 양자 얽힘 현상입니다. 양자 얽힘은 두 입자가 떨어져 있는데도 서로 연결되어 영향을 미치는 현상이에요. 그러니까 떨어진 두 입자 가운데 한 입자에 어떤 변화가 생긴다면 다른 입자도 곧바로 같은 반응을 보입니다. 고전컴퓨터에서 두 개의 비트 A와 B는 각각 독립적입니다. 각각 자기가 원하는 값을 가질 수 있어요. 비트 A가 0이건 1이건, 비트 B가 0이건 1이건 자기가 원하는 상태를 가질 수 있습니다. 그런데 양자컴퓨터에서는 여러 개의 큐비트가 얽혀 있는 상태로 존재할 수 있고, 그 경우 서로가 서로에게 영향을 줍니다. 늘 얽혀 있어서 따로따로 생각할 수 없는 상태에 놓이게 되는 것이지요. 예를 들어, 큐비트 A와 B가 '00+11'이라는 양자 얽힘 상태에 있다면 큐비트 A가 0이면 반드시 B도 0이고, A가 1이면 반드

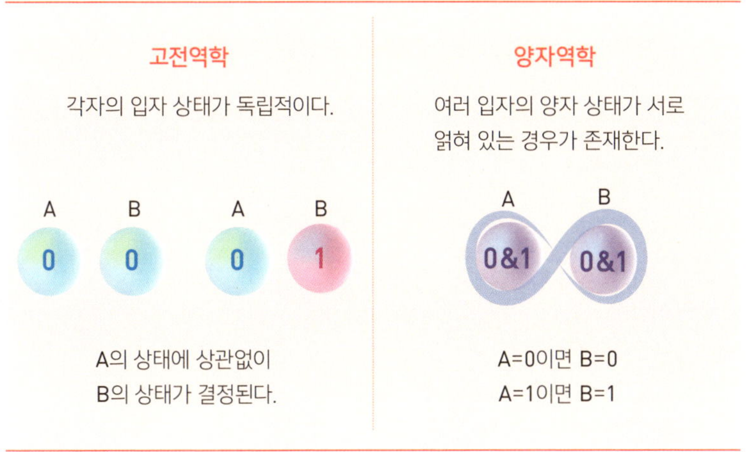

고전역학과 양자역학 비교 2(양자 얽힘)

시 B도 1이에요. 이때 만약 실험 환경을 잘 조성해 주면 입자 두 개를 멀리 떨어뜨려 놓아도 양자 얽힘 법칙이 성립합니다.

이번에도 동전 실험으로 양자 얽힘 현상을 설명해 볼게요. 이번에는 우리 앞에 동전 두 개가 빙글빙글 돌고 있다고 가정해 보세요. 동전 A와 동전 B는 '00＋11'이라는 양자 얽힘 상태에 있습니다. 이때 동전 A의 결괏값을 측정하기 위해 손바닥으로 탁 멈춰 세웠습니다. 그러면 동전 A는 무작위로 앞면이나 뒷면이 나옵니다. 여기까지는 양자 중첩과 같지요. 이제부터가 중요합니다. 만약 동전 A를 멈춰 세워서 결괏값이 앞면이 나왔다면, 조금 떨어져서 돌고 있던 동전 B도 그 순간 멈춰 서면서 앞면이 나옵니다. 우리는 동전 B에 아무 짓도 안 했지만 동전 B는 동전 A와 동시에 멈춰 서면서 똑같이 앞면이 나옵니다.

이번에는 동전 B의 결괏값을 측정해 볼까요? 돌고 있는 동전 B를 손바닥으로 탁 쳐서 봤더니 뒷면이 나왔어요. 우리는 동전 A에는 아무 짓도 안 했는데도 동전 A는 혼자 발라당 넘어지면서 똑같이 뒷면이 나옵니다.

거시 세계에서는 전혀 볼 수 없고 상상할 수 없는 일입니다. 현실 세계에서 만약 누군가 멀리 떨어진 물체를 움직이거나 변하게 한다면 어떨까요? 그 사람은 어떤 눈속임을 쓴 마술사일 가능성이 아주 높아요. 눈속임 없이 오직 자신의 능력으로 떨어진 물체에 물리적 영향력을 행사한 초능력자는 이제까지 없었습니다. 따라서 양자 얽힘 현상은 정말 우리 직관으로는 이해가 안 돼요. 대체 왜 이런 현상이 일어나는지 이유는 알지 못하고, 다만 우리가 사는 우주에는 이런 현상이 일어난다는 사실만 확인한 상태입니다.

이 양자 얽힘 현상을 바탕으로 재미있는 사고실험을 한번 해 볼까요? 여기 양자 얽힘 상태의 동전 A와 B가 있다고 생각해 보세요. 동전 A와 B는 어느 정도 떨어져 있어도 얽힘 상태를 유지할 수 있다고 했잖아요. 그렇다면 동전 A를 지구에 놓고, 동전 B를 달에 놓았다고 가정해 보세요. 그리고 여러 요건들을 잘 조절해서 동전 A와 B는 여전히 양자 얽힘을 유지한다고 가정해 보겠습니다. 그 정도 거리에서는 당연히 양자 얽힘을 유지하지 못하겠지만, 그래도 상상해 볼 수는 있잖아요. 그런 다음 지구에 있는 동전 A를 탁 쳐서 앞면이 나오면, 양자 얽힘 상태인 달에 있는 동전 B도 그 즉시 넘어지면서 앞면이 나옵니다. 상상력을 좀 더 확장해서, 이번에는 양자 얽힘 상태의 두 입자를 우주 반대편 멀리 떨어뜨려 놓았다고 가정해 보세요. 양자 과학기술이 발전해서 만약 이게 실현된다면 어떤 일이 벌어질까요?

사실 양자 중첩과 양자 얽힘이라는 개념이 처음 등장했을 때 논쟁이 많았어요. 당연하죠. 우주를 이루는 기본 물질이 확률에 따라 상태가 결정되고, 서로 초능력을 주고받는다는 말처럼 들리잖아요. 저 유명한 알베르트 아인슈타인도 양자역학을 반대했어요. 양자 중첩에 대해서는 우주가 주사위 놀이에 의해 만들어질 리 없다고 비판했고, 양자 얽힘에 대해서는 유령 같은 원거리 원격 작용이라고 폄훼했어요. 그래서 한동안 아인슈타인을 주축으로 하는 학파와 닐스 보어를 주축으로 하는 양자역학을 옹호하는 학파가 서로 치열하게 논쟁했어요.

그런데 결국 양자역학은 여러 실험을 통해 하나둘 증명되었어요. 앞서 소개했듯이 알랭 아스페·존 클라우저·안톤 차일링거, 세 과학자도 양자 얽힘을 증명한 실험으로 2022년에 노벨 물리학상을 받았어요. 현대 과학계에서는 양자역학을 정설로 받아들이고 있습니다. 그렇다고 고전물리학이 틀렸다는 뜻은 아니에요. 고전물리학은 우리 눈에 보이는 거시 세계를 이해하는 데 여전히 효과적이에요. 다만 현대 과학이 미시 세계라는 새로운 영역으로 확장했고, 그 미시 세계를 움직이는 법칙을 찾아낸 것입니다.

✦ 컴퓨터 안으로 들어간 양자역학

양자 중첩과 양자 얽힘은 양자컴퓨터의 핵심 기술을 이룹니다. 특히 양자 얽힘을 얼마나 잘 만들고, 얼마나 잘 유지하고, 얼마나 잘 제어하는지가 양자컴퓨터의 성능을 결정합니다. 그게 전부라고 해도 과언이 아닙니다.

양자 중첩과 양자 얽힘은 어떻게 양자컴퓨터의 핵심 기술로 활용되는 걸까요? 먼저, 양자 중첩은 한마디로 말하면 여러 경우의 수를 한꺼번에 계산할 수 있게 해 줍니다. 고전컴퓨터의 비트가 세 개라고 가정해 봅시다. 그러면 가능한 경우의 수는 $(0, 0, 0)$, $(0, 0, 1)$, $(0, 1, 0)$, $(1, 0, 0)$, $(0, 1, 1)$, $(1, 0, 1)$, $(1, 1, 0)$, $(1, 1, 1)$로 여덟 가지입니다. 이 중에서 무엇이 정답인지 알아내려면 하나하나 대입해서 맞춰 가야 합니다. 앞서 양자 중첩은 입자가 0이면서 1인 상태라고 이야기했잖아요. 양자컴퓨터에서는 이 양자 중첩 현상을 이용해서 세 개의 큐비트를 양자 중첩 상태로 만들어 줍니다. 그러면 이 하나의 경우의 수가 여덟 가지 경우의 수를 모두 포함하게 됩니다. 즉, 하나의 상태에 대해서 연산을 수행하면 여덟 가지 경우에 대한 답을 다 얻어 낼 수 있는 거죠.

자, 여기에서 한 가지 의문이 생깁니다. 앞서 우리는 양자 중첩 상태의 입자를 측정하면 결괏값이 무작위로 나온다고 이야기했어요. 그러면 양자컴퓨터로 계산하면 결괏값도 무작위로 나오지 않을까요? 컴퓨터는 정확도가 생명인데, 결괏값이 무작위로 나오면 이걸 컴퓨터라고 말할 수 있을까요?

이 문제를 해결하는 게 바로 확률입니다. 양자 중첩 상태로 연산할 때는 여러 번 측정해야 합니다. 측정을 많이 할수록 정확한 연산 값을 얻을 확률이 올라갑니다. 즉, 오류가 줄어듭니다. 양자컴퓨터에서는 하나의 경우의 수에 대해서 여러 번 계산해서 통계적인 분석을 해서 여덟 가지 경우의 수 중 무엇이 정답인지 알아냅니다.

양자컴퓨터의 강점 1

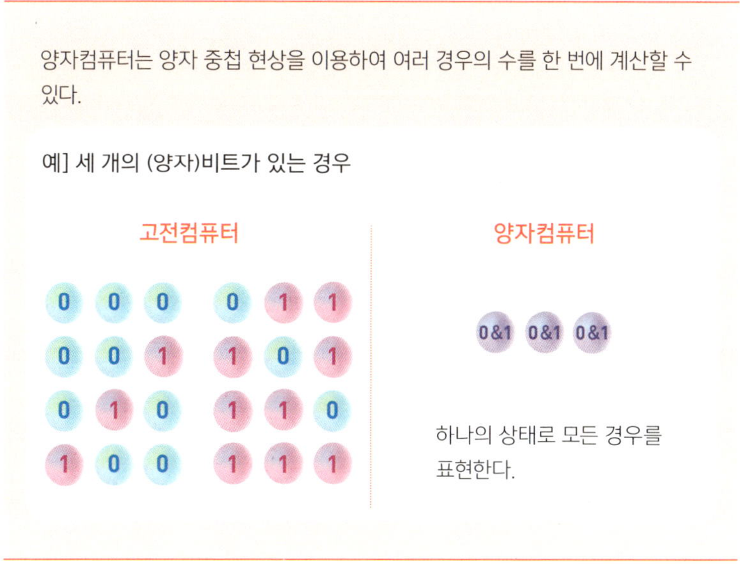

양자컴퓨터가 확률에 따른 정확도를 높이기 위해서 열 번을 측정해야 한다고 가정해 볼게요. 이에 비해 고전컴퓨터에서는 여덟 번만 계산하면 됩니다. 그러면 양자컴퓨터를 사용할 이유가 없죠. 결괏값을 구해 내는 속도가 더 느릴 테니까요. 큐비트가 세 개일 때는 전혀 이점이 없어요. 그런데 만일 비트의 수가 더 많다면 이야기가 달라집니다. 열 개만 돼도 달라지는데요. 만일 비트가 열 개라면 경우의 수는 2의 10제곱, 1000개가 훌쩍 넘어갑니다. 고전컴퓨터로 그 입력값들에 대해서 결과를 알려면 2의 10제곱 번 계산해야겠죠. 하지만 양자컴퓨터는 열 개의 큐비트에 양자 중첩 상태를 이용하면, 하나의 상태가 2의 10제곱 개의 정보를 다 가지게 됩니다. 이 상태에서 100번 정도 측정하면 꽤 정확한 결과를 얻을 수 있겠죠? 양자컴퓨터로는 100번만 측정해도 됩니다. 이런 식으로 비트의 개수가 늘어나면 늘어날수록 양자컴퓨터는 고전컴퓨터보다 훨씬 빠르고 정확해집니다.

다음으로, 양자 얽힘은 간단하게 말하면 한 번에 여러 가지 연산을 하게 해 줘요. 고전컴퓨터는 한 번의 연산으로 하나의 비트를 변화시킵니다. 당연하죠. 고전컴퓨터에 열두 개의 비트가 있고, 이 비트가 모두 0의 값을 가지고 있다고 가정해 보세요. 이 비트를 모두 1로 바꾸고 싶으면 어떻게 해야 할까요? 그냥 정직하게 하나하나 연산을 통해서 바꿔 주어야 합니다. 모두 합쳐 열두 번 조작해 주는 거죠. 이에 비해 양자컴퓨터에서는 양자 얽힘을 활용할 수 있습니다. 열두 개를 한 묶음으로 얽어 주면 됩니다. 그러면 이 열두 개의 큐비트는 하나가 0이 되면 나머지도 다 0이 되고, 하나가 1이 되면 나머지도 다 1이 됩니다. 즉, 0이었던 큐비트 열두 개를 한 번의 연산으로 모두 1로 바꿔 줄 수 있습니다. 기존 컴퓨터에서 열두 번 했던 연산을 양자 얽힘을 이용해서 한 번으로 줄인 거죠.

이처럼 양자컴퓨터는 양자 중첩과 양자 얽힘 현상을 이용해서 고전컴퓨터보다 훨씬 빠르게 연산을 수행할 수 있습니다. 양자컴퓨터

양자컴퓨터의 강점 2

양자컴퓨터는 양자 얽힘 현상을 이용하여 여러 연산을 한 번에 할 수 있다.

예] 열두 개의 (양자)비트가 있는 경우

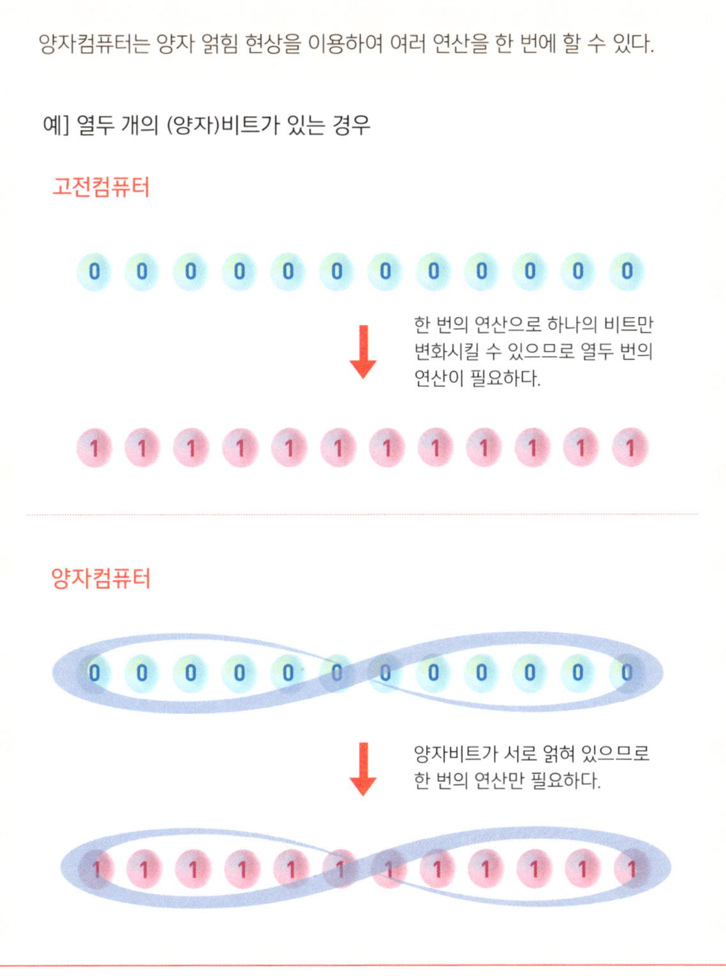

가 특별히 잘하는 계산 영역이 몇 가지 있는데요, 그중 하나가 소인수분해입니다. 예를 들어, 63을 소인수분해하면 '7×3×3'입니다. 그런데 수가 커지면 커질수록 소인수분해하기가 상당히 어려워집니다. 곱하기는 그리 어렵지 않은 수도 소인수분해는 쉽지 않아요. 그래서 이 소인수분해를 기반으로 해서 암호를 만드는 기술도 있습니다. 2000비트 정도 되는 소인수분해 기반 암호가 있다고 가정해 보세요. 고전컴퓨터, 그중에서도 가장 뛰어난 슈퍼컴퓨터는 이 암호를 푸는 데 100만 년 이상 걸립니다. 그러니까 매우 안전한 암호로 쓰였죠. 불과 몇 년 전만 해도 소인수분해 기반 암호는 가장 안전한 암호 체계로 여겨졌습니다.

그런데 양자컴퓨터는 소인수분해를 기가 막히게 잘합니다. 양자컴퓨터는 2000비트 소인수분해 기반 암호를 몇 초 만에 풀 수 있습니다. 안전하다고 여겼던 소인수분해 기반 암호가 순식간에 붕괴되는 거죠. 암호가 바로 깨져 버립니다. 현대 정보사회에서 암호는 매우 중요해요. 암호가 깨지면 개인의 고유한 정보를 안전하게 지킬 수 없게 됩니다. 개인뿐만 아니라 기업과 공공기관 등도 이 문제에 매우 민감하게 반응할 수밖에 없습니다. 이들이 너도나도 양자컴퓨터 개발에 뛰어든 이유 중 하나가 여기에 있습니다.

✦ 양자컴퓨터와 첨단 산업의 만남

양자컴퓨터는 앞으로 어떻게 활용될까요? 앞서 이야기했듯이, 양자컴퓨터는 개발 단계입니다. 따라서 매우 다양한 가능성이 열려 있습니다. 그중에서 현재 활발하게 연구되고 있는 몇 가지 분야를 소개해 줄게요.

첫째, 빅데이터 분야입니다. 양자컴퓨터는 여러 경우의 수를 한꺼번에 계산할 수 있어요. 빅데이터 분석에 특화된 능력이죠.

둘째, 보안 분야예요. 양자컴퓨터로 어려운 암호를 잘 푸는 기술, 어려운 암호를 만드는 기술이 활발하게 연구되고 있습니다.

셋째, 최적화 문제입니다. 최적화 문제란, 예를 들어서 어떤 기업이 물류 센터를 지으려 할 때 어디에 짓는 것이 가장 효율적인지, 에너지가 가장 적게 들고 물류 이동 비용이 적게 드는지를 분석하고 판단하는 일입니다. 최적화 문제는 현대 사회에서 매우 복잡하고 어렵고 그만큼 중요한 분야입니다. 거의 모든 기업이 최적화 문제를 고민하고 또 해결책을 찾고 싶어 합니다. 양자컴퓨터는 최적화 문제를 해결하는 데도 뛰어난 능력을 뽐냅니다.

넷째, 신소재 분야입니다. 예를 들어, 요즘 자동차 분야의 화두는 단연 전기자동차입니다. 전기자동차를 만드는 기업들은 전기 배터리의 효율성을 높이기 위한 연구를 활빌히 진행하고 있습니다. 그런데 이 배터리는 결국 물질로 이루어져 있어요. 물질 안에는 수많은 전자가 들어 있고, 이 전자들의 움직임이 물질의 특성을 좌지우지해요. 양자컴퓨터는 전자들의 움직임을 분석하는 데 최고의 능력을 자랑합니다. 그래서 양자컴퓨터는 배터리 촉매 물질을 개발하는 데 큰 도움을 줄 수 있습니다. 자동차 이야기가 나왔으니까 한 가지 덧붙이자면, 요즘 자율주행 자동차도 많이 연구되고 있습니다. 자율주행 자동차는 수많은 데이터를 실시간으로 받아들여서 분석하고 재빨리 다음 행동을 정해야 합니다. 그건 양자컴퓨터가 장점을

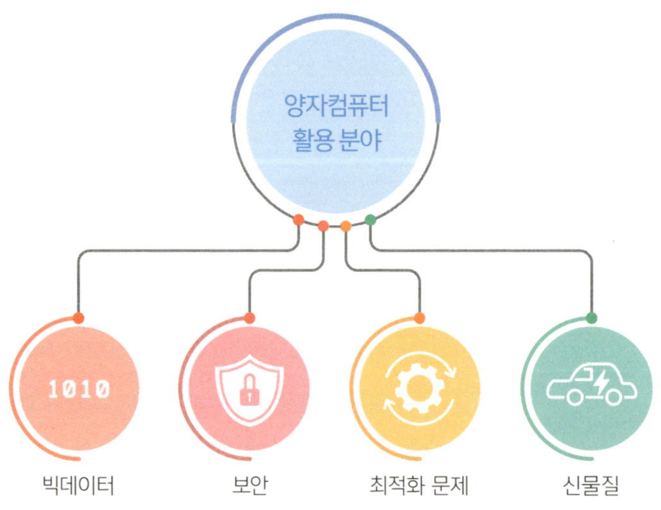

가진 분야입니다. 그래서 자율주행 자동차에 양자컴퓨터를 활용하
는 연구도 활발히 진행되고 있어요.

✦ 양자컴퓨터 만들기

이제 양자 중첩과 양자 얽힘을 이용해서 양자컴퓨터를 만드는 방
법을 간단하게 알아봅시다. 첫째, 양자컴퓨터를 만들려면 먼저 큐
비트가 있어야 합니다. 고전컴퓨터는 이진법으로 계산하는 기계이
고, 따라서 연산을 하려면 당연히 비트 0과 1이 있어야 합니다. 큐
비트도 고전컴퓨터의 비트와 마찬가지로 기본적으로 0과 1로 이루
어집니다. 나아가 큐비트는 0과 1의 중첩 상태를 잘 만들어 줘야 합
니다. 양자컴퓨터는 양자 중첩과 양자 얽힘이 오랫동안 유지될수록
좋습니다. 따라서 양자 중첩과 양자 얽힘 상태를 안정적으로 유지해

야 합니다. 입자 세계의 양자 중첩과 양자 얽힘 상태는 외부 잡음에 매우 민감하고 연약합니다. 외부에서 아주 조그마한 에너지라도 개입하면 곧바로 깨져 버립니다. 외부의 간섭을 차단하고 안정적인 상태를 유지할수록 뛰어난 양자컴퓨터 시스템입니다. 더불어 이 큐비트가 0인지 1인지 정확하게 잘 측정하는 것도 필요하겠지요?

둘째, 양자컴퓨터는 큐비트를 잘 제어할 수 있어야 합니다. 큐비트를 0에서 1로, 1에서 0으로 정확히 보낼 수 있어야 하고, 하나의 큐비트를 양자 중첩 상태로 잘 유지시켜야 하고, 두 개 이상의 큐비트를 양자 얽힘 상태로 잘 만들어야 합니다.

이런 요건을 갖추고 양자컴퓨터를 활발하게 개발하고 있는 네 가지 플랫폼은 '초전도큐비트' '원자이온' '중성원자' '광자'인데요. 이 네 플랫폼에서 구글이나 IBM처럼 거대 기업부터 수많은 벤처가 양자컴퓨터를 개발하고 있습니다. 물론 아직 갈 길이 멀어요. 그래서 할 일도 많습니다.

무엇보다 큐비트 개수를 더 많이 만드는 기술, 그리고 정확도를 높이는 기술이 개선되어야 합니다. 현재 모든 플랫폼이 비슷비슷하게 이 문제를 집중적으로 연구합니다. 각 플랫폼의 양자비트 개수를 비교해 보면, 클라우드 서비스 기준으로 '초전도큐비트'는 약 400개, '중성원자'와 '광자'는 약 200개입니다. 그리고 '원자이온'은 약 20개로 가장 적은데요, 그 회사가 보유한 양자컴퓨터 자체는 200~300개 정도의 큐비트를 가지고 있습니다.

IBM은 홈페이지에 들어가서 회원 가입을 하면 127큐비트짜리 양자컴퓨터를 정해진 시간 동안 쓸 수 있어요. 그리고 유료 회원이 되면 몇백 개짜리 큐비트의 양자컴퓨터를 좀 더 많은 시간 동안 접속

할 수 있습니다. 이미 양자컴퓨터가 상용화 단계에 이른 것입니다.

양자컴퓨터의 큐비트 20개 정도면 제대로 동작하는지 성능을 검증할 수 있습니다. 50개 정도면 슈퍼컴퓨터급 능력을 발휘합니다. 그런데 양자 암호를 해독하거나 만드는 데는 5000개, 복잡한 물질계를 정밀하게 계산하려면 1만 개 넘는 큐비트가 필요합니다. 그러니 양자비트 개수를 더 많이 늘려야 합니다. 최근에 몇몇 기업에서 큐비트 1000개를 돌파했다는 소식이 들리고, 조만간 1만 개로 늘리는 청사진을 내보이고 있기도 합니다.

다음으로 비트를 제어하고 정확하게 측정하는 기술도 더 발전시켜야 합니다. 현재의 양자컴퓨터 기술로는 큐비트를 제어할 때 0.1퍼센트 정도 오류가 발생한다고 합니다. 물론 이 정도 정확도도 매우 훌륭합니다. 하지만 컴퓨터로 계산을 할 때 이런 오류가 생기면 안 되겠죠. 그래서 정확도를 높이는 연구도 많이 진행되고 있습

콜로서스. 최초의 전자 컴퓨터로 1940년대 개발되었으며, 진공관을 사용해 계산하였다.

니다. 예를 들어, 여러 개의 양자비트를 묶은 논리 큐비트를 만들어서 에러를 보정하는 연구가 진행되고 있습니다. 최근에 48개의 논리 큐비트가 구현되기도 했고요. 또 기존 플랫폼 말고 새로운 플랫폼을 찾는 연구도 활발히 진행되고 있습니다.

이제 이야기를 마무리하겠습니다. 정리하자면, 양자컴퓨터는 양자 중첩과 양자 얽힘을 이용해서 만든, 아주 뛰어난 성능을 가진 미래 컴퓨터입니다. 양자컴퓨터는 아직 개발 초기 단계예요. 양자컴퓨터가 온전히 개발되면 산업 분야에 엄청난 도움을 가져다줄 것입니다. 나아가 신물질을 개발하고 신에너지를 창출해서 전혀 새로운 산업 분야를 만들 수도 있습니다.

왼쪽 1940년대 컴퓨터 사진을 한번 보세요. 이 당시에는 컴퓨터 한 대가 방 하나만 했습니다. 그리고 디지털컴퓨터의 비트에 해당하는 진공관 하나하나가 전구처럼 큼직큼직했어요. 이랬던 컴퓨터가 지난 50~60년 사이에 엄청나게 발전해서 현재는 스마트폰에 컴퓨터 한 대를 넣고 다니는 시대가 되었습니다. 양자컴퓨터도 이런 과정을 밟아 갈 거예요. 아직은 걸음마 단계이지만 앞으로 빠르고 무한히 발전할 거예요. 여러분이 양자컴퓨터, 양자 과학기술에 흥미를 느낀다면 주저하지 말고 직접 뛰어들어 주세요. 여러분의 많은 활약을 부탁합니다. 고맙습니다.

Q. 01

양자컴퓨터를 전문적으로 공부하고 연구해 보고 싶다면 어떤 학과로 진학해야 할까요? 물리학과로 진학하는 게 좋을까요?

반가운 질문이네요. 양자컴퓨터는 현재 물리학과에서 주도적으로 연구를 진행하고 있습니다. 그런데 양자컴퓨터라고 한 단어로 말해도 컴퓨터에는 여러 분야가 있잖아요. 만약 양자컴퓨터 하드웨어를 물리적으로 만들고 싶다면 물리학과가 적합하고, 양자컴퓨터가 있다는 가정 아래 양자 알고리즘을 만들고 싶다면 물리학과뿐만 아니라 전자나 정보를 공부하는 학과를 추천합니다.

Q. 02

양자컴퓨터가 성능이 대단하다고 느꼈는데, 그럼 양자컴퓨터로 세계 7대 불가사의를 해결할 수 있나요?

상당히 어려운 질문인데요. 제 생각에는 일단 세계 7대 불가사의는 역사학이나 인문학 분야에서 주도적으로 풀어야 할 문제인 것 같아요. 굳이 양자컴퓨터를 이용해서 해결하고 싶은 게 있다면 그 문제가 무엇인지 정확히 정의되어야 하겠죠. 예를 들어, 어떤 고대 유물 자료를 바탕으로 양자컴퓨터가 풀 수 있는 문제로 변환해서 어떤 시기에 자연적이거나 인위적인 사건의 흔적이 유물에 작용했는지 분석할 수는 있을 듯합니다. 앞서 이야기했듯이, 양자컴퓨터는 특별히 잘 풀 수 있는 영역이 있어요. 그걸 잘 설정해 주는 것이 중요합니다.

양자 얽힘이 끊어지는 조건에 대해서 좀 더 알고 싶은데요. 외부에서 열이나 전기가 흘러 들어오면 양자 얽힘이 끊어지나요? 그리고 양자 얽힘이 끊어지면 어떤 현상이 일어나나요?

네 맞습니다. 둘 다 중요한데요. 전기적 잡음도 치명적이고 열적 잡음도 치명적입니다. 전기적 잡음을 막기 위해서 실험 장치에 방어막을 설치한다거나 여러 방법을 고민하고 있어요. 또 열적 잡음 문제도 중요합니다. 양자컴퓨터는 극저온 환경에서 작동합니다. 초전도큐비트 컴퓨터는 특히 절대 온도 '0(섭씨 −273도)'에 가까운 상태에서만 작동해요. 초전도큐비트 자체는 자그마한 칩이에요. 3~4센티미터 정도 되는 칩인데, 1~2미터 정도 되는 거대한 냉각기에 이 칩을 넣고 작동시킵니다.

양자 얽힘이 끊어지면 두 입자는 각각 독립적 입자가 됩니다. 그때부터는 사실 양자컴퓨터에서 활용할 만한 특성을 상실합니다. 그러니까 양자컴퓨터 사용자로서는 양자 얽힘이 끊어지면 단점만 남습니다. 물론 양자컴퓨터를 실험할 때 인위적으로 양자 끊김을 제어할 때도 있어요. 하지만 원인을 모르는 상태에서 외부의 힘이 작용해서 양자 얽힘이 끊어지면 곤란합니다.

Q. 04

양자컴퓨터가 상용화되면 그에 맞춰 새로운 직업과 기술이 생길 것 같은데요. 어떤 종류의 새로운 직업이 생길지, 그리고 우리가 이것을 대비해 어떤 공부를 해야 할지 궁금합니다.

양자컴퓨터는 기초 단계이기 때문에 제 상상에는 어느 정도 한계가 있습니다. 그걸 감안하고 들어주세요. 아까 최적화 문제 이야기를 했는데

요. 사실 양자컴퓨터는 최적화 문제를 기막히게 잘 풀어요. 대신 자기가 풀 수 있는 형태로 문제를 만들어 줘야 합니다. 즉, 현실에 있는 다양한 문제를 양자컴퓨터가 알아들을 수 있는 문제로 변환해 주는 작업이 꼭 필요해요.

그리고 암호 분야에서 예를 찾아볼까요? 양자컴퓨터가 제대로 개발되면 암호가 많이 붕괴된다고 했잖아요. 그러면 안전한 암호가 필요한 개인과 기업과 정부가 가만히 있을까요? 암호 연구자들은 양자컴퓨터가 개발돼도 풀 수 없는 암호를 열심히 만들고 있습니다. 그중에는 당연히 양자역학을 이용해서 암호를 만드는 연구도 들어 있습니다. 이 밖에도 양자컴퓨터가 상용화될 때를 대비해서 여러 종류의 연구가 진행되고 있고, 앞으로 구체적인 청사진이 제시될수록 더 많은 길이 열리지 않을까 싶습니다.

Q. 05
한국의 양자컴퓨터 개발 수준은 세계에서 어느 정도 위치인지 궁금합니다.

한국의 양자컴퓨터 연구, 양자 과학기술 개발은 그 시작이 상대적으로 늦었습니다. 굳이 따지자면 10위권 내에는 진입해 있고, 5위권에는 아직 들어가지 못한 듯합니다. 양자컴퓨터에 가장 많이 투자하고 있는 나라는 미국과 중국이고요, 유럽연합의 독일과 오스트리아 같은 나라들이 뒤를 잇고 있습니다. 이 밖에도 거의 모든 나라가 양자컴퓨터에 적극적으로 투자하고 있습니다. 우리나라도 최근 2~3년 동안 많은 투자를 하고, 또 빠르게 발전하는 중이라서 곧 따라잡지 않을까 기대하고 있습니다.

스핀을 기반으로 한 양자컴퓨터가 어떻게 구현되는지 궁금합니다.

입자의 스핀을 기반으로 한 양자컴퓨터라면 여러 가지 가능성이 있어요. 예를 들어, 원자 안에 있는 전자의 스핀을 사용할 수도 있고, 반도체에 있는 실리콘 원자들의 핵 스핀을 사용할 수도 있습니다. 이 스핀으로 큐비트를 만들기도 합니다. 어쨌거나 스핀 기반 양자컴퓨터는 대부분 원자 속 전자, 또는 원자핵의 스핀을 이용합니다.

FUN&
LEARN

이상기후의 비밀과 미래 극한기후

하경자

부산대학교를 졸업하고, 서울대학교 대학원에서 석사, 연세대학교 대학원에서 박사 학위를 받았다. 일본 기상연구소와 미국 오리건대학교에서 연구원으로 일하였고, 국가과학기술자문회의 자문위원으로 활동하였으며, 2022~2023년 한국기상학회 회장을 역임하였다. 현재 부산대학교 대기환경과학과 교수이자 IBS 기후물리연구단 교수로 재직 중이다. 세계기상기구 산하의 몬순Monsoon과 지펙스GPEX 등에서 자문위원, 국제 학술지 《클라이밋 다이내믹스Climate Dynamics》 저널의 총괄 편집자 등 다양한 국제 학술 활동과 한국과학기술한림원 정회원으로 활동하고 있다. 쓴 책으로는 《첫 번째 기후과학 수업》《움직이는 실험실》《생생 과학이슈 21》《대기과학 에센스》 등이 있다.

앞으로 탄소중립을 실천하지 않으면

재앙에 가까운 수준의 이상기후가 발생할 것이다.

지구온난화 문제를 해결하기 위해

세계 모든 나라와 세계 모든 사람이

지혜를 모으고 행동해야 한다.

✦ 이상기후, 우리의 일상이 되다

"어, 날씨가 왜 이렇지? 예전 같지 않네." 요즘 이런 말 많이 듣죠? 어느 지역에서 1년에 올 비의 10퍼센트가 한 시간에 내렸다는 뉴스는 이제 흔해요. 오늘 여러분과 함께 나눌 이야기는 이상기후입니다. 제가 여러분에게 보여 주고 싶은 몇 가지 자료를 준비했는데요. 왜 이런 자료가 관측되었는지, 자료가 말하는 진실은 무엇인지 같이 생각해 보겠습니다.

먼저, 그래프를 하나 볼까요? 여러분, 아래 그래프 혹시 본 적 있

2018년 8월 1일 지역별 최고기온

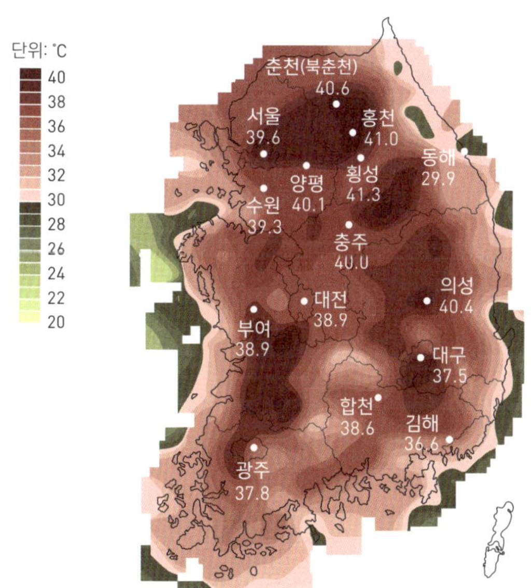

우리나라 기상 관측 이래 역대 최고기온은 2018년 8월 1일 홍천의 섭씨 41.0도이다. 이날 전국 여섯 곳에서 섭씨 40도 이상의 기온이 관측되었다.

나요? 신문이나 방송에서 많이 나온 그래프인데요. 2018년 8월 1일 우리나라 기온을 기록한 그래프입니다. 그해 우리나라가 굉장히 더웠어요. 강원도 홍천이 섭씨 41도를 기록했는데 우리나라 기상 관측이 시작된 1904년 이래 가장 높은 온도였어요. 이때 서울을 비롯한 거의 모든 지역이 섭씨 40도 가까이 올라갔었죠.

2022년에는 또 다른 이상기후가 나타났어요. 어떤 이례적인 현상이 있었냐면, 광주·전남 지역에서 누적 강수량이 786밀리미터밖에 되지 않았어요. 평년보다 반 정도밖에 안 됐어요. 가뭄이 233.6일이나 지속되었고, 이는 기상 관측 이래 가장 오랜 가뭄이었습니다.

다른 내용도 살펴볼게요. 얼마 전이었죠. 2024년 11월에 눈이 매우 많이 내렸어요. 강설량이 강원도와 경기 남부 지역에서는 20센티미터를 넘었고, 용인에서는 31.9센티미터를 기록했어요. 11월의 강설량치고는 굉장히 이례적인 수치입니다.

또 2022년 8월에는 서울 강남 지역에 홍수가 났는데요. 해외 방송사에서 인터뷰 요청이 많이 올 정도로 이슈였어요. 이때 서울 강수량이 얼마였는지 기억나나요? 1일 강수량이 381.5밀리미터였어요. 1년에 올 양의 40퍼센트 정도가 하루에 다 내린 셈이에요. 서울 신대방동 강수량은 시간당 141.5밀리미터를 기록했어요. 여기서 눈여겨봐야 할 대목이 있습니다. '강우강도', 그러니까 '시간당 강수' 개념이에요. 한 시간에 141.5밀리미터가 내렸습니다. 1년에 올 비의 10퍼센트가 넘는 양이 한 시간에 내린 거예요. 그러니까 특정한 시간대에 집중해서 내린 거죠. 이 강우강도가 관측 이래 가장 높은 수치를 나타냈습니다. 이런 강수량이 이전 기록에 없다 보니까 그래프에 나타내지 못할 정도였어요.

2022년 6월 광주와 전남의 상수도원인 주암호가 가뭄으로 메마른 모습이다. 2022년 광주·전남 지역의 가뭄은 233.6일 지속되었으며, 관측 이래 가장 오랜 가뭄이었다.

2022년 8월 9일 서울의 강우량은 115년 만에 최고 시간당 강우량과 일일 강우량으로 기록되었다. 사진은 이날 서울 강남의 모습이다.

✦ 우리나라 이상기후의 특징

우리나라는 1904년에 처음 기상 관측을 시작했고, 1919년에 일곱 곳 정도의 관측 지점이 만들어집니다. 자, 아래 그래프를 보면 1919년부터 1928년까지 10년 동안 관측한 기온 변화는 파란색, 2014년부터 2023년까지 10년 동안 관측한 기온 변화는 빨간색으로 나타내 보았어요.

파란색 과거의 기온과 빨간색 현재의 기온을 비교해 보면 90년 동안 기온이 평균 섭씨 2.14도 증가했어요. 이 수치는 세계의 평균 기온 상승 폭보다 커요. 또 기온 차이가 가장 크게 발생한 시점은

우리나라의 과거와 현재 연간 기온

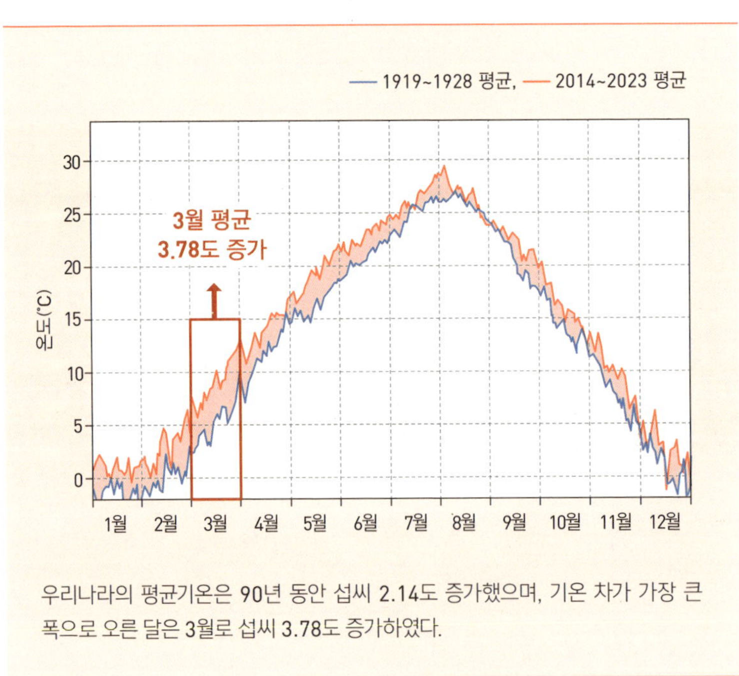

우리나라의 평균기온은 90년 동안 섭씨 2.14도 증가했으며, 기온 차가 가장 큰 폭으로 오른 달은 3월로 섭씨 3.78도 증가하였다.

3월로, 평균 섭씨 3.7도가 넘는 온도 차이를 보였습니다. 이 정도 온도 차이는 기후변화를 고려해 볼 때 굉장히 큰 값이에요.

그래프를 좀 더 자세히 들여다보면 처음에는 겨울철 기온이 좀 많이 오르다가, 최근에는 봄 기온까지 상승하는 추세입니다. 여름은 기온 차이가 왜 이렇게 안 나느냐면 비가 많이 내리기 때문이에요. 비가 오면 기온이 내려가잖아요. 일시적으로 기온은 내려가지만, 사람들은 습한 기후 때문에 생활하는 데 더 큰 불편을 느끼죠. 어쨌거나 비가 증가하면서 기온 차이는 좀 작게 나타납니다.

그러면 최근 여름철에 비가 얼마나 많이 내리는지 자세히 살펴볼까요? 우리나라에는 1970년대부터 기상관측소가 60곳으로 늘어났

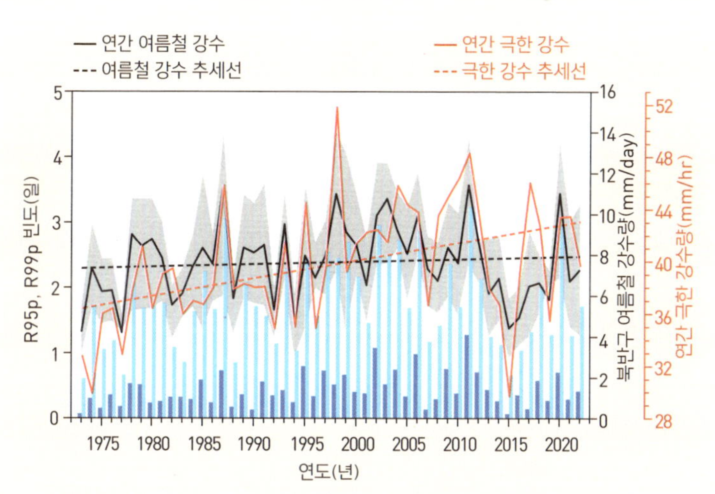

여름철 강수 추세선과 극한 강수 추세선의 기울기를 비교해 보면 극한 강수 추세선의 기울기가 더 가파른 것을 확인할 수 있다. 이는 여름철 강수량보다 극한 강수량이 더 많이 증가하고 있음을 뜻한다.

어요. 앞의 그래프는 그 60개 지점의 평균 강수량을 보여 주는 자료입니다.

검은색 점선으로 표시된 여름철 연간 강수는 그리 뚜렷한 증가세가 보이지 않아요. 하지만 극한 강수를 나타내는 빨간색 점선은 증가세가 뚜렷합니다. 해석하자면, 여름철 평균 강수량보다 극한 강수량이 더 가파르게 증가하고 있다는 뜻입니다. 극한 강수란 짧은 시간에 폭우가 내리는 이상기후 현상을 말해요. 우리나라에서는 극한 강우가 점점 더 자주, 더 많은 지역에서 발생하고 있습니다.

✦ 지구온난화의 주범은 누구일까

이제 눈을 밖으로 돌려볼게요. 오른쪽 위 그래프는 1940년대부터 현재까지 지구의 평균기온을 나타내는 자료입니다. 1850년부터 1900년까지 평균기온을 '0'으로 놓고, 이후 기온이 섭씨 0.5도, 1도, 1.5도 이렇게 오르고 있습니다. 그래프를 보면 어느 한 해도 1900년 이전의 평균기온보다 낮아지지 않고, 빠르게 상승하는 추세를 보입니다. 물론 줄곧 증가만 하는 건 아니고, 어느 해에는 증가했다가 또 다음 해에는 감소하기도 합니다. 기온이 지구 자연의 변동에 따라 스스로 변화하고 있다는 증거입니다. 그런데 과거 대비 섭씨 0.5도를 넘어선 1990년대 말부터 2000년대 초까지 증가폭이 일시적으로 멈춥니다. 이 상태를 히아투스hiatus, 일시 멈춤 현상이라고 합니다. 그 시기에 사람들은 지구온난화가 멈출 수도 있겠다고 기대했어요. 하지만 그 이후 기온은 오히려 이전보다 빠르게 상승했습니다.

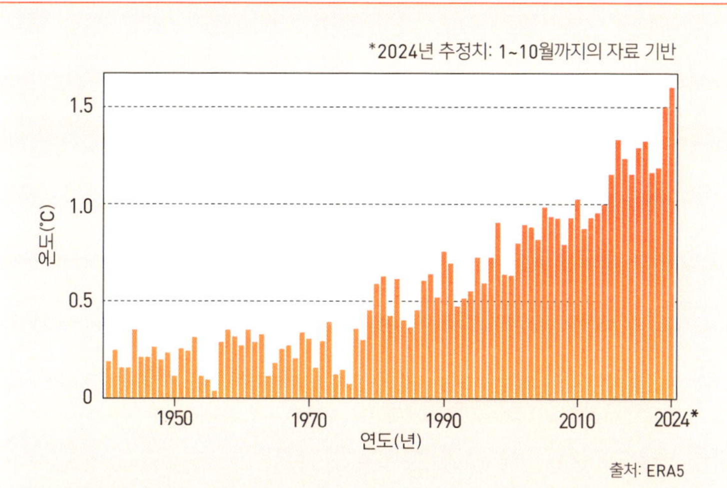

연도별 지구 표면 기온 편차(1850~1900년 대비)

지구의 평균기온은 1990년대 말부터 2000년대 초까지 증가폭이 일시적으로 멈추었다가 그 이후에는 이전보다 빠르게 상승하고 있다.

지구온난화로 인한 지면 기온 변화

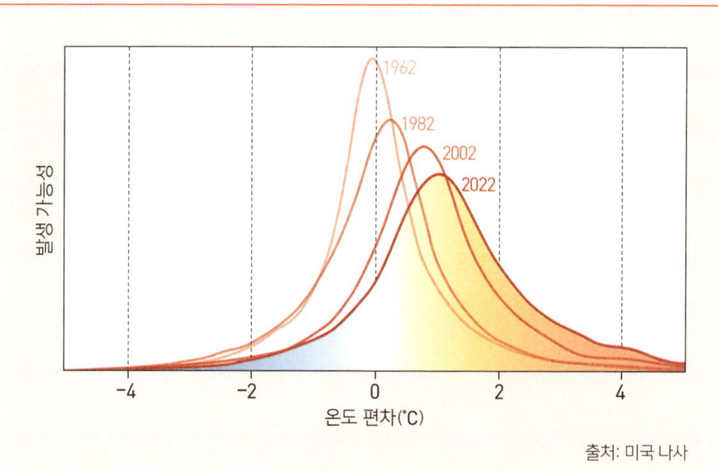

지구의 평균기온은 점점 높아지고 있으며, 한파와 폭염 같은 극한 기후 및 기상 발생 일수도 점점 늘어나고 있다.

2020년 즈음에는 평균기온이 과거에 비해 섭씨 1도를 넘어섰습니다. 2024년 10월까지 추이를 보면 어쩌면 1.5도에 다다를 수도 있을 듯해요.

평균기온의 상승과 더불어 지구온난화에서 또 하나 주목해서 봐야 할 지점이 있어요. 앞장 아래쪽의 지구온난화로 인한 지면 기온 변화 그래프를 보면, 최댓값과 최솟값이 점점 넓게 분포됩니다. 그러니까 더운 날씨와 추운 날씨가 더 오래 지속된다는 뜻입니다. 더울 때는 아주 덥고, 추울 때는 매우 추운 날씨가 늘어납니다.

기후 과학자들은 이 현상도 매우 심각하게 보고 있어요. 지구온난화로 인해 평균기온이 올라가는 게 일차적으로 심각한 문제입니다. 게다가 여기에 최솟값과 최댓값이 증가하면서 평균의 분포가 낮아지고 있습니다. 더운 날씨와 추운 날씨가 다양하게 나타날 가능성이 높아졌다는 뜻입니다. 어떤 지역은 폭염으로 타들어 가고, 어떤 지역은 한파로 꽁꽁 얼어붙게 됩니다. 심지어 한여름에 눈이 내리거나 한겨울에 지표면이 뜨겁게 달궈질 수도 있습니다. 이상기후는 더 자주 더 놀라운 모습으로 우리 앞에 나타날 것입니다.

자, 좀 더 눈을 넓혀서 지난 2000년 동안의 기온 변화를 나타내는 오른쪽 그래프를 보겠습니다. 먼저 위쪽 그래프를 보면 서기 1년부터 1850년까지는 큰 변동이 없어요. 1500년 전후에는 오히려 잠시 기온이 떨어지는 시기를 거치기도 합니다. 그런데 1900년이 넘어서면서 기온이 굉장히 빠르게 상승합니다. 이런 급격한 기온 상승률은 과거에는 볼 수 없었습니다. 기후학자들이 기후 모델을 만들어서 실험해 보니까, 자연적 요인만으로는 이런 온도 변화가 나타나지 않았습니다. 그런데 인간 활동 요인을 추가해서 실험해 보니까 실제 기온 상

연도별 지구 표면 기온 편차(1850~1900년 대비)

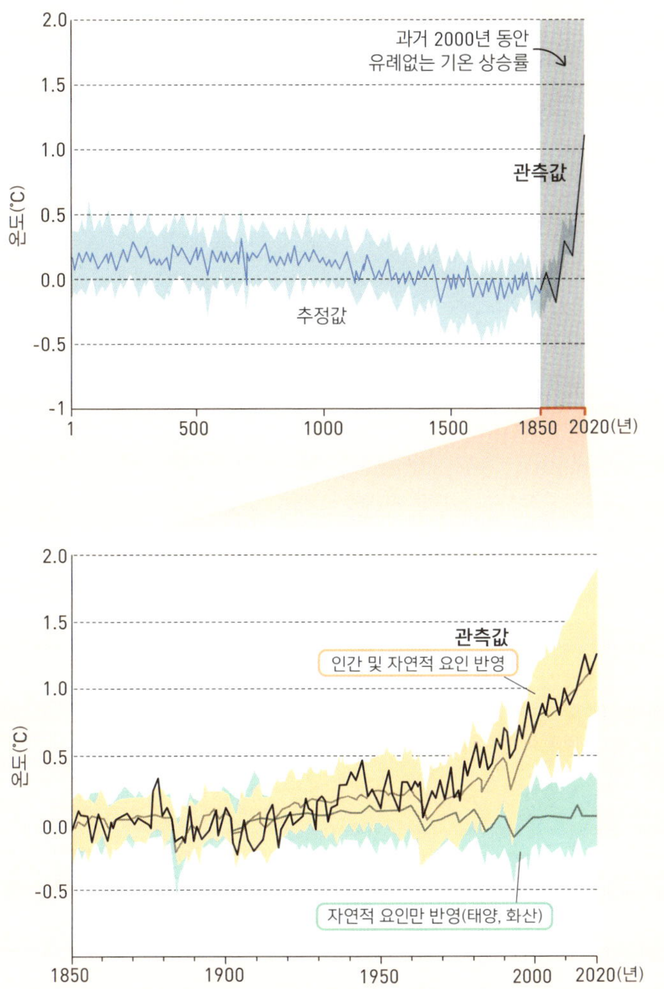

출처: IPCC, 2021

1900년 이후의 급격한 지구 온도 상승의 요인은 인간 활동 때문이다.

승률과 비슷하게 나타났어요. 아래 그래프가 그 사실을 분명하게 보여 주고 있습니다. 지구온난화의 원인이 바로 인간이라는 사실을 확인한 거죠.

✦ 과학으로 풀어 본 지구온난화

여러분, 지구 기온을 상승시키는 기체가 무엇인지 알고 있겠죠? 이산화탄소(CO_2), 메테인(메탄, CH_4), 아산화질소(N_2O) 등입니다. 그중에서도 이산화탄소가 제1주범입니다. 이산화탄소가 왜 지구온

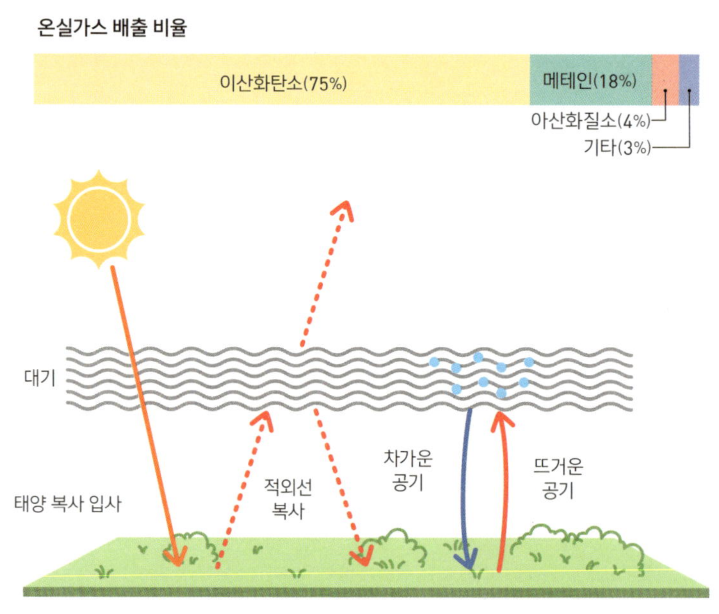

난화의 주범이 된 걸까요? 그 비밀을 푼 과학자들이 슈쿠로 마나베와 클라우스 하셀만입니다. 두 과학자는 1960년대 말쯤에 논문을 하나 냈어요. 이산화탄소 증가로 기온이 섭씨 2~4도 정도 오를 수 있다는 가설이었습니다. 두 과학자는 이후 지속적으로 지구온난화의 원인을 규명하기 위해서 연구했습니다. 결국 이 가설은 2020년에 증명되었고, 두 과학자는 2021년에 노벨 물리학상을 받습니다.

두 과학자가 밝힌 지구온난화의 비밀을 좀 더 들여다볼까요? 먼저, 대기의 복사 현상에 대해 알아봅시다. 태양의 복사에너지가 지구에 오면 대기는 태양 복사를 50퍼센트 정도 통과시킵니다. 그러면 태양열로 지표면이 데워지죠. 지표면은 태양 복사를 다시 적외선 형태로 대기 중에 내놓습니다. 이 적외선의 일부는 대기 밖 우주 공간으로 나가고, 일부가 대기 중에 흡수됩니다. 이때 적외선을 흡수하는 기체가 바로 이산화탄소, 메테인, 아산화질소 등입니다. 이들 기체는 적외선 에너지를 가두었다가 다시 지표면으로 돌려보냅니다. 그중에서도 이산화탄소가 적외선의 75퍼센트가량을 지표면으로 돌려보냅니다. 딕분에 지구의 평균기온은 섭씨 14도 정도로 유지됩니다. 이 기체가 마치 온실 같은 효과를 내 준다고 해서 온실기체라고 부릅니다.

그런데 이 중요한 온실기체, 그중에서도 이산화탄소가 왜 지구온난화의 주범으로 찍혔을까요? 왜냐하면 이산화탄소가 대기 중에 너무 빠르게 증가했기 때문이에요. 대기 중에 이산화탄소가 너무 많아진 거죠. 지난 200년 사이에 이산화탄소가 급속도로 증가한 이유는 분명합니다. 인간은 이 시기에 석탄·석유·천연가스 같은 화석연료를 태워서 에너지로 사용해 왔어요. 화석연료를 태우는 과정에서 화학작용이 일어나 이산화탄소가 발생합니다. 이산화탄소 증가의 원인은 다름 아닌 인간입니다. 이산화탄소 자체는 아무 죄가 없어요. 이산화탄소는 지구에 대기가 생겼을 때부터 늘 일정량 존재하는 기체였어요. 이산화탄소는 태양열이 대기권 밖으로 빠져나가지 못하도록 붙잡고, 광합성 작용과 탄소순환을 돕는 등 자연환경에 필수 불가결한 기체예요. 하지만 산업혁명 이후에 인간이 이산화탄소를 이례적으로 많이 배출했습니다. 그 이산화탄소는 대기 중에서 적외선을 너무 많이 가두었다가 다시 지표면으로 내려보내서 지구 온도를 상승시키고 있습니다.

✦ 북극 온난화 증폭 현상이 지구에 미치는 영향

지난 50년간 세계 곳곳의 기온이 어떻게 변했는지 오른쪽 그래프로 좀 더 자세히 살펴볼까요? 기본적으로 육지가 해양보다 더 많이 증가했어요. 남극 부근의 일부 바다는 이전보다 온도가 내려가기도 했지만, 대부분 지역은 육지, 바다 가리지 않고 증가했습니다. 또 하나 눈여겨볼 지역이 있어요. 북극의 기온 상승 폭이 가장 큽니다. 북극 온난화 증폭 현상입니다. 왜 북극 기온이 이렇게 가파르게 상승한 걸까요? 북극 기온이 따뜻해지면 지구 환경에 어떤 영향을 끼칠까요?

북극은 해가 내리쬐는 여름이 아주 짧아요. 여름철 동안에 북극 인근 바다는 태양에너지를 받아서 해빙이 녹고, 바닷속에 에너지를 저장합니다. 그런데 지구온난화로 해빙이 많이 녹아서 사라지니까

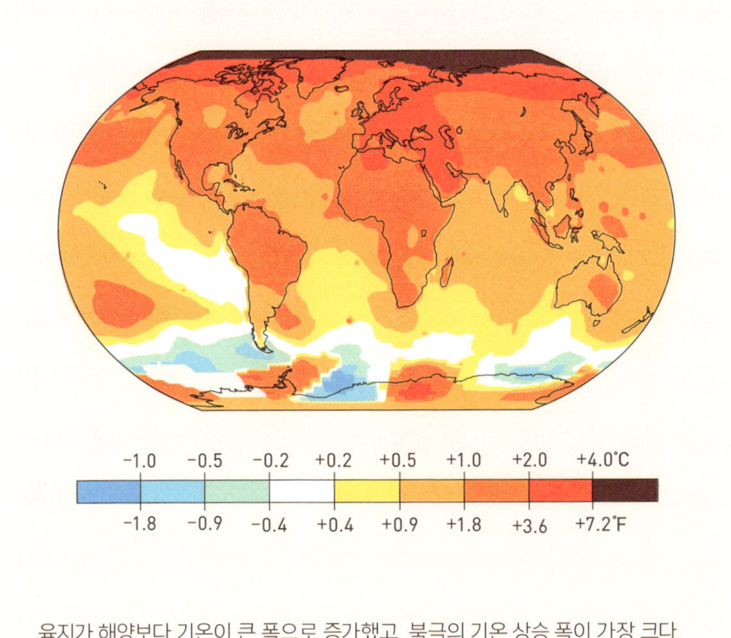

육지가 해양보다 기온이 큰 폭으로 증가했고, 북극의 기온 상승 폭이 가장 크다.

바닷속에 저장된 에너지가 많아졌어요. 그래서 겨울에 유난히 따뜻한 날씨가 이어집니다. 이게 바로 북극 온난화 증폭 현상입니다.

북극 기온이 가파르게 올라가면 결과적으로 제트기류가 약해져요. 제트기류는 북극 지역과 열대·아열대 지역의 온도 차로 생겨나는 빠른 공기 흐름입니다. 그런데 북극의 공기가 따뜻해지면 온도 차가 줄어들고, 결국 제트기류가 약해집니다. 제트기류가 빠르게 흐르면 북극 지역 위도와 거의 수평으로 반듯하게 흐릅니다. 하지만 제트기류가 약해지면 수평으로 흐르지 못하고 위아래로 출렁거립니다. 그렇게 되면 상대적으로 차가운 북극의 기단이 중위도 지역까지 내려오기도 합니다. 북극은 더운데 중위도는 추운 현상이 생기는 거죠. 최근 우리나라에서도 겨울철에 매우 추운 날씨가 며칠씩 이어지기도 합니다. 이런 현상은 앞서 이야기한 히아투스 기간에 처음 생겨났어요. 중위도 지역에서 겨울철에 추운 날씨가 이어지자, 사람들은 지구온난화 현상이 멈출 수도 있겠다고 기대하기도 했습니다.

한편 제트기류가 약해졌다는 건, 열대·아열대 지역의 따뜻한 기류가 북극으로 올라갈 수 있다는 뜻이기도 합니다. 따뜻한 공기가 북쪽으로 올라가면 북극 온난화 증폭 현상은 더 강해집니다.

북극 온난화 증폭 과정

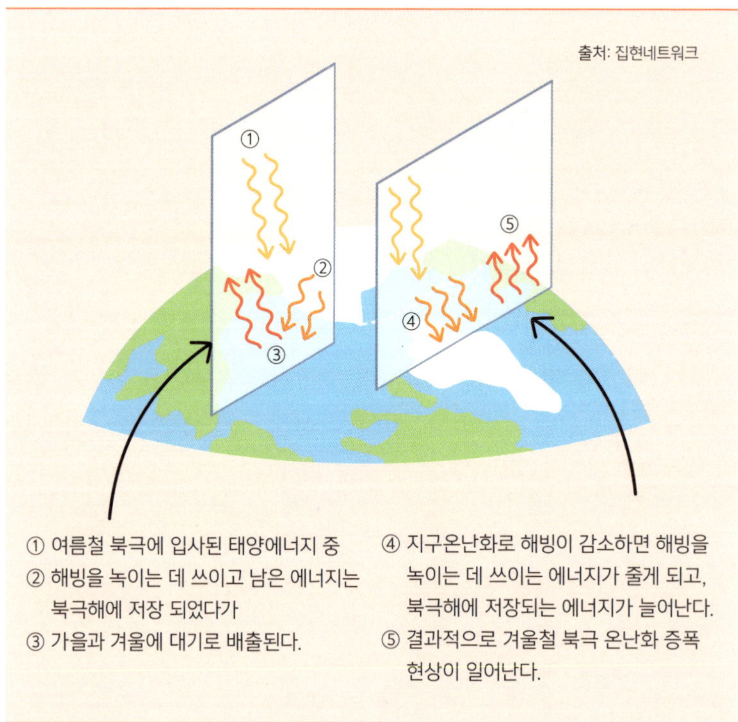

① 여름철 북극에 입사된 태양에너지 중
② 해빙을 녹이는 데 쓰이고 남은 에너지는 북극해에 저장 되었다가
③ 가을과 겨울에 대기로 배출된다.
④ 지구온난화로 해빙이 감소하면 해빙을 녹이는 데 쓰이는 에너지가 줄게 되고, 북극해에 저장되는 에너지가 늘어난다.
⑤ 결과적으로 겨울철 북극 온난화 증폭 현상이 일어난다.

✦ 건조 폭염과 습윤 폭염

우리나라에서는 특히 여름철의 습윤 폭염 때 지구온난화를 피부로 느낍니다. 습기를 많이 머금은 무더위를 '찜통더위' '가마솥더위'라고 부르기도 해요. 습윤 폭염은 습기를 머금지 않은 건조 폭염 상태보다 사람들이 느끼는 열 스트레스 지수가 무척 높아요. 습윤 폭염은 주로 바다에서 달궈진 습기가 가까운 육지로 이동하면서 발생합니다. 아시아에서는 태평양과 맞닿은 남부 동아시아 지역에서 자주 나타납니다. 건조 폭염은 바다 같은 수분 공급원이 없는 지역에서 태양에너지가 지표면을 달구면서 발생합니다. 건조 폭염은 열 스트레스 지수가 상대적으로 낮아요. 하지만 건조 폭염 상태가 이어지면 식물과 동물의 신진대사에 매우 안 좋은 영향을 줍니다.

건조 폭염과 습윤 폭염 비교

건조 폭염	습윤 폭염
• 동아시아 북서부에서 증가	• 남부 동아시아 및 해양 수분 공급원과 가까운 지역에서 증가
• 열 스트레스 지수가 상대적으로 낮음	• 열 스트레스 지수가 '극도의 주의' 수준에 도달했으며, 일부 지역은 '위험' 단계
• 대기와 지표의 상호작용이 폭염 유도	• 수증기와 구름이 폭염 유도

어쨌거나 폭염은 인간에게도 자연계에도 매우 위험한 환경입니다. 우리 기초과학연구원 기후물리연구단은 왜 폭염이 발생하는지 좀 더 자세히 알아보기 위해 실험을 진행했어요. 기온 변화를 일으

키는 원인 요소는 수증기, 구름, 오존, 알베도, 현열, 잠열, 지표 역학, 대기 역학 이렇게 여덟 가지입니다. 여기에 좀 어려운 용어가 몇 개 보이네요. '알베도'는 태양 복사가 지표면에 반사되는 비율이에요. '현열'은 쉽게 말하자면 더운 공기는 올라가고 차가운 공기는 내려오는 현상을 일으키는 데 쓰이는 열량입니다. '잠열'은 액체가 수증기로 바뀔 때 작용하는 열량입니다. 물을 수증기로 바꾸는 데 사용되는 열인 거죠. 그리고 '지표 역학'은 토양의 성질, '대기 역학'은 대기의 순환을 이야기합니다.

실험 결과 건조 폭염 지역은 지표 역학적 요소, 즉 토양의 특징이 중요한 원인으로 나타났습니다. 토양이 수분을 어느 정도 머금고 있으면 지표면이 서서히 데워집니다. 하지만 수분이 없는 토양은 빨리 데워져서 폭염 현상이 발생합니다. 다음으로 습윤 폭염은 중

이산화탄소 배출량에 따른 폭염의 증가 추세

건조 폭염

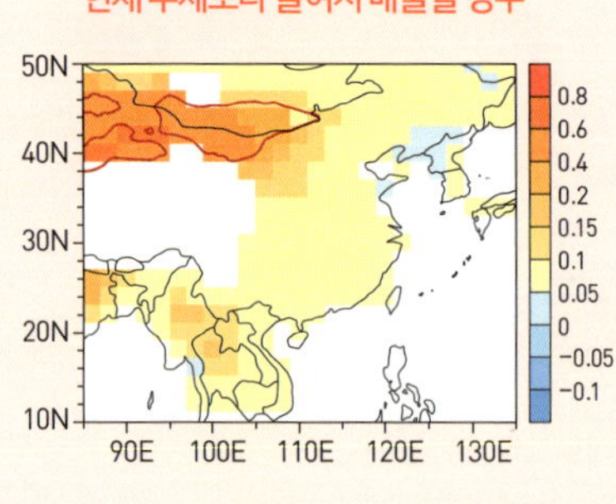

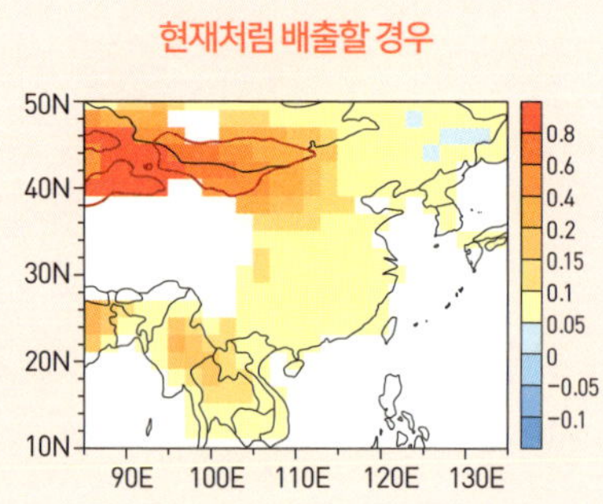

요 원인이 여러 가지였어요. 구름 때문에 만들어지기도 하고, 수증기 때문에 만들어지기도 하고, 대기가 따뜻한 공기를 몰고 와서 만들어지기도 했습니다. 다시 말해, 건조 폭염과 습윤 폭염은 작동 원인이 서로 달랐습니다.

우리 연구단은 폭염이 앞으로 어떻게 진행될지 시뮬레이션해 보았습니다. 아래 그래프가 그 결과입니다. 이산화탄소를 현재 추세보다 줄여서 배출했을 때와 현재처럼 마구잡이로 배출했을 때의 차이를 볼 수 있어요. 또 이산화탄소 배출량이 많을수록 건조 폭염과 습윤 폭염 모두 발생 빈도와 영역이 넓어짐을 확인할 수 있습니다.

우리나라에서는 습윤 폭염이 어떻게 진행될지 민감하게 들여다볼 수밖에 없겠죠? 만약 현재처럼 이산화탄소를 배출하면, 21세기 말에는 습윤 폭염이 4~5월에 시작될 수도 있다는 결과가 나왔어

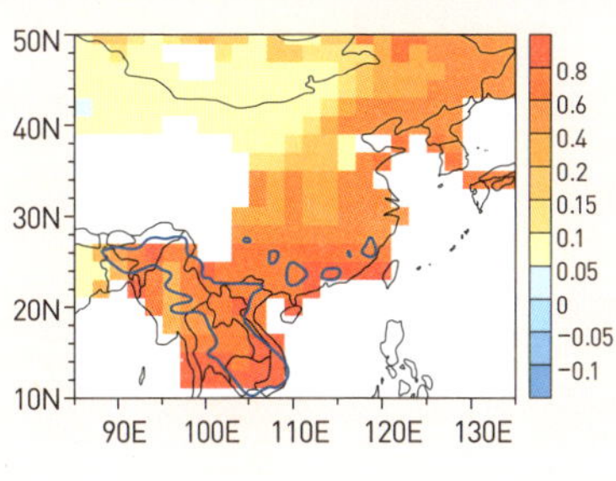

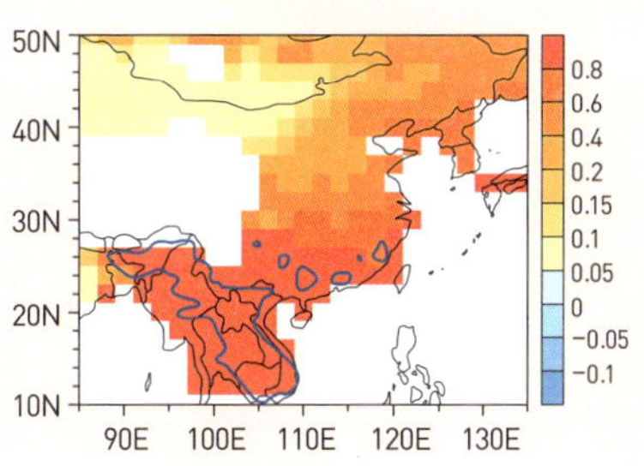

요. 폭염 기간이 거의 6개월 정도 이어지고 강도도 더 세진다는 이야기입니다. 이런 환경에서 과연 우리가 정상적인 생활을 이어갈 수 있을까요?

✦ 기후변화를 분석하고 예측하기 위한 노력

기후 과학자들은 기후변화를 예측하기 위해서 여러 가지 시스템을 연구하고 있어요. 그중에 하나가 컴퓨터로 실제 지구환경을 재현해 보는 것입니다. 예를 들어, 위성에서 찍은 구름 사진과 쌍둥이처럼 똑같은 구름을 재현해 내면 기후가 시시각각으로 어떻게 변화하는지 예측할 수 있습니다. 이걸 디지털 트윈 기법이라고 합니다. 문제는 이렇게 구름과 대기의 흐름을 정교하게 재현하려면 기존 컴퓨터로는 도저히 계산해 내지 못해요. 앞서 이야기했듯이 기후변화를 일으키는 요소들이 너무나 다양하고, 특히나 자연계에서 기체의 흐름을 분석하고 예측하려면 극도로 많은 변수를 계산해야 하기 때문이에요.

우리 기초과학연구원 기후물리연구단에서는 미래의 기후변화를 예측해 보기 위해 슈퍼컴퓨터를 도입했어요. 이 슈퍼컴퓨터는 1초에 1.43페타플롭스PetaFlops의 연산을 해냅니다. 1페타플롭스는 1초에 1000조 번의 연산 능력을 뜻합니다. 일반 컴퓨터 1560대와 맞먹는 성능이에요. 이 슈퍼컴퓨터 이름을 '알레프ALEPH'라고 지었어요. 알레프는 히브리 문자의 첫 번째 글자로, 알파벳의 'A' 같은 글자죠. 알레프는 신과 인간이 손을 맞잡았다는 뜻을 가지고 있기도 합니다.

이산화탄소가 두 배 증가할 때

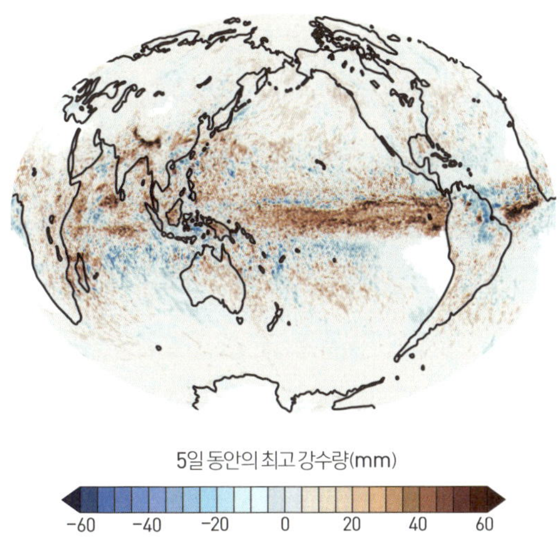

이산화탄소가 네 배 증가할 때

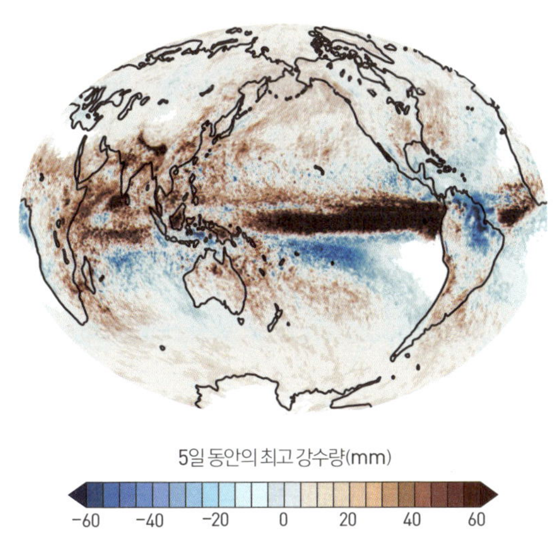

이 알레프로 시뮬레이션을 해 본 결과 중 한 사례를 보여 드릴게요. 미래에 홍수가 어떻게 일어날지를 나타낸 지도 그래프입니다.

앞쪽 위 지도는 이산화탄소 배출량이 두 배 증가했을 때 홍수 예측 그래프이고, 아래 지도는 네 배 증가했을 때 홍수 예측 그래프입니다. 홍수가 많이 일어나는 지역일수록 빨간색이 강하게 표시됩니다. 두 그래프를 비교해 보세요. 한눈에 봐도 빨간색으로 표시된 지역은 단순히 두 배로 늘어난 수준이 아닙니다. 이산화탄소가 두 배 증가하면 홍수 지역은 열 배, 스무 배 증가합니다. 이산화탄소를 줄이지 않으면 거의 재앙에 가까운 홍수가 발생합니다. 알레프는 지구와 인간의 미래에 대해 심각하게 경고하고 있어요.

극한 강수 예측

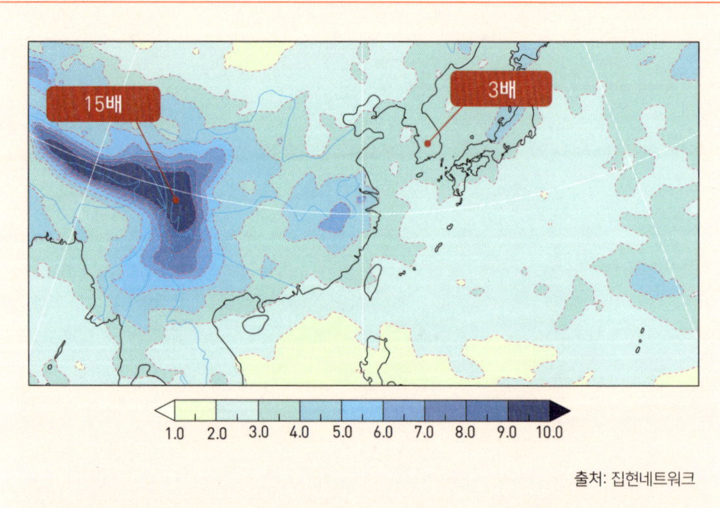

출처: 집현네트워크

이산화탄소 배출 저감 노력이 없을 경우 향후 75년간 극한 강수 현상 증폭 계수를 나타낸 그래프이다. 현재 10년에 한 번 발생하는 강수 현상이 2090~2100년에 어떤 빈도로 발생할지를 예측한다.

알레프가 만들어 낸 그래프가 또 하나 있어요. 현재처럼 이산화탄소를 배출하면, 앞으로 극한의 강수 현상을 경험하게 될 것이라고 경고합니다. 우리나라는 10년에 한 번쯤 발생하는 강수 현상이 세 배까지 늘어날 수 있습니다. 중앙아시아 지역은 열다섯 배까지 늘어납니다.

우리 연구단은 알레프로 태풍에 대해서도 시뮬레이션을 해 봤어요. 탄소중립을 지키지 않았을 경우, 여름철 바다에서 수증기가 엄청나게 증가합니다. 엄청난 습기를 머금은 대기는 빠르게 이동하면서 육지에 강한 바람과 세찬 비를 뿌립니다. 초강력 태풍이에요. 우리 연구단은 태풍이 자주 발생하기보다는 태풍의 강도가 더 강해질 거라고 예상합니다. 특히 태풍이 육지에 상륙할 때 어마어마한 비가 내릴 것입니다.

그렇다면 우리는 지구온난화 문제에 어떻게 대처해야 할까요? 답은 이미 나와 있습니다. 하지만 그걸 실행하기란 매우 어렵습니다. 세계 모든 나라와 세계 모든 사람이 지혜를 모으고 행동해야 하기 때문입니다. 기후 문제에 대한 여러분의 깊은 관심을 바랍니다. 나아가 전문적인 기후 연구자로 활약해 주기를 기대합니다.

Q. 01
지구온난화에 대한 국제협약, 예를 들면 파리기후협약이 얼마나 실질적인 효력을 발휘할지 궁금합니다.

파리기후협약은 지구의 평균 온도가 산업화 이전에 비해 섭씨 2도를 넘지 않도록, 세계 모든 국가들이 이산화탄소 배출량 0을 목표로 삼아서 실천하자는 협약이에요. 이후 기후학자들은 지구온난화의 마지노선을 섭씨 1.5도로 잡느냐 2도로 잡느냐를 두고 치열하게 논의했어요. 섭씨 1.5도와 2도는 수치상으로 보자면 겨우 0.5도 차이지만 이걸 지구 전체 자연환경에 적용했을 때는 엄청난 차이를 나타냅니다. 그에 따른 강수와 폭염과 이상기후는 우리에게 두 배, 세 배의 고통으로 다가옵니다. 그래서 2018년에 인천에서 열린 기후변화에 관한 정부 간 협의체 회의에서 섭씨 1.5도를 마지노선으로 잡는 데 합의하고, 많은 나라들이 그 목표를 향해 탄소중립 정책을 실천하자고 약속했습니다.

그러니까 파리기후협약이 시초가 되고 2018년도 인천 회의를 거치면서 오늘날 국제사회의 '2050 탄소중립' 같은 정책이 자리를 잡은 것입니다. '2050 탄소중립'이란 2050년까지 실질적인 탄소 배출량을 '0'으로 만드는 정책을 말해요. 돌이켜 보면 기후학자들이 0.5도를 낮추는 게 어떤 결과를 가져오는지 연구하고 논의를 시작해서, 결과적으로 정부의 에너지 정책에 영향을 주게 되었습니다.

파리기후협약에는 거의 대부분 국가가 가입했어요. 국제사회가 지구온난화에 대처하는 가장 단단하고 실질적인 기본 협약입니다. 파리기후협약을 기점으로 국제사회는 기후 위기에 적극 대응하기 시작했어요. 하지만 아직 갈 길이 멉니다. 세계 여러 나라가 이런저런 이유로 탄소 감축 정책을 유보하거나 목표치를 줄이고 있기 때문이에요. 이 추세라면 파리기후협약 목표를 달성하기란 쉽지 않을 거예요. 국제사회가 탄소중립을 위해서 더 노력해야 할 때라고 생각합니다.

Q. 02

다양한 기후 예측 모델을 보여 주셨는데요. 이 모델이 얼마나 정확한지 어떻게 알 수 있나요? 그리고 기후변화 예측에서 불확실성을 줄이기 위해 어떤 연구들이 진행되고 있나요?

이 질문은 기후 과학자들이 가장 고민하고 있는 문제입니다. 현재의 기후 모델은 온도를 예로 들자면 플러스마이너스 1도 정도를 허수로 잡습니다. 그러니까 온도가 예측한 것보다 섭씨 1도 정도 낮거나 높을 수 있다는 전제로 예측한 거죠. 섭씨 1도는 결코 작지 않은 수치예요. 세계적으로 0.5도를 줄이는 데 사활을 걸고 있는데, 기후 모델이 정확히 예측해 주지 않으면 당연히 큰 문제겠죠. 기후학자들은 이 불확실성을 줄이기 위해 연구를 거듭하고 있어요.

앞서 소개한 슈퍼컴퓨터 알레프도 불확실성을 줄이기 위해 도입한 것입니다. 그런데 현재 알레프로 기후 예측 모델을 만들 때, 50~100제곱킬로미터 간격으로 대기의 흐름을 디지털 트윈 할 수 있어요. 물론 과거에 비해 매우 발전했지만, 이 정도 정밀도로는 수많은 요인들에 따라 시시각각 변하는 기후를 제대로 예측할 수 없어요. 만약 알레프의 연산 능력을 엑사 스케일로 업그레이드하면 1~2제곱킬로미터 단위로 분석할 수 있어요. 엑사 스케일 컴퓨터는 현재 슈퍼컴퓨터보다 1000배 빠른, 1초에 100경 번의 연산 능력을 지닌 초고속 컴퓨터입니다. 1~2제곱킬로미터 단위로 기후 예측 모델을 운영한다면 마을이나 거리, 농지 등의 기상

상태를 구체적으로 지정할 수도 있습니다. 이상기후 시대에 꼭 필요한 기술이라고 생각해요.

물론 기술적인 부분만 보완한다고 불확실성이 사라지는 것은 아닙니다. 기후변화의 원인에 대한 연구가 반드시 함께 진행되어야 해요. 기온·강수량·습도 등은 과거에 비해 전혀 다른 양태로 변화합니다. 이 과정을 물리적으로 분석하고 해석해야 합니다. 그래야 우리가 대처할 근거를 마련할 수 있습니다. 기술적인 차원에서 보더라도, 각 기후변화 요인들에 대한 입력값이 상세하고 올바르게 표현되어야 기후 예측 모델이 정확한 결괏값을 내옵니다. 이 두 번째 영역은 인간의 몫입니다. 여러분 가운데 훌륭한 과학자가 나와서 이 일을 해 주기 바랍니다.

Q. 03
현재 이상기후가 이미 심각하게 진행되고 있는데요. 이걸 정상적인 기후로 바꾸기 위해 우리 개개인이 할 수 있는 가장 의미 있는 일은 무엇일까요?

그렇습니다. 이상기후 현상이 이미 많이 나타나고 있어요. 지난 100년간 지구 평균기온이 섭씨 1.1도를 넘어섰고요. 어떤 과학자들은 이미 지구가 회복할 수 없는 상태에 이르렀다고 회의적으로 보기도 합니다. 지체하거나 머뭇거릴 시간이 없습니다. 우리는 이상기후를 일으킨 주범을 알고 있습니다. 심지어 우리는 온실가스가 어떻게 얼마나 배출되는지도 알고, 그 배출량을 줄이는 방법도 알고 있습니다. 해답은 나와 있어요. 당장 화석연료를 사용하지 않으면 됩니다. 하지만 그게 말처럼 쉽지 않아요. 그동안 인간 문명은 대부분 화석연료를 태우면서 발전하고 유지되었으니까요. 국제사회는 원자력이나 신재생에너지로 화석연료를 대체하려고 노력하고 있지만 여전히 부족합니다. 우리나라는 특히 화석연

료 의존율이 2022년 기준으로 63퍼센트에 이르고, 신재생에너지 사용률은 고작 5퍼센트 안팎입니다. 이 문제를 해결하려면 특히 정책 입안자들이 시야를 범지구적 차원으로 넓혀서 고민해야 합니다.

그러면 개개인은 어떻게 행동해야 할까요? 먼저, 기후 문제를 전문적으로 연구하는 학생이 많아져야 합니다. 인류 앞에 닥친 중대한 문제를 놓고 치열하게 연구해서 해결책을 찾아보는 거죠. 다음으로, 저마다의 '기후 철학' 또는 '기후 행동'이 필요합니다. 예컨대 에어컨과 보일러를 아껴 틀고, 비닐과 플라스틱 제품을 쓰지 않고, 쓰레기를 버리지 않고, 대중교통을 이용하는 거죠. 환경 관련 사이트에는 개인의 탄소발자국을 계산하는 메뉴가 있어요. 오늘 여러분의 탄소발자국을 계산해 보고, 한 달 동안 기후 행동을 실천한 뒤에 다시 한번 계산해 보세요. 이 자그마한 실천이 이상기후를 극복하는 데 반드시 도움이 될 거라고 생각합니다.

Q. 04
미래에는 기후변화가 어떻게 일어날지 좀 더 구체적으로 이야기해 주세요.

미래의 기온을 먼저 예상해 보자면, 만약 탄소중립을 한다면 섭씨 2도 정도 더 올라갈 겁니다. 탄소중립을 하지 못한다면 섭씨 5도 정도 더 올라갈 수 있고요. 강수량은 기온이 섭씨 1도 올라갈 때 2.5퍼센트 정도 증가합니다. 만약 기온이 섭씨 2도 올라간다면 5퍼센트 정도 증가할 거예요. 이론적으로는 기온이 섭씨 1도 증가하면 강수량이 최대 6.5퍼센트 정도 증가한다고 나옵니다. 다만 여러 가지 요인에 의해서 그렇게까지 증가하지는 않을 듯해요.

[사진 및 자료 출처]

고규영, 김영진, 남세동, 박길성, 조용민,
구글, 엔젤로보틱스, 연합뉴스, 위키미디어커먼스, 플리커, 해양수산부, Picryl

FUN & LEARN 04
9명의 전문가에게 듣는 내일을 열어주는 생각

1판 1쇄 인쇄 | 2025. 06. 19.
1판 1쇄 발행 | 2025. 06. 30.

고규영 공경철 김영진 남세동 박길성 박인규 조용민 채은미 하경자 글

발행처 김영사 | **발행인** 박강휘
편집 문자영 이은지 | **디자인** 김민지 | **마케팅** 곽희은 김나현 | **홍보** 조은우 육소현
등록번호 제 406-2003-036호 | **등록일자** 1979. 5. 17.
주소 경기도 파주시 문발로 197(우10881)
전화 마케팅부 031-955-3100 | 편집부 031-955-3113~20 | 팩스 031-955-3111

값은 표지에 있습니다.
ISBN 979-11-7332-239-6 43000

좋은 독자가 좋은 책을 만듭니다. 김영사는 독자 여러분의 의견에 항상 귀 기울이고 있습니다.
전자우편 book@gimmyoung.com | 홈페이지 www.gimmyoung.com